2016年全国一级建造师执业资格考试轻松过关

建设工程法规与相关知识

（第三版）

田 丽 马 铭 编著

知识产权出版社

全国百佳图书出版单位

图书在版编目（CIP）数据

建设工程法规与相关知识／田丽，马铭编著. —3 版. —北京：知识产权出版社，2016.3
2016 年全国一级建造师执业资格考试轻松过关／马铭主编
ISBN 978 - 7 - 5130 - 4082 - 2

Ⅰ.①建…　Ⅱ.①田…②马…　Ⅲ.①建筑法—中国—建筑师—资格考试—自学参考资料
Ⅳ.①D922.297

中国版本图书馆 CIP 数据核字（2016）第 047590 号

内容提要

本书采用纸版插印微课程二维码的形式复合出版，读者可以用微信扫码听课。全书共分十章，第一章是作者独创的本学科基本原则与学习、应试技巧；第二章至第九章分别从建设工程基本法律知识，施工许可法律制度，建设工程发承包法律制度，合同和劳动合同法律制度，建设工程环保、节能及文物保护制度，安全生产和质量的法律制度以及解决建设工程纠纷法律制度等方面进行了阐述；第十章对重要知识点进行了归纳。每章都配有考点解析、经典例题分析和练习题（含解析）。针对考点中的重点和难点问题，作者总结了独特的解题模板和分析、记忆方法，可使考生快速掌握知识，提高应试技能，轻松应对考试。此外，本书还附有相关练习题以及近年的考试真题和参考答案。

本书是全国一级建造师执业资格考试的高效辅导书，也可供广大工程技术人员、管理人员使用。

责任编辑：段红梅　祝元志　张　冰　　　　责任校对：董志英
装帧设计：智兴设计室·张国仓　　　　　　责任出版：刘译文

2016 年全国一级建造师执业资格考试轻松过关

建设工程法规与相关知识（第三版）

田　丽　马　铭　编著

出版发行：**知识产权出版社** 有限责任公司	网　　址：http://www.ipph.cn
社　　址：北京市海淀区西外太平庄 55 号	邮　　编：100081
责编电话：010 - 82000860 转 8119	责编邮箱：duanhongmei@cnipr.com
发行电话：010 - 82000860 转 8101/8102	发行传真：010 - 82000893/82005070/82000270
印　　刷：三河市国英印务有限公司	经　　销：各大网上书店、新华书店及相关专业书店
开　　本：787mm×1092mm　1/16	印　　张：17.25
版　　次：2015 年 5 月第 3 版	印　　次：2016 年 3 月第 5 次印刷
字　　数：420 千字	定　　价：38.00 元
ISBN 978 - 7 - 5130 - 4082 - 2	

前　　言

本套全国一级建造师执业资格考试轻松过关丛书是按新大纲，并且结合新教材编写的，同时，本丛书采用纸版插印微课程二维码的形式复合出版，读者可以用微信扫码听课。这次是原书修订后的第三版，我们及时把新的知识点补充进去，把旧的知识点及时删除，使广大考生能够把握最新的考试动态，做好复习。

事实胜于雄辩，本丛书出版以来已取得显著成效，令许多读者在全国一级建造师执业资格考试中轻松地高分过关！读者纷纷来信致谢，对本系列丛书给予了高度评价。现摘录如下。

读者李某来邮件称："此书的出现对我的帮助真的犹如拨云见日一般，让我第一次参加考试就全科过关！"

读者荣某来邮件说："考试结果出来了，非常感谢您的书！考点大部分在您的书中都有通俗易懂的系统总结，您的书总结得真的太精彩了！句句都是营养液！用了您的书真让我体验了什么叫'轻松过关'！我也跟身边的考友交流了一下，大家都认为这套书跟市面其他众多考试辅导书有着天壤之别。"

还有很多读者纷纷评价："把全书的知识点串了起来，归纳总结得很好，既有深度又有广度""直入重点，省去很多备考时间""系统明朗，使应考复习更加省时省力，受益匪浅""归纳科学、思路清晰、事半功倍""书中那些图和表让人很受用，把教材表述不清的重要知识点表现得一目了然，大大加深了理解和记忆""相见恨晚，如果考前看了您的书，就一定能过关了""归纳总结既简练又好记，真的很好""非常易学、易懂、易记，对考试有了信心""比看教材要好得多得多，朋友们都很喜欢"。

"作者真下功夫，看此书好过于成天看教材和其他书，好过于成天做题""这书的内容不是对知识点的简单复制，而是融合了作者的心血与智慧""比直接学教材轻松多了，谢谢您编写了一套如此高效精练的辅导书""我不是建筑工程类专业的，但得益于这本书，我的建筑实务 105 分过关"。

"遇到这套书我感到很幸运，让我少走很多弯路""考完试一直感慨，多亏了此书！实名制管理、噪声、合同管理之类的知识点，如果不看此书，我绝对不会注意这些今年考试的重点，并且有些问题是绝对搞不透的"。

"我认为该书确实凝聚了马老师的心血，把书做到了极致，是我见到的工程资格类考试辅导书中很负责任、对得起读者的一部好书"。

"成绩下来了，实务考了 107 分，应该过了。经济看了 4 天，77 分，管理看了 3 天，86 分❶……很感谢这本书，把知识点提炼、总结得很好……"

---

❶ 笔者注：在笔者的预估中，这两科目都为"10 天轻松过关"，该读者"经济看 4 天、管理看 3 天"就能过关，应该与他自身有一定基础不无关系。

广大考生对本丛书的厚爱，无疑是对笔者精心创作的最大肯定。此前由笔者编写的另一套《监理工程师考试轻松过关》还帮助许多读者轻松地通过了监理工程师考试，也获得广大读者一致好评。本套一级建造师执业资格考试辅导书是笔者较《监理工程师考试轻松过关》更上一层楼的倾力之作。例如，本书独创的"管理五问"模板，可让读者快速掌握工程管理类试题的答题要点；利用本套丛书总结的趣味口诀，读者在读故事的过程中已然轻松掌握了相关考点的各项应答要点。

本书从本科目内容中提炼出逻辑主线，看完全书后，回头再看第一章，你更能感到，该章的归纳总结对于全书内容颇有提纲挈领、画龙点睛的作用。

针对选择题各选项都似曾相识、干扰性强的问题，本书一语道破其中玄机："会分就会赢"！分角度、分对象、分阶段、分层次……有了如此精妙的归纳，你甚至可望成为命题高手了，还何愁题不破、关不过？

> 原则规律任尔驰骋考场，一书在手胜过名师课堂；
> 直观图表让你神清气爽，趣味故事令人过目不忘；
> 模板在手解题如神帮忙，依葫芦画瓢简单又很棒；
> 精辟归纳无须四处撒网，一针见血破解试题锋芒；
> 胸有成竹考场哪还会慌，一挥而就让你考得欢畅。

本套丛书的出版得到了知识产权出版社相关领导和编辑的大力支持，在此表示衷心感谢。

本书虽经精心编写与审查，但仍难免有不足之处，恳请广大读者批评指正！

目　　录

第一章　基本原则与学习、应试技巧

第一节　本学科学习与应试诀窍

一、基本原则是学习、应考的利器

以本书所归纳的基本原则为逻辑主线，在学习中应充分利用这些基本原则来理解。

例如，公平原则是本书的一条重要逻辑主线，也是贯穿整个法律体系的一条基本原则，用好本书所归纳的公平原则，很多问题就会不攻自破，使人豁然开朗。

具体来说，招投标法的核心原则就是公平竞争，任何违背公平竞争的做法都是错误的，因此指定的做法一般都是不合理的，行政权力的介入也是不合理的，正如本系列丛书所总结的原则："政府不参与，业主不指定"（详见表 1-3）。掌握了这些原则，面对类似于政府官员主持开标、参加评标等干扰选项，你还会迷迷糊糊辨不清正误吗？

二、注重把握共性和特性

在学习中既要注意把握各种法规的共性，也要注意把握其特性，更要清楚其本质，因为性质决定内容和形式。

将本质、共性和特性牢牢掌握，就好比抓住了法规的命门和重要穴位，而本书归纳的基本原则就是一些快刀，用快刀对准命门，当然就犹如庖丁解牛，游刃有余。

从大的方面来说，公平性和不能损害社会公共利益是各类法规的一个共性，但不同类别的法规又各有特性。

为什么合同法、仲裁法通篇都体现了自愿原则、尊重当事人意思自治的原则，而建设领域的法律法规如《中华人民共和国建筑法》和《建设工程质量管理条例》等，却处处是强制性规定，究其原因，是因为各类法规的性质不一样。

合同法、物权法和招标投标法属于民商法，调整的是平等主体的公民间、法人间及公民与法人间的财产关系和人身关系。合同法主要涉及两个或有限的几个当事人之间的民事法律关系，因此较充分地体现了尊重当事人意思自治的原则。招投标法却有所不同，涉及的法律主体众多，因此，为保证公平竞争，招投标法更注重程序性、规范性。

劳动法、劳动合同法、安全生产法属社会法，调整的是劳动关系、社会保障和社会福利关系。这些法律直接关系到民众的切身利益，因此更强调民生和社会保障，较多地体现了保护劳动者，保护弱势的一方。毕竟，劳动者和用人单位相比，是弱者，处于弱势，如果法律不保护弱者，就会形成实质上的不公平。

建筑法、城乡规划法却属于行政法，主要调整的是行政主体与行政相对人、行政法制监督主体之间发生的各种关系。对于建设领域的一系列法律法规来说，因其直接关系到社会公共利益，所以处处体现公权性、强制性，从准入审批（资质、资格），到立项、开工审批，从图纸审查、过程监督到验收、备案等，无不强调严格的监管。

因此，除了公平原则等共性原则外，不同法律法规的学习思路应有所不同。比如，在学习合同法、仲裁法的相关知识点时，用平等自愿原则、尊重当事人意思自治的原则去理解、去把握，你会豁然开窍，一通百通。

在具体问题上，为了说明把握事物特性的重要性，在此举例说明：

【例1】委托代理的特殊性在于委托代理关系是基于双方的相互了解和信任而建立的，由此决定了委托代理关系中的两个要点：

（1）受托人应亲自处理委托事务，不可以再转由他人代办，除非经过委托人同意。（例如项目经理是施工企业的委托代理人，他不可以再转由他人代办。）有关例题见第十章[例2]选项A、D。

（2）双方都可以单方面撤销委托关系（但双方有约定的，从其约定）。

三、注意纵、横向归纳对比

将各种法规的本质、共性、特性进行对比归纳后，你会发现所有法律法规的制定都是有理可循的，正所谓"一切法理皆情理"。重视原理分析并善于利用纵、横向的对比归纳，将让你学习事半功倍，考试轻松过关。

举例来说，仲裁与诉讼相比较，既有共性，又有本质上的区别，共性是二者都遵循公平原则，都在不同程度上体现了尊重当事人意思自治的原则。比如，无论是仲裁还是诉讼，都体现了和解优先，只要是在裁决、判决作出之前，双方当事人都可以和解，就算是在执行过程中，也可以和解。除此以外，我们更要重视二者在本质上的区别，仲裁的本质特点是自愿性和契约性，而民事诉讼的基本特征是公权性和强制性。因此，对于仲裁而言，是否将纠纷提请仲裁，向哪个仲裁委员会申请仲裁，仲裁庭如何组成，仲裁员的选择以及仲裁的审理方式、开庭形式等，都是在当事人自愿的基础上，由当事人协商确定的。但诉讼就不同，只要一方当事人向有审判管辖权的法院起诉，经法院受理后，另一方必须应诉，否则可以缺席审判、缺席判决，这是由诉讼的强制性所决定的。

本书作了大量的纵、横向归纳对比，能大大提高广大学员的学习效率，详见本书第十章以及各章知识点讲解。

四、分析解题的思路和诀窍

每一个问题，都应分别站在各种不同的角度，进行全方位的分析，考查其公平性、合理性，只要存在对任何一方有显失公平的可能，都是不妥的。具体分析解题思路如下：

（1）首先应考察问题是否可能涉及损害国家、社会公共利益或他人（第三人）利益，如果是，则相应的合同为无效合同，若只涉及部分条款，则相关的条款为无效条款。

（2）是否对各方干系人都公平，是否存在漏洞。

【例2】比如，有人向你提问："债权人转让权利的通知能否撤销？"对于这样的问题，如果你仅考虑到债权人和债务人双边的关系，你很可能会得出可以撤销的结论，你的逻辑可能是：既然债权人转让权利只需通知债务人即可，那么他要把转让权利的通知撤销也只需通知债务人即可。这固然有道理，但是，你漏了一个必须要考虑的因素，即债权人转让权利还牵涉到第三人（即该权利的受让方），在这种关系中，受让方成了权利人，债权人若要撤销权利转让，当然应经过受让方的同意才能生效（仅通知还不行，这与债务转移需要债权人同意的道理有相同之处），否则对受让方不公平。事实上，法律条款也是这样规定的："债权人转让权利的通知不得撤销，但经受让人同意的除外。"

从尊重当事人意思自治这个角度来分析本例，我们不能仅强调尊重债权人的意思自治，同时还要尊重受让人的意思自治，从不同的角度看，两者都是权利人，只有当两者的意思达成一致（即债权人要撤销，受让人同意他撤销），在此前提下他们的"意思"才能成立。

又如，本章［例31］也是利用分析漏洞解题的一个例子。

可见，我们在分析问题的时候，必须要把涉及的各方干系人都考虑到。方方面面都要考虑周到，不能有漏洞，这不仅能提高你的学习效果和效率，让你顺利通过考试，还能提高你的思维能力、工作能力，让你受益一生。

（3）应善于利用基本原则分析问题（详见本章第二节）。

（4）多联系实际工作和生活，利用常识分析解题往往可起到四两拨千斤的作用（详见本章第三节）。

【例3】为什么债权转让时，只需通知债务人即可，而债务转移却必须要经债权人同意？

【解析】试想，你欠了债，如果债主把这笔债转让给他的债权人，当然只需要通知你把债还给某某就行，因为对于你来说，还给张三与还给李四都是一样的还债，差别不大；但如果你作为债权人，你的债务人想把欠你的债转移给一个不守信用的人或根本无能力还债的人，你会同意吗？基于此道理，债务转移必须要经债权人同意才能生效。类似的情况很多，比如保证关系（第二章［例9］）、代理关系等，用这一简单的常识就都能分析出来了。

第二节 学习、分析、解题的利器——基本原则

一、公平、公正原则

公平、公正原则是本书的重要逻辑主线，也是贯穿整个法律体系的一条基本原则，任何违背这一原则的选项必然是错误的。（体现公平原则的更多例子见表10-1。）

【例4】为什么表见代理是无权代理，但其代理行为又是有效的？——是为了保护善意的、不知情的第三人。只有这样，才能体现对代理活动中的各方干系人都公平。（之所以会形成表见代理，被代理人是有一定责任的，因此他应对他的代理人的代理行为向善意第三人负责，在承担表见代理行为所产生的责任后，可以向他的代理人追偿因代理行为而遭受的损失。可见，对于被代理人来说，也是公平的。）上述这些规定，无不体现了法律的公平性。（表见代理的概念详见表2-6。）

【例5】为什么要约可以撤回、撤销，而承诺一旦到达对方即不能撤销？

承诺一旦到达对方，合同即生效，如果还能撤销，显然对接受承诺的一方不公平，合同生效的情况下，应适用于关于合同解除的相关规定，即须经双方协商一致才能解除合同（法定解除的情况除外）。

【例6】根据招标投标相关法律规定，在投标有效期结束前，由于出现特殊情况，招标人要求投标人延长投标有效期时，（　　　　）。

A. 投标人不得拒绝延长，并不得收回其投标保证金

B. 投标人可以拒绝延长，并有权收回其投标保证金

C. 投标人不得拒绝延长，但可以收回其投标保证金

D. 投标人可以拒绝延长，但无权收回其投标保证金

【解析】投标有效期是招标文件中事先规定好的一项条件，如果招标人要单方面延长，投标人当然可以拒绝延长，并有权收回其投标保证金，否则对投标人不公平。

【答案】B

【例7】某施工机械厂因经营需要分立为挖掘机制造厂及推土机制造厂两个法人企业。分立前由于三台挖掘机未能及时供货，买方欲追究违约责任，则下列关于本案中违约责任承担的说法中，正确的有（　　　）。

A. 买方可要求挖掘机生产厂承担违约责任

B. 买方可要求推土机生产厂承担违约责任

C. 买方可要求推土机与挖掘机生产厂共同承担违约责任

D. 如果推土机与挖掘机生产厂对于该债务有约定，应按该约定处理

E. 如果推土机与挖掘机生产厂对于该债务没有约定，则各自承担一半

【解析】本题的实质是考查公司分立情况下负连带责任的概念。其实单用公平原则分析就不难排除掉错误选项，D项所述只是两个债务人之间有约定，因此该约定对买方而言不发生法律效力，否则对买方不公。E项对买方其实也不公平，而且可操作性差，试想，原来只需要向一家企业讨债，现在需分别向两家企业讨债，既麻烦又增加了风险；说E项可操作性差，是因为两家厂家各承担一半，本例实际就为每家承担1.5台挖掘机，即使是可换算成货币，也为买方增加了不必要的麻烦。综上，DE两项都可排除。

【答案】ABC

二、尊重当事人的意思自治原则

尊重当事人的意思自治，避免过多的司法干预是合同法、仲裁法、民事诉讼法等法律所遵循的一条重要原则。

例如，在合同的订立和解除上就充分体现了法律尊重当事人的意思自治这一原则。在不违法的前提下，只要当事人意思表达真实、一致，双方就有权自主地订立合同、解除合同，不仅如此，合同的具体内容、合同争议的解决方式等也都由双方自主约定。

又如：诉讼中的原告可以申请撤诉；仲裁也如此，申请人申请仲裁后，可以撤回仲裁申请。这都体现了法律尊重当事人的意思自治。

【例8】为什么在订立时就显失公平的合同，却不能归类为无效合同？

答：这是因为：①法律尊重当事人的意识自治；②订立时就显失公平的合同只涉及双方当事人的利益，不直接涉及损害国家、社会公共利益或他人利益。因此对于此类合同，应由受到不公平的一方自主决定是否申请变更或撤销合同，另一方无权决定，故此类合同应归类为可撤销、可变更合同，这充分体现了法律尊重当事人意识自治的原则，也体现了公平原则。当然，单方面要求变更、撤销合同应当向人民法院或者仲裁机构申请，并且有一定的时限，这主要是为了对对方当事人公平。

三、权、责关系的确定原则

1. 依合同关系确定权、责关系原则

对工程建设参与各方来说，合同关系是确定各方之间权、责关系的基础，任何一方要主张损失赔偿（或追究对方责任）时，只能向与自己有合同关系的对方提出。

因设计或监理的过错致使施工单位遭受损失，施工单位不能向设计单位或监理单位主张损失赔偿（因为无合同关系），只能向建设单位主张损失赔偿，其损失应由建设单位承担，而建设单位可依据合同关系向设计单位或监理单位主张损失赔偿。

建设单位平行发包的各承包单位之间亦不能相互主张损失赔偿，因为平行发包的各承包单位之间无合同关系，他们均与建设单位直接签合同，均只能向建设单位主张损失赔偿。

【例9】某办公大楼在保修期间出现外墙裂缝，经查是由于设计缺陷造成。原施工单位进行了维修，之后应向（　　）主张维修费用。（2010年真题）

A. 设计单位　　　B. 物业管理单位　　　C. 大楼使用者　　　D. 建设单位

【解析】施工单位只与建设单位之间有合同关系，因此施工单位应当向建设单位主张维修费用，就此对建设单位造成的损失，建设单位可以另行向设计单位主张赔偿损失。

【答案】D

【例10】某贸易公司与某建材供应商签订合同，约定供应商于合同签订后7日内将3000吨钢筋运至某工地，向施工单位履行交货义务，合同签署后，供应商未按合同约定交货，则（　　）。

A. 施工单位与贸易公司应共同向供应商追究责任

B. 供应商应向施工单位承担违约责任

C. 供应商应向贸易公司承担违约责任

D. 施工单位与贸易公司均可向供应商追究责任

【解析】本题中唯一明确的合同关系是贸易公司与供应商之间的供货合同关系，依据合同关系原则，选项C无疑是正确的，且因为题目没有明示施工单位与谁签订了合同，故ABD三项都不能选。

【答案】C

【例11】在保证项目完整性的前提下，甲建设单位将工程的设计业务分别委托给了乙、丙两家设计单位，并选定乙设计单位为主体承接方，负责整个工程项目设计的总体协调。关于该项目的设计责任，下列说法中，正确的是（　　）。

A. 丙设计单位直接对甲建设单位负责

B. 丙设计单位仅对乙设计单位负责

C. 乙设计单位就整个项目的设计任务负总责

D. 乙、丙设计单位对甲建设单位承担连带责任

【解析】根据合同关系原则，乙和丙之间不存在合同关系，故乙和丙之间不存在谁对谁负责，也不存在连带责任关系，选项D错误；由于该发包是平行发包的模式，所以乙设计单位也不应负总责（负总责与负责总体协调并非同一概念）。

【答案】A

【例12】甲承包人施工过程中，由于自身管理原因，未经监理工程师同意改变了已被

批准的施工组织设计，导致同时在现场施工的乙承包人受到损失。按照《合同法》的违约责任原则，乙承包人的损失应（   ）。

    A. 视为发包人的主观过错，要求发包人赔偿

    B. 视为发包人的合同责任，要求发包人赔偿

    C. 视为监理工程师协调不力，要求监理人赔偿

    D. 直接要求甲承包人赔偿

【解析】本题未说明甲、乙之间是否有分包合同关系，可理解为甲、乙都是由业主直接发包，故乙承包人只能向有合同关系的对方当事人（即发包人）索赔。

【答案】B

2. 某些非合同关系情况的责任确定

依据合同关系追究的责任是违约责任，在工程建设活动中，除了合同责任外，还有侵权责任、连带责任等。而某些既成事实的情况（即无合同或合同无效，但已经既成事实），还可以"事实合同"的思路来理解（见表1-1）。

表 1-1　工程建设活动中的一些非合同关系情况的责任承担

序号	情　况		内容要点
1	侵权责任		侵权责任不是合同责任，详见考点5。如分包单位对监理人员进行人身侵犯，监理人员可直接起诉分包单位
2	连带责任		详见第十章表10-5
3	合同无效，但施工已既成事实	支付问题	建设工程施工合同无效，但建设工程经竣工验收合格，承包人请求参照合同约定支付工程价款的，应予支持（具体见表5-7无效施工合同的工程款结算）
		诉讼问题	（1）因建设工程质量发生争议的，发包人可以以总承包人、分包人和实际施工人为共同被告提起诉讼。（连带责任） （2）实际施工人以转包人、违法分包人为被告起诉的，人民法院应当依法受理。（可理解为形成了"事实合同"） （3）实际施工人以发包人为被告主张权利的，人民法院可以追加转包人或者违法分包人为本案当事人。发包人只在欠付工程价款范围内对实际施工人承担责任。（可理解为形成了"事实合同"）

【例13】施工企业乙经建设单位甲同意，将部分非主体工程分包给施工企业丙，丙又将其中部分工程违法分包给施工企业丁。后丁因工作失误致使工程不合格，甲欲索赔。关于责任承担的说法，正确的有（   ）。（2011年真题）

    A. 甲有权要求乙承担民事责任　　　　B. 甲有权要求丙承担民事责任

    C. 甲无权要求丁承担民事责任　　　　D. 乙向甲承担民事责任后，有权向丙追偿

    E. 丙向乙承担民事责任后，有权向丁追偿

【答案】ABDE

【例14】建设单位将其工程发包给甲总承包单位，甲依法将某专业工程分包给乙施工单位，乙又将该专业工程分包给丙个体承包。后因该专业工程质量发生争议，建设单位诉至人民法院。下列关于建设单位起诉对象的说法，正确的有（   ）。

    A. 仅可起诉甲　　B. 不能起诉丙　　C. 仅可起诉乙　　D. 可单独起诉乙

    E. 可起诉甲、乙、丙

【答案】DE

四、寻根溯源、分清责任原则

（1）首先判断造成损失的原因是否为不可抗力，不可抗力情况下，双方各自的损失各自承担，其他第三方的损失由发包人承担。

（2）若不是不可抗力，则应分析是因哪一方的责任造成：

1）若为承包人责任：责任自行承担，工期不可延长。

2）若为发包人责任：追加合同价款，赔偿承包人损失，工期可以延长。

3）工程师指令失误视同发包人原因。

常见责任的划分见表1-2。

表1-2 常见责任的划分

发包人应承担的赔偿损失责任	承包人应承担的赔偿损失责任
1. 未及时检查隐蔽工程造成的损失 2. 未按照约定提供原材料、设备等造成的损失 3. 因发包人原因致使工程中途停建、缓建造成的损失 4. 提供图纸或者技术要求不合理且怠于答复等造成的损失 5. 要求压缩合同约定工期造成的损失 6. 提供或者指定购买的建筑材料、建筑构配件、设备不符合强制性标准 7. 直接指定分包人分包专业工程	1. 转让、出借资质证书等造成的损失 2. 转包、违法分包造成的损失 3. 偷工减料等造成的损失 4. 与监理单位串通造成的损失 5. 不履行保修义务造成的损失 6. 保管不善造成的损失 7. 合理使用期限内造成的损失
有关司法解释规定：建设工程未经竣工验收，发包人擅自使用后，又以使用部分质量不符合约定为由主张权利的，不予支持；但是承包人应当在建设工程的合理使用年限内对地基基础工程和主体结构质量承担民事责任	

【例15】下列情形中，发包人应当承担过错责任的有（　　　）。（2011年真题）

A. 发包人提供的设计图纸有缺陷，造成工程质量缺陷

B. 发包人提供的设备不符合强制标准，引发工程质量缺陷

C. 发包人直接指定分包人分包专业工程，分包工程发生质量缺陷

D. 发包人未组织竣工验收擅自使用工程，主体结构出现质量缺陷

E. 发包人指定购买的材料、建筑构配件不符合强制性标准，造成工程质量缺陷

【解析】根据司法解释的规定，承包人应当在建设工程的合理使用年限内对地基基础工程和主体结构质量承担民事责任。可以这样理解：地基基础工程和主体结构的质量问题不是因发包人未组织竣工验收擅自使用工程所造成，而是因承包人的不当施工造成。因此不能选D项。

【答案】ABCE

【例16】某建设工程项目施工过程中发生不可抗力事件，建筑物受损严重，部分施工机具损毁，施工人员受伤，工期拖延一个月，关于损失承担的说法，正确的是（　　　）。（2011年真题）

A. 工期不予顺延　　　　　　　　　B. 建筑物受损由施工企业承担

C. 施工机具损毁由施工企业自行承担　　D. 施工人员受伤由建设单位承担

【解析】不可抗力情况下，承包人的自身的损失（如人员、机械、设备及停工损失）由自己承担。

【答案】C

【例17】某工程竣工验收合格后第11年内，部分梁板发生不同程度断裂。经有相应

资质的质量鉴定机构鉴定，确认断裂原因为混凝土施工养护不当致其强度不符合设计要求，则该质量缺陷应由（　　　）。

　　A. 建设单位维修并承担维修费用

　　B. 施工单位维修并承担维修费用

　　C. 施工单位维修，设计单位承担维修费用

　　D. 施工单位维修，混凝土供应单位承担维修费用

　　【解析】混凝土施工是由施工单位完成的，因此在材料、设备、工艺等方面都是施工单位最清楚，应由施工单位来维修，这体现了"由最有条件的一方尽义务"的原则。梁板属于主体结构，且断裂的根本原因是施工单位的混凝土施工养护不当，所以相关维修费用应由施工单位承担。

　　【答案】B

五、由最有条件的一方尽义务的原则

在建设工程合同管理中，由最有条件的一方尽义务也是规定当事人义务的一条基本原则，但费用应由责任方或受益方承担。

送检、返修、返工、为发包人提供施工现场办公用房等这些工作显然是承包人最有条件承担，由承包人做的成本也最低，因此有以下惯例：

（1）不论是发包人供应的材料，还是承包人负责采购的材料，承包人均有送检的义务。

（2）不论是何方的责任造成质量问题，施工单位均有返修义务，相关费用由责任方承担。

（3）若质量达不到约定标准，不论是何方责任，监理方均可要求承包人返工，但费用由责任方承担。

相反，对于那些发包人更有条件做的工作，则应该由发包人尽义务，例：

（1）办理施工许可证，办理临时用地、停水、停电、中断道路交通、爆破作业以及可能损坏道路、管线、电力、通信等申请批准手续。因为工程为发包人所有，一般来说，相关部门只受理所有者的申请，所以发包人最有资格也最有条件办理这些手续。

（2）确定水准点与坐标控制点，以书面形式交给承包人，并进行现场交验。（原理同上）

　　【例18】由于监理工程师指令有误导致现场停工，若合同中没有相应条款，则正确的说法是（　　　）。

　　A. 由建设单位做好现场维护，所需费用由建设单位承担

　　B. 由施工单位做好现场维护，所需费用由监理单位承担

　　C. 由施工单位做好现场维护，所需费用由施工单位承担

　　D. 由施工单位做好现场维护，所需费用由建设单位承担

　　【解析】根据"由最有条件一方尽义务"的原则，本题中应由施工单位维护现场。由合同关系原则知施工单位只能向建设单位索赔费用，而建设单位可按委托监理合同的约定向监理单位索赔。

　　【答案】D

　　【例19】依照《建设工程施工合同（示范文本）》通用条款的规定，建设单位供应的

钢筋由（　　　）。

　　A. 建设单位负责试验，并承担试验费用

　　B. 建设单位负责试验，双方分担试验费用

　　C. 施工单位负责试验，建设单位承担试验费用

　　D. 施工单位负责试验，双方分担试验费用

　　【解析】根据"由最有条件一方尽义务"的原则，现场检验最方便也是最有义务完成的一方是施工单位，故由施工单位负责，但相应费用由建设单位承担。

　　【答案】C

六、政府不参与，业主不指定，监理控而不包办

　　具体实例见表1-3。

表1-3　政府不参与，业主不指定，监理控而不包办

原　　则	实　　例
政府不参与	(1) 招标投标和竣工验收中，政府既不是运动员，也不是裁判员，而是监督人 (2) 供水、供电、供气、公安消防等部门或单位不得明示或暗示建设单位或施工单位购买其指定的供应单位的材料、设备
业主不指定	(1) 由承包人采购的材料设备，发包人不得指定生产厂或供应商 (2) 发包人不得指定分包单位
监理控而不包办	(1) 不包办、不代替，应监督（打个不太贴切的比方：监考人员不能代应考人员考试做题） (2) 在满足法规、规范、合同的情况下，监理方应尊重施工单位自主决策的权利

　　【例20】某施工合同中约定设备由施工企业自行采购。施工期间，建设单位要求施工企业购买某品牌设备，理由是该品牌设备的生产商与建设单位有长期合作关系，关于本案中施工企业的行为，正确的是（　　　）。（2011年真题）

　　A. 施工企业应同意建设单位自行采购

　　B. 设计单位提出此要求，施工企业就必须接受

　　C. 建设单位以书面形式提出要求，施工企业就必须接受

　　D. 施工企业可拒绝建设单位的要求

　　【解析】根据"业主不指定"原则，施工企业可以拒绝建设单位的要求。

　　【答案】D

　　【例21】在施工承包合同中约定由施工单位采购建筑材料。施工期间，建设单位要求施工单位购买某采石场的石料，理由是该石料物美价廉。对此，下面说法正确的是（　　　）。

　　A. 施工单位可以不接受

　　B. 建设单位的要求施工单位必须接受

　　C. 建设单位通过监理单位提出此要求，施工单位才必须接受

　　D 建设单位以书面形式提出要求，施工单位就必须接受

　　【解析】根据"业主不指定"的原则，施工单位可以拒绝接受。

　　【答案】A

　　【例22】在项目评标委员会的成员中，无须回避的是（　　　）。

A. 投标人主要负责人的近亲属　　　B. 项目主管部门的人员

C. 项目行政监督部门的人员　　　　D. 招标人代表

【解析】B、C 两项违背了本书总结的"政府不参与"原则，A 项违背了公平原则。

【答案】D

七、不免除原则

（1）业主或项目监理机构对承包人的计划、方案的认可，不免除承包人对自身方案缺陷造成的损失所应承担的责任，具体如：

1）若承包人具有设计资质和能力，可以由其完成部分施工图的设计，但工程师对承包人设计的认可，不能解除承包人的设计责任。

2）因承包人自身的原因造成工程实际进度滞后于计划进度，所有的后果都应由承包人自行承担。监理工程师不对确认后的改进措施效果负责，这种确认并不是监理工程师对工程延期的批准，而仅仅是要求承包人在合理的状态下施工。因此，如果修改后的进度计划不能按期完工，承包人仍应承担相应的违约责任。

3）施工单位为了确保施工质量而采取技术措施或新工艺，即使新的技术措施或新工艺经过了监理的审查批准，所增加的费用和所延长的工期仍然均由施工单位承担。

（2）所采购的材料设备质量由采购一方负责，即使经对方检验通过仍不能免除采购方的质量责任。

【例23】某工程部位隐蔽前曾得到监理工程师的认可，但重新检验后发现质量未达到合同约定的要求，则关于全部剥露、返工的费用和工期处理的说法，正确的是（　　）。（2011 年真题）

A. 费用和工期损失全部由承包商承担

B. 费用和工期损失全部由业主承担

C. 费用由承包商承担，工期给予顺延

D. 费用由业主承担，工期不顺延

【解析】本题可根据本书的"不免除原则"和"分清责任原则"解题。

【答案】A

八、就严不就宽原则

工程质量标准、企业的资质等级的确定一般遵循就严不就宽的原则，具体表现有以下几点：

（1）同一专业的多家单位组成联合体投标，以资质等级较低的单位确定资质等级。

（2）共同体承包的，以资质等级低的单位确定资质等级。

（3）工程质量中标准能执行较严标准的应执行较严的标准（一般情况：企业标准严于行业标准，行业标准严于国家标准）。

（4）企业首次申请、增项申请建筑业企业资质，不考核企业工程业绩，其资质等级按照最低资质等级核定。

【特例】

（1）企业合并的，合并后存续或者新成立的建筑企业可以继承合并前各方中的较高资质等级，但应当符合相应的资质等级条件。

（2）企业分立的，分立后企业的资质等级，根据实际达到的资质条件核定。

（3）建筑施工企业可申请一项或多项建筑业企业资质；申请多项建筑业企业资质的，应选择等级最高的一项资质为企业主项资质（并不违背就严不就宽原则）。

【例24】同一专业的两个以上不同资质等级的单位实行联合承包，应当按照（   ）单位的业务许可范围承揽工程。(2010年真题)

A. 资质等级较高的   B. 联合体牵头   C. 承担主要任务的   D. 资质等级较低的

【答案】D

【例25】甲、乙两个同一专业的施工单位分别具有该专业二、三级企业资质，甲、乙两个单位的项目经理数量合计符合一级企业资质要求。甲、乙两单位组成联合体参加投标，则该联合体资质等级应为（   ）。

A. 一级   B. 二级   C. 三级   D. 暂定级

【答案】C

【例26】因企业分立而新设立的建筑业企业，其资质等级应按（   ）。(2011年真题)

A. 原企业的资质等级确定   B. 降低一级原企业的资质等级确定

C. 最低资质等级核定   D. 实际达到的资质条件核定

【答案】D

第三节　四两拨千斤——利用常识来推理解题

掌握基本原则，掌握考纲要求的基本知识点，这是学习也是应试的根本方法。但是考试中难免会忘记某些知识点，这时，我们可以充分利用自己生活、工作中的常识，来分析某些问题。

【例27】甲公司与乙公司的监理合同纠纷一案，由某仲裁委员会开庭审理。开庭当天，接到开庭通知书的被申请人乙无正当理由拒不到庭，则仲裁庭可以（   ）。

A. 撤销案件   B. 中止审理   C. 终结审理   D. 缺席裁决

【解析】用常识判断即知，如果被告拒不到庭或未经仲裁庭许可中途退庭就不能开庭审理，那岂不是被告就有了耍赖的空子可钻。

【答案】D

【例28】关于民事诉讼证人出庭作证的说法，正确的是（   ）。(2010年真题)

A. 证人只提交书面证词无须出庭做证

B. 数个证人证明同一事实时，可以同时接受询问

C. 证人在庭审时应当旁听

D. 证人有义务出庭做证

【解析】试想一下B、C的两种情况，证人同时接受询问或旁听都会造成串供的麻烦，这将大大降低证据的效力。选项A和选项D几乎是对立的选项，选项A如此绝对的说法与选项D相比，相信你也应该清楚选哪个了吧。

【答案】D

【例29】施工合同中约定按每月确定的工程量支付工程款，发包方没有按期付款，承包

方欲请求法院保护其民事权利，该诉讼时效期间应从（   ）之日算起。（2011年真题）

    A. 第一次付款期限届满   B. 最后一次付款期限届满

    C. 每次付款期限届满   D. 提交工程款支付申请

【解析】本题可利用常识解题。设想：某工程工期为3年，自2008年4月1日至2011年4月1日止，按月付进度款，承包方于每月15日提交工程款支付申请，第一次付款期限届满为2008年5月31日，自2008年6月之后，发包方的付款一直有拖欠，因体谅发包方暂时的资金周转困难并考虑到发包方将因房屋销售回款而有足够能力支付工程款，承包方未起诉，但没想到发包方自2010年7月以后干脆停止了工程款的支付，如果按A项所述，承包方岂不是自2010年5月31日起就因过了诉讼时效而丧失了胜诉权？这不是很可笑吗？C、D项也如此，凭常识推理就可知道，本题正确选项非B项莫属。

【答案】B

【例30】人民法院裁定终结执行的不可以是（   ）。

    A. 申请人撤销申请的

    B. 据以执行的法律文书被撤销的

    C. 作为被执行人的公民死亡，无遗产可供执行，又无义务承担人的

    D. 作为被执行人的公民因生活困难无力偿还借款，无收入来源，但有劳动能力的

【解析】选项D中"但有劳动能力"这句话不是作摆设的，任何有漏洞、有瑕疵（尽管是隐性的）的选项都极可能是不正确的。

【答案】D

【例31】当事人可以向仲裁委员会所在地中级人民法院申请撤销裁决的情形有（   ）。（2011年真题）

    A. 没有仲裁协议的

    B. 裁决的事项不属于仲裁协议的范围或仲裁委员会无权仲裁的

    C. 当事人隐瞒了足以影响公正裁决的证据的

    D. 仲裁庭的组成或仲裁程序违反法定程序的

    E. 仲裁所依据的证据是伪造的

【答案】ABDE

【分析】乍一看，本题五个选项似乎都对，但仔细分析，C项是有漏洞的，试想，如果某当事人故意隐瞒足以影响公正裁决的证据，等仲裁裁决后，他又向法院申请撤销裁决，甚至可以反复多次，直到达到目的，如此一来，某些别有用心的人就可以"名正言顺"地要弄仲裁委员会或对方当事人。C项少了"对方当事人"中的"对方"二字。（本题是考查可以申请撤销仲裁裁决的情况，详见图9-13。）

【例32】甲施工期企业承建的办公楼项目已经交付使用，发包人仍拖欠部分工程款未予。甲在未与任何人协商的情况下，擅自将办公楼部分空余写字间卖给丙公司，则该买卖合同（   ）。

    A. 可撤销   B. 有效   C. 可变更   D. 无效

【解析】有点合同法常识的人都知道，"可变更"与"可撤销"的合同其情形基本相同，因此选项A、C要么都对，要么都错，对于单选题而言，只能都错。买卖合同的实质

是以等价有偿方式转让标的物的所有权，承建企业连所有权都没有，这样的买卖合同能成立吗？就像生活中，在你自己不知情的情况下，自己的东西被别人拿走，然后卖掉，这样的合同能有效吗？

【答案】D

第二章 建设工程基本法律知识

考点1 建设工程法律体系

一、法的形式

狭义上的法律指全国人大及其常委会制定的规范性文件，而广义上的法律不局限于此，还包括行政法规、行政规章等。我国法的形式是制定法的形式，具体可以分为7类，除宪法外，其他6类如图2-1所示。

		制定者	署名特点	例
	法律（狭义）	全国人民代表大会	《××法》	《中华人民共和国合同法》
	行政法规	国务院	《××条例》	《建设工程质量管理条例》
法规	地方性法规	地方人民代表大会	《××地区××条例》	《北京市招标投标条例》
行政规章	部门规章	国务院各部委	《××办法》《××规定》	《房屋建筑工程质量保修办法》《建筑业企业管理规定》
	地方政府规章	地方人民政府	《××地区××办法》《××地区××规定》	《北京市建筑工程施工许可办法》
	国际条约			《建筑业安全卫生公约》

注：1. 建筑法属于行政法，合同法、招标投标法属于民法商法（我国采用民商合一的立法模式）。

2. 全国人民代表大会和全国人民代表大会常务委员会通过的法律由国家主席签署主席令予以公布。

3. 部门规章由部门首长签署命令予以公布。

图2-1 建设工程法律法规体系的内容

【解题关键】

• 规章的名称中后缀为"办法""规定"。

• 法规的名称中后缀为"条例"。

• 地方性规章、法规的名称特点是在前面加"××地"作限定，其后缀同行政法规和部门规章。

二、法的效力层级

法的效力层级见表2-1。

表 2-1 法的效力层级

序号	法律效力	相关解释
1	宪法至上	宪法是具有最高法律效力的根本大法,具有最高法律效力,任何法律均不可与之抵触
2	上位法优先于下位法	(1) 法律>法规>规章(法>法规>规) (2) 上级政府制定的规章优于下级政府制定的规章 (3) 部门规章、地方性规章之间具有同等法律效力
3	特别法优先于一般法	特别法与一般法不一致时,优先适用特别法(同一机关制定的)
4	新法优先于旧法	新规定与旧规定不一致,适用新的规定(同一机关制定的)

【例1】下列关于行政法规签发的表述中,正确的是（ ）。

A. 行政法规由国家主席签署主席令公布

B. 行政法规由国务院总理签署国务院令公布

C. 行政法规由国家发改委主任签署命令公布

D. 行政法规由住建部部长签署命令公布

【解析】行政法规是我国法律体系的重要组成部分,依照《中华人民共和国立法法》的规定,国务院根据宪法和法律,制定行政法规,由总理签署国务院令公布。因此,正确选项是B。不同法的形式,如法律、行政法规、部门规章、地方性法规与地方规章等,其制定与发布的机构都不相同,这样的知识点应该归纳总结,对比记忆。

【答案】B

三、需要由有关机关裁决适用的特殊情况

【例2】不同行政法规对同一事项的规定,新的一般规定与旧的特别规定不一致,不能确定如何适用时,由（ ）裁决。(2011年真题)

A. 国务院主管部门 B. 最高人民法院 C. 国务院 D. 全国人大常委会

【解析】根据表2-1我们知道,新法优于旧法,特别法优于一般法,但是本题中的"新法的一般法"与"旧法的特别法"之间又应该如何处理呢?这应由其制定机关裁决,详情见表2-2。

【答案】C

表 2-2 需要由有关机关裁决适用的特殊情况

序号	法	情 况	裁决者
1	法律	新法规定与旧法特别规定之间不一致时	由全国人大常委会裁决(制定者裁决)
2	法律与行政法规之间	根据授权制定的法规与法律规定不一致,不能确定如何适用时	由全国人大常务会裁决
3	行政法规	新的一般规定与旧的特别规定不一致时	由国务院裁决(制定者裁决)
4	地方性法规、规章之间	同一机关制定的新规定与旧的特别规定不一致	由制定机关裁决
		地方性法规与部门规章之间对同一事项的规定不一致,不能确定如何适用时	若为适用地方性法规,则应由国务院决定;若为适用部门规章,则应提请全国人大常委会裁决
		部门规章之间、部门规章与地方政府规章之间对同一事项的规定不一致时(规章之间)	由国务院裁决

【例3】根据《中华人民共和国立法法》，（   ）之间对同一事项的规定不一致时，由国务院裁决。（2010年真题）

A. 地方性法规与地方政府规章   B. 部门规章

C. 部门规章与地方性法规   D. 地方政府规章与部门规章

E. 同一机关制定的旧的一般规定与新的特别规定

【答案】BD

【解析】根据上位法优于下位法的原则，同为地方级的法规优于规章，选项A的情况无须裁决；选项C的情况若为适用部门规章的情况，则还应提请全国人大常委会裁决；选项E的情况应由制定机关裁决，制定机关并不都是国务院，详见表2-2。

【例题练习1】签署并公布由全国人大和全国人大常委会通过的法律的是（   ）。（2014年真题）

A. 人大主席团   B. 国务院总理   C. 最高人民法院院长   D. 国家主席

【答案】D

【解析】本题考查的是法的形式和效力层级。全国人民代表大会和全国人民代表大会常务委员会通过的法律由国家主席签署主席令予以公布。

＊＊练习题＊＊

1.《安全生产许可证条例》的直接上位法立法依据是（   ）。（2011年真题）

A. 安全生产法   B. 宪法   C. 建筑法   D. 建设工程安全生产管理条例

2. 下列与工程建设有关的规范性文件中，由国务院制定的是（   ）。（2010年真题）

A. 安全生产法   B. 建筑业企业资质管理规定

C. 工程建设项目施工招标投标办法   D. 安全生产许可证条例

3.《建筑业企业资质管理规定》属于（   ）。

A. 行政法规   B. 一般法律   C. 司法解释   D. 部门规章

4. 根据法的效力等级，《建设工程质量管理条例》属于（   ）。

A. 法律   B. 部门规章   C. 行政法规   D. 单行条例

考点2 建设工程法人制度

一、法人的成立条件

法人的概念及成立条件见表2-3。

表2-3 法人的概念及成立条件

	内容要点
概念	法人是具有民事权利能力和民事行为能力，依法独立享有民事权利和承担民事义务的组织
条件	（1）依法成立 （2）有必要的财产和经费 （3）有自己的名称、组织机构和场所 （4）能够独立承担民事责任

	内容要点
其他	注意：法人不是自然人而是组织，法人代表则是自然人 **法人不是人，法人代表才是人！**
例	周某依法成立了某个人独资有限公司，此处该独资有限公司是法人，周某是自然人，周某同时为公司的法定代表人（简称法人代表）

二、法人分类

在建设工程中，大多数情况下，建设活动主体都是法人。施工单位、勘察设计单位、监理单位都必须是具有法人资格的组织，且还必须有相应的资质。建设单位一般也应当具有法人资格，但有时候，建设单位也可能是没有法人资格的其他组织。法人的分类及资格取得见图 2-2。

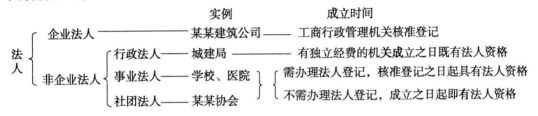

图 2-2　法人的分类及资格取得

三、企业法人与项目经理部之间的法律关系

企业法人与项目经理部之间的法律关系见表 2-4。

表 2-4　企业法人与项目经理部之间的关系

	负责人	成立条件	法人资格	民事责任
企业法人	企业法人代表	工商行政管理机关核准登记	有	有
项目经理部	项目经理	由企业根据项目而组建	无	无（由企业法人承担）

【例题练习 2】关于法人的说法，正确的是（　　　）。

A. 法人以其登记注册地为住所

B. 企业法人自取得营业执照时取得法人资格

C. 非企业法人是指行政法人和事业法人

D. 建设单位可以是没有法人资格的其他组织

【解析】建设单位一般也应当具有法人资格，但有时候，建设单位也可能是没有法人资格的其他组织。

【答案】D

＊＊练习题＊＊

5. 法人应当具备的条件有（　　　）。（2011 年真题）

A. 依法成立　　　　　B. 有自己的场所　　　C. 有必要的财产或者经费

D. 有自己的名称、组织机构　　E. 能够独立承担无限民事责任

考点3 建设工程代理制度

一、定义及分类

代理的概念：代理人在代理权限内，以被代理人的名义实施，民事责任由被代理人承担的法律行为。

通俗解释：甲在乙的授权权限内，以乙的名义行事而产生权利义务关系，相关民事责任由乙承担。

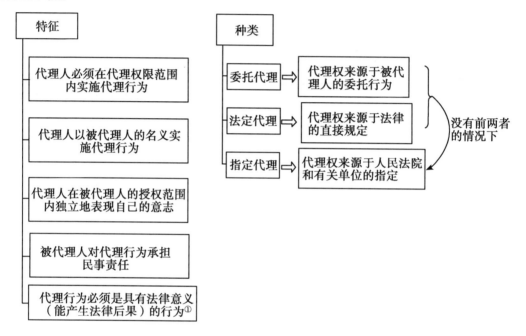

① 如聚会，请朋友吃饭，不产生法律后果，不成为代理行为。

图2-3 代理的特征与分类

代理的特征与分类见图2-3，三种代理的情况对比见表2-5。

【例4】某施工企业在异地设有分公司，分公司受其委托与材料供应商订立了采购合同。材料交货后货款未支付，供应商应以（ ）为被告人向人民法院起诉，要求支付材料款。

A. 监理单位　　　B. 分公司　　　C. 建设单位　　　D. 施工企业

【解析】①分公司不是独立法人；②"分公司受其委托与供应商订立采购合同"，说明施工企业是被代理人，分公司是代理人，属委托代理关系，因此相关责任由施工企业承担。

【答案】D

表 2-5　三种代理的情况对比

分　类	来　源	实　例
委托代理	代理人的委托行为	在建设工程中涉及的代理主要是委托代理，如： ✓　项目经理是施工企业的委托代理人。 ✓　总监理工程师是监理单位的委托代理人。 ✓　工程招标代理——被代理人是招标人，代理人是工程招标代理机构。 ✓　诉讼代理（如请律师）。 　　不属于委托代理的典型事例： ✗　施工企业法定代表人代表企业参加施工投标。 ✗　专业监理工程师接受总监的工作分配负责本专业范围内的监理工作。 　　注意：**建设工程的承包活动不得委托代理**（实质是转包）
法定代理	法律的规定	《中华人民共和国民法通则》规定未成年人的父母为其监护人
指定代理	人民法院和有关单位的指定	《中华人民共和国民法通则》规定：未成年人的父母去世后，若无监护人，由有关单位指定某人监护

二、转托他人代理应当事先取得被代理人的同意

《中华人民共和国民法通则》规定，委托代理人为被代理人的利益需要转托他人代理的，应当事先取得被代理人的同意。事先没有取得被代理人同意的，应当在事后及时告诉被代理人，如果被代理人不同意，由代理人对自己所转托的人的行为负民事责任，但在紧急情况下，为了保护被代理人的利益而转托他人代理的除外。

三、无权代理

无权代理是指行为人没有代理权而以他人名义进行民事、经济活动。

三种"无权代理"的情况分别为：①自始未经授权的代理；②超越权限范围的代理；③代理权终止后的代理。

无权代理情况下，只有经被代理人追认后，被代理人才承担责任；未经追认的，由行为人承担责任。

四、表见代理

【案例】推销员拿着盖有乙供货单位公章的空白合同文本，超越授权范围与丙采购单位订立合同。如果丙单位不知该推销员超越了授权范围，即为善意第三人，此时订立的合同有效，合同后果由乙供货单位承担。

表见代理的概念、条件、合同有效性及其他情况见表 2-6。

表 2-6　表见代理

	内容要点
概念	表见代理是善意相对人通过被代理人的行为足以相信无权代理人具有代理权的代理（是一种特殊的无权代理）
条件	1. 存在足以使相对人相信行为人具备代理权的事实或理由 ——客观条件 2. 被代理人存在过失（发生了外表授权的事实）——导致第三人相信有授权 3. 相对人善意（无过失）——主观条件 【注】在表见代理的情况下，善意第三人与无权代理人进行的交易行为（订立合同），其后果由被代理人承担，其目的是保护善意第三人

	内容要点
合同有效性	《中华人民共和国合同法》规定："行为人没有代理权、超越代理权或者代理权终止后以被代理人名义订立合同，相对人有理由相信行为人有代理权的，该代理行为有效。"换言之，**表见代理是一种特殊的无权代理，为保护不知情的善意第三人，表见代理的代理行为有效，因此所签订的合同有效**
其他	**当事人知道他人以本人名义实施民事行为不作否认表示的，视为同意**

五、不当或违法行为的责任承担

不当或违法行为的责任承担见表 2-7。代理关系的责任承担见图 2-4。

表 2-7　不当或违法行为的责任承担

情　况	责任承担	案　例
1. 授权不明	被代理人应当向第三人承担民事责任，代理人负连带责任	【案例】甲施工企业委托授权乙代为采购 H 型钢材，但未对采购价格作任何要求。于是乙与供货商丙签订了采购合同。后来，甲施工企业以 H 型钢材价格高于市价拒绝支付丙相应价款。试问，此时丙施工单位应向谁请求权利。 【分析】本案例属于授权不明确，甲和乙共同承担连带责任，丙可以向甲或乙请求其权利
2. 代理人与第三人串通损害被代理人利益	代理人和行为人承担连带责任	【案例】甲施工企业委托授权乙代为采购 H 型钢材，乙向供货商丙采购，而丙此时恰好缺货，经乙丙商量以丙库存较多的 T 型钢材代替。后在施工过程中，因钢材不合格发生严重的施工事故。此时甲可以向谁主张权利。 【分析】乙丙之间属于串通行为，且甲不知情。故乙丙之间承担连带赔偿责任，甲可以向乙或丙主张其权利
3. 代理人知道被委托代理的事项违法（或：被代理人知道代理人的代理行为违法），但不表示反对	被代理人与代理人承担连带责任	【案例】代理人乙明知其委托人甲供货商委托其销售的压力锅以次充好却不予理会，致使丙在使用过程中发生爆炸事故。试问，本次事故的责任由谁承担。 【分析】乙明知甲的行为违法，并没有表示反对，乙与甲承担连带责任
4. 第三人知道行为人无权、越权、代理权终止还与其实施民事行为，造成损害	第三人和行为人承担连带责任	【案例】丙供货单位明知甲施工企业已经终止了与乙的委托采购合同，但此时乙持有甲企业的财务公章，故仍然与乙签订了 T 型钢采购合同，但实际施工中需要的是 H 型钢材。 【分析】丙明知甲已终止了乙的代理权，还与乙签订合同，出现问题时丙与乙承担连带责任
5. 代理人不履行职责损害被代理人利益	代理人承担民事责任	【案例】甲施工企业委托授权乙代为采购 H 型钢材，但乙以钢材涨价需观望为由，不及时购买钢材，致使甲耽误工期，被迫交违约金。试问，乙是否应承担责任。 【分析】本案属代理人乙不履行职责，乙应承担责任

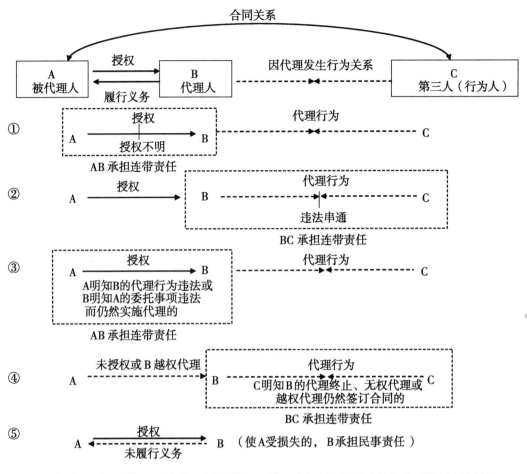

注：C不知道 B 的代理权终止、无权代理或越权代理，而与 B 签订合同的，为表见代理，则签订合同有效。

图 2-4　代理关系责任承担示意图（释义见表 2-7）

六、代理关系终止

代理关系终止见图 2-5。

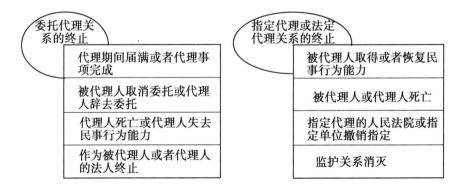

图 2-5　代理关系终止

【理解】指定代理或法定代理关系终止的情况之所以有"被代理人取得或恢复民事行

为能力""监护关系消灭"这两条，可以联系"未成年人在成年之前，监护人承担相应责任"进行理解。

七、委托合同关系与委托代理关系（难点）

【例5】甲委托乙购买设备，但要求乙以自己的名义签订合同。乙后来与丙签订设备购买合同，但由于甲的原因，丙未收到设备款，问此时丙应向谁请求其权利？

【解析】要弄清［例5］，首先必须要清楚委托合同关系与委托代理关系之间的区别比较，如表2-8所示。

表2-8　委托合同关系与委托代理关系

	区别核心	工程实例
委托代理关系	被代理人以代理人的名义实施行为	项目经理与施工企业之间是委托代理关系，因为项目经理始终以施工企业的名义在实施管理
委托合同关系	被代理人可以自己的名义实施行为	监理单位与建设单位之间是委托合同关系

《中华人民共和国合同法》规定：受托人因委托人的原因对第三人不履行义务，受托人应当向第三人披露委托人，第三人因此可以选择受托人或者委托人作为相对人主张其权利，但第三人不得变更选定的相对人。

此时，再看［例5］，我们不难得知答案：丙公司可以向乙或者甲请求其权利。

＊＊练习题＊＊

6. 根据《中华人民共和国民法通则》，施工单位的项目经理属于施工单位的（　　）。（2010年真题）

A. 委托代理人　　B. 法定代理人　　C. 指定代理人　　D. 职务代理人

7. 某施工单位法定代表人授权市场合约部经理赵某参加某工程招标活动，这个行为属于（　　）。

A. 法定代理　　B. 委托代理　　C. 指定代理　　D. 表见代理

8. 被代理人因为向代理人授权不明确而给第三人造成的损失，应（　　）。（2011年真题）

A. 由被代理人向第三人承担责任，代理人承担连带责任

B. 由被代理人独自向第三人承担责任

C. 由第三人自己承担损失

D. 由代理人独自向第三人承担责任

9. 对于无权代理，如果未经被代理人追认，则应由（　　）承担责任。

A. 被代理人　　　B. 代理人　　　C. 第三人　　　D. 行为人

10. 施工企业与保险代理人张某签署了盖有保险公司印章的工程保险合同，并足额缴付了保费，但张某表示需将保费交回公司后才能签发保单，后施工企业发生保险事故要求赔偿时，保险公司称张某已离职，且其未将保险合同和保费交回公司。关于该案中责任承担的说法，正确的是（　　）。（2011年真题）

A. 张某应当向施工企业赔偿损失

B. 施工企业补缴保费后，保险公司方可赔偿损失

C. 保险公司找到张某追回保费后，方可给予施工企业赔偿

D. 保险公司应当支付保险金，并可向张某追偿

11. 关于表见代理的错误说法是（　　）。

A. 表见代理的行为人没有代理权　　　B. 表见代理是无效代理

C. 表见代理在本质上属于无权代理　　　D. 善意相对人有理由相信行为人有代理权

考点 4　建设工程物权制度

一、定义及特征

物权，是指权利人依法对特定的物享有直接支配和排他的权利，包括所有权、用益物权和担保物权。

【案例】王某为筹集资金，将自己的房屋抵押给银行作为筹资担保。之后王某又与陈某约定将房屋阳台提供给陈某放物品，陈某支付一笔费用。王某最后又将房屋出租给张某，以收取租金。

【解析】本案例中王某为房屋所有权人，银行为担保物权人，陈某为用益物权人，张某为房屋的使用权人。

物权的特征见图 2-6。

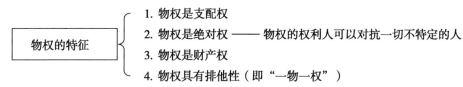

物权的特征
1. 物权是支配权
2. 物权是绝对权 —— 物权的权利人可以对抗一切不特定的人
3. 物权是财产权
4. 物权具有排他性（即"一物一权"）

图 2-6　物权的特征

二、物权的种类

物权的种类见表 2-9。

表 2-9　物权的种类

		定　义	实　例
所有权	占有权	对财产的实际掌握和控制	货物运输合同中，承运人对托运人的财产享有占有权
	使用权	对财产的实际利用和运用	自己的房屋自己住，自己的衣服自己穿
	收益权	收取原物生出来的新增经济价值的权能	农民就自家果树生长果实享有收益权
	处分权	对财产进行处置	对自己的物品可以进行拍卖、转让或出租
用益物权		对他人所有的不动产或动产享有的占有、使用、收益的权利	包括：土地承包经营权、建设用地使用权（所有权属国家或集体）、宅基地使用权和地役权
担保物权		权利人在债务人不履行到期债务或者发生当事人约定的实现担保物权的情形，依法享有就担保财产优先受偿的权利（详见本章考点 7）	

要点：处分权是所有人的最基本的权利，是所有权内容的核心。

【助记口诀】物权得要"保、育、用（用益物权）"，其中，有所有权就能"收占用

23

处"。——所有权包含"收、占、用（使用）、处"。

【例6】根据《中华人民共和国物权法》，建设用地使用权属于（　　）。

A. 所有权　　　　B. 用益物权　　　　C. 担保物权　　　　D. 留置权

【解析】土地的所有权属国家或集体，对于建设用地只能享有使用权。换而言之，建设用地都是在"使用国家而非自己的土地"，据此再结合用益物权的定义知：建设用地使用权属于用益物权。

【答案】B

三、土地所有权、建设用地使用权和地役权

在我国土地所有权始终归国家，土地使用权是用地单位或者个人依法定方式取得的，对国有土地享有的用益物权（见表2-10）。

表 2-10　土地所有权、建设用地使用权和地役权

土地权利	相关要点
土地所有权	土地所有权是国家或农民集体依法对归其所有的土地所享有的具有支配性和绝对性的权利。我国实行土地的社会主义公有制，即全民所有制和劳动群体集体所有制。 城市市区的土地属于国家所有。农村和城市郊区的土地，除由法律规定属于国家所有的以外，属于农民集体所有；宅基地和自留地、自留山，属于农民集体所有
建设用地使用权	建设用地使用权**只能存在于国家所有的土地上**，不包括集体所有的农村土地。建设用地使用权**可以在土地的地表、地上或者地下分别设立**。新设立的建设用地使用权，不得损害已设立的用益物权。 工业、商业、旅游、娱乐和商品住宅等经营性用地以及同一土地有两个以上意向用地者的，**应当采取招标、拍卖等公开竞价的方式出让**。 建设用地使用权**自登记时设立**。登记机构应当向建设用地使用权人发放建设用地使用权证书。 附着于建设用地上的建筑物、构筑物及其附属设施应随该建设用地使用权一并处分。 住宅建设用地使用权期间届满的，自动续期
地役权	地役权，是指为使用自己不动产的便利或提高其效益而按照合同约定利用他人不动产的权利。从性质上讲，地役权是按照当事人的约定设立的用益物权。 【例题】你为了看风景，跟你的邻居约定：你付给他一笔钱，他15年内不得在他自己的土地上盖高楼，你在这15年内就有权不让他盖高楼，此权利就属地役权
	地役权**自地役权合同生效时设立**。未经登记的，不得对抗善意第三人。 土地上已设立土地承包经营权、建设用地使用权、宅基地使用权等权利的，**未经用益物权人同意，土地所有权人不得设立地役权**

【例7】建设单位需要使用相邻企业的场地开辟道路就近运输建筑材料。经双方订立合同，约定建设单位向该企业支付用地费用，该企业向建设单位提供场地。在此合同中，建设单位拥有的权利是（　　）。

A. 相邻权　　　B. 地役权　　　C. 土地出租权　　　D. 建设用地使用权

【答案】B

四、物权的设立、变更、转让、消灭和保护

1. 物权的设立、变更、转让、消灭

不动产物权的设立、变更、转让、消灭，自登记时发生效力（姑且简称"生效"），动产物权的设立和转让，自交付时发生效力。这些与合同的生效有所不同，如表2-11所示。

表 2-11　物权的设立、变更、转让、消灭的生效与合同生效的区别

	合同生效	物权"生效"（所有权转移）
动产①	成立之时（法律另有规定或合同里有约定除外）	转移、交付之时
不动产	成立之时（法律另有规定或合同里有约定除外）	登记之时

①船舶、航空器和机动车（均属于特殊的动产）等物权的设立、变更、转让和消灭，未经登记，不得对抗善意第三人。

【理解】你买汽车，自汽车交付给你之时起，汽车就成为你的汽车（但汽车属特殊的动产，未经登记，不得对抗善意第三人）；如果你买套房子，只有从过户登记之时起，法律上才承认你取得了所有权。

2. 物权的保护

侵害物权，除承担民事责任外，违反行政管理规定的，依法承担行政责任；构成犯罪的，依法追究刑事责任。

【例8】张某与李某在 2009 年 10 月 1 日签订了合同，约定如果在一年内房价涨幅未达到 10%，即以 2009 年的市场价转让。这一年里，当地房价没有发生变动。双方于 2010 年 11 月 1 日，办理了房屋过户手续。张某于 11 月 3 日将房屋整理好并交付给李某，李某当天就入住该房屋。

【解析】本题合同成立，合同生效，所有权转移，风险、责任转移的日期如下：

①在买卖合同中风险责任转移，一般以标的物交付之时为转移之时，本题中若李某在登记过户之前就已经入住房屋，则仍以提前入住之时为风险责任转移之时。

图 2-7　合同生效与所有权转移的时刻分析

【例题练习 3】根据《中华人民共和国物权法》，不能设定权利质权的是（　　）。（2014 年真题）

A. 专利中的财产权　　　　　　　B. 应收账款债权

C. 可以转让的股权　　　　　　　D. 房屋所有权

【解析】本题考查的是质权。权利质押一般是将权利凭证交付质押人的担保。可以质押的权利包括：①汇票、支票、本票、债券、存款单、仓单、提单；②依法可以转让的股份、股票；③依法可以转让的商标专用权、专利权、著作权中的财产权；④依法可以质押的其他权利。

【答案】D

【例题练习 4】甲家旁边有一建筑工地正在施工。某日，一货车经过甲家门前，由于颠簸掉落货物一件，被甲拾得据为己有。其后，甲发现有利可图，遂在门前洒落许多砖石。次日，果然又拾得两袋车上颠落的货包。关于甲性质的说法，正确的有（　　）。（2014 年真题）

A. 侵权 B. 无因管理

C. 合同行为 D. 不当得利

E. 法律行为

【解析】本题考查的是建设工程债的发生依据。第一天获利是不当得利，第二天获利是侵权。

【答案】AD

* * 练习题 * *

12. 甲与乙签订房屋买卖合同，将自有一幢房屋卖给乙，并约定任何一方违约须向对方支付购房款的 25% 的违约金。但在交房前，甲又与丙签订合同，将该房屋卖给丙，并与丙办理了过户登记手续。则下列说法中错误的是（   ）。(2009 年真题)

A. 若乙要求甲支付约定的违约金，甲可以请求法院或仲裁机构予以适当减少

B. 甲必须收回房屋并向乙方交付

C. 丙取得该房屋的所有权

D. 乙不能要求甲实际交付该房屋，但可以要求甲承担违约责任

13. 当事人之间订立有关设立不动产物权的合同，除法律另有规定或者合同另有约定外，该合同效力情形表现为（   ）。(2011 年真题)

A. 合同自成立时生效

B. 合同自办理物权登记时生效

C. 未办理物权登记合同无效

D. 未办理物权登记不影响合同效力

E. 合同生效当然发生物权效力

考点 5　建设工程债权制度

一、定义

根据《中华人民共和国民法通则》的规定，债是按照合同的约定或者依照法律的规定，在当事人之间产生的特定的权利和义务关系。

【案例】承包商和业主一旦签订了施工合同，承包商就有了因合同责任而产生的债，即应该为业主修建工程。业主也有了相应的债，即按合同条件支付给承包商工程款。（注：法律上的债与会计上的债是有区别的。）

二、建设工程债的发生根据

建设工程债的发生根据见表 2-12。

表 2-12 债的发生根据

		产生情况	简 例
意定之债	合同	当事人之间通过订立合同设立的以债权债务为内容的民事法律关系	施工合同中，业主应给予承包方的工程款
	不当得利	不当得利是指没有合法根据，取得不当利益，**造成他人损失**。不当得利人依法负有返还义务	某人在路上捡到 500 元，即有了归还失主的义务
	无因管理	无因管理是指没有法定的或者约定的义务，为避免他人利益受损失而进行管理或者服务的行为（管理人依法有权要求受益人支付的必要管理费用）	某人捡到一只宠物狗，半年后找到失主并归还，失主应支付半年来的养狗费用。（本例中，归还小狗属不当得利之债，支付养狗费用属无因管理之债）
法定之债	侵权行为	一方实施侵权行为后，受害人有权要求侵害人承担赔偿损失等责任，而侵害人则有赔偿的义务	建筑物、构筑物或者其他设施倒塌造成他人损害的，由建设单位与施工单位承担连带责任

要特别注意，侵权行为和违约行为有着本质上的不同。侵权行为违反的可能是民法、刑法、消费者权益保护法的相关法律（属侵权行为之债），而违约行为则违反的是合同约定（属合同之债）。

【一句话总结】违约行为源于违反合同约定（属合同之债），侵权行为则属于违法行为。

三、侵权行为与违约行为

侵权行为与违约行为对比见表 2-13。

表 2-13 侵权行为与违约行为对比

比较项目	侵权行为	违约行为
违反什么义务	法定义务（违反法律法规）	约定义务（违反合同约定）
侵犯什么权利	绝对权	相对权
包括什么责任类型	法律责任包括财产责任和非财产责任	法律责任**仅限于财产责任**

四、建设工程中的两种侵权行为

《中华人民共和国侵权责任法》规定，建筑物、构筑物或者其他设施及其搁置物、悬挂物发生脱落、坠落造成他人损害，所有人、管理人或者使用人不能证明自己没有过错的，应当承担侵权责任。所有人、管理人或者使用人赔偿后，有其他责任人的，有权向其他责任人追偿。

从建筑物中抛掷物品或者从建筑物上坠落的物品造成他人损害，难以确定具体侵权人的，除能够证明自己不是侵权人的外，由可能加害的建筑物的使用人给予补偿。

五、建设工程债的常见种类

建设工程债的常见种类见表 2-14。

表 2-14　建设工程债的常见种类

序号	债 务	简 述
1	施工合同债	常发生在建设单位与施工单位之间
2	买卖合同债	多发生在材料设备买卖合同中
3	侵权之债	最常见的是施工单位的施工活动产生的侵权，如施工噪声或者废水排放引起的扰民。此时，居民是债权人，施工单位或建设单位是债务人

＊＊练习题＊＊

14. 在建工程的建筑物、构筑物或者其他设施倒塌造成他人损害的，由建设单位与施工企业承担连带责任。该责任在债的产生根据中属于（　　）之债。(2011 年真题)

A. 侵权　　　　　B. 合同　　　　　C. 无因管理　　　　　D. 不当得利

15. 下列行为中，构成无因管理的有（　　）。(2011 年真题)

A. 甲接受委托帮助他人保养施工机具

B. 乙见他人仓库失火遂召集人员参加救火

C. 材料供应商丙将施工现场因中暑昏倒的农民工送往医院救治

D. 戊见门前马路污水井盖被盗，恐致路人跌伤，遂插树枝以警示

E. 总承包单位结算时超付分包单位丁，丁明知该情况但未告知总承包单位

16. 甲建筑设备生产企业将乙施工单位订购的价值 10 万元的某设备发错给了丙施工单位，几天后，甲索回该设备并交付给乙。乙因丙曾使用过该设备造成部分磨损而要求甲减少价款 1 万元。下列关于本案中债的性质的说法，正确的有（　　）。

A. 甲错发设备给丙属于无因管理之债

B. 丙向甲返还设备属于不当得利之债

C. 乙向甲支付设备款属于合同之债

D. 甲向乙少收 1 万元货款属于侵权之债

E. 丙擅自使用该设备对乙应承担侵权之债

17. 下列工程施工过程之中，属于侵权责任的情形有（　　）。(2010 年真题)

A. 施工单位未按合同约定支付项目经理李某的奖金

B. 施工单位违约造成供货商重大损失

C. 工地的塔吊倒塌造成供货商重大损失

D. 施工单位将施工废料倒入邻近鱼塘造成大量鱼苗死亡

E. 分包商在施工时操作不当造成公用供电设施损坏

18. 以下关于债的发生根据的表述中，正确的有（　　）。

A. 合同　　　　　B. 志愿服务　　　　　C. 侵权行为　　　　　D. 不当得利

E. 无因管理

考点 6　建设工程知识产权制度

一、知识产权的法律特征

(1) 具有人身权和财产权的双重性质。

（2）专有性。

（3）地域性。

（4）期限性。

受我国法律保护的较常见的知识产权有：专利权、商标权、著作权、发明权和其他科技成果等。

知识产权是权利人对其创造的成果依法享有的权利。

二、专利权

1. 专利权的概念

专利权是指权利人在法律规定的期限内，对其发明创造所享有的制造、使用和销售的专有权。

2. 专利权的保护对象

专利权的保护对象，是发明创造专利权。根据《中华人民共和国专利法》及其实施细则的规定，发明创造包括发明、实用新型和外观设计，如表2-15所示。

表 2-15　专利权的保护对象

序号	项　目	定　义	保护期限
1	发明	指对产品、方法或者其改进所提出的新的技术方案	20 年
2	实用新型	指对产品的形状、构造或者其结合所提出的适于使用的新的技术方案	10 年
3	外观设计	指对产品的形状、图案或者其结合以及色彩与形状、图案的结合所作出的富有美感并适于工业应用的新设计	

三、商标权

商标可以分为商品商标和服务商标两大类。根据《中华人民共和国商标法》的规定，注册商标的有效期为10年，自核准注册之日起计算。注册有效期满，需要继续使用的，应当依法办理续展注册。注册商标可以转让，转让人和受让人应当签订转让协议并共同向商标局提出申请。商标注册人可以通过签订商标使用许可合同，许可他人使用其注册商标，但许可人和被许可人应当履行法律规定的相应义务。

四、著作权

1. 著作权作品

在工程建设领域较为常见的除文字作品外，还主要包括建筑作品、图形作品。

2. 著作权主体

著作权的主体是指从事文学、艺术、科学等领域的创作出作品的作者及其他享有著作权的公民、法人或者其他组织。在特定情况下，国家也可以成为著作权的主体。单位作品、职务作品与委托作品的区别见表2-16。

表 2-16　单位作品、职务作品与委托作品

	作者	概　述	著作权	工程实例
单位作品	单位	由法人或其他组织主持，代表法人或其他组织意志进行创作，并由法人或其他组织承担责任的作品	单位作品著作权完全归单位所有	投标文件招标文件
职务作品	个人	公民为完成法人或者其他组织工作任务所创作的作品	个人享有（有合同约定的从其约定），但法人或其他组织有权在业务范围内优先使用①	陈某在自己的设计单位绘制的图纸
委托作品	受托人②	受委托创作的作品，如：勘察设计文件是勘察设计单位接受建设单位委托创作的委托作品	（1）双方约定其归属（2）未约定的属于受托方	勘察、设计文件

①《著作权法》规定，有下列情形之一的职务作品，作者享有署名权，著作权的其他权利由法人或者其他组织享有，法人或者其他组织可以给予作者奖励：

a. 主要是利用法人或者其他组织的物质技术条件创作，并由法人或者其他组织承担责任的工程设计图、产品设计图、地图、计算机软件等职务作品。

b. 法律、行政法规规定或者合同约定著作权由法人或者其他组织享有的职务作品。

②在建设工程活动中，有些作品属于委托作品。一般情况下，勘察设计文件都是勘察设计单位接受建设单位委托创作的委托作品。受委托创作的作品，著作权的归属由委托人和受托人通过合同约定。合同未作明确约定或者没有订立合同的，著作权属于受托人。

五、计算机软件

国务院《计算机软件保护条例》规定，计算机软件是指计算机程序及其有关文档。

软件著作权属于软件开发者，《计算机软件保护条例》另有规定的除外。如无相反证明，在软件上署名的自然人、法人或者其他组织为开发者。

另：著作权及软件著作权的保护期限均为作者终生及其死后 50 年内，截止于自然人死亡后第 50 年的 12 月 31 日。

＊＊练习题＊＊

19. 我国承认并以法律形式加以保护的主要知识产权有（　　）等。

A. 著作权　　　B. 专利权　　　C. 商标权　　　D. 商业秘密　　　E. 肖像权

20. 建设单位委托设计单位进行设计工作，双方没有约定著作权的归属，图纸由甲设计师完成，则图纸的著作权归（　　）。（2011 年真题）

A. 建设单位和设计单位共同所有

B. 设计单位和甲设计师共同所有

C. 建设单位和甲设计师共同所有

D. 建设单位独自所有

21. 甲建设单位委托乙设计单位编制工程设计图纸，但未约定该设计著作权归属。乙设计单位注册建筑师王某被指派负责该工程设计，则该工程设计图纸许可使用权归（　　）享有。

A. 甲建设单位　　　B. 乙设计单位　　　C. 注册建筑师王某　　　D. 甲、乙两单位共同

考点 7 建设工程担保制度

一、担保的概念及方式

担保，是指当事人根据法律规定或者双方约定，为促使债务人履行债务实现债权人的权利的法律制度。担保通常由当事人双方订立担保合同。

担保合同是主合同的从合同，主合同无效，担保合同就无效，另有约定的，从其约定。合同担保的五种方式对比见表 2-17。

表 2-17 合同担保的五种方式对比

	定 义	案例 （甲为债务人，乙为债权人，丙为第三人）	提供担保的一方	担保物
保证	指保证人和债权人约定，当债务人不履行债务时，保证人按照约定履行债务或者承担责任的行为	丙替甲作保，甲不能偿还乙债务时，丙偿还乙债务	第三方保证人	由第三方保证人的信用担保
抵押	指债务人或者第三人向债权人以不转移占有的方式提供一定的财产作为抵押物，用以担保债务履行的担保方式	由甲或丙提供财产作抵押物（但财产仍由甲或丙持有），若甲不能履行债务时，以抵押物偿还乙	债务人或第三方	由抵押物担保（乙未持有）
质押	指债务人或者第三人将其动产或权利移交给债权人占有，用以担保债权履行的担保形式	由甲或丙提供财产作质物（财产暂由乙持有），若甲不能履行债务时，以质押物偿还乙	债务人或第三方	由质押物担保（已移交给乙持有）
留置	指债权人按照合同约定占有对方（债务人）的财产，当债务人不按照合同约定的期限履行其债务时，债权人有权依照法律规定留置该财产并享有处置该财产得到优先受偿的权利	甲将物品交乙加工，而甲未按合同约定支付乙加工费，乙依法留置该物品的权利	当事人本人（债务人）	由留置物担保（甲的货物，但因业务关系暂放乙处）
定金	指当事人双方为了担保债务的履行，约定由当事人一方向对方先行支付给对方一定数额的货币作为担保	双方为了担保双方之间债务的履行，约定甲向乙先行支付一定金额的定金	当事人本人（债务人）	货币（甲支付给乙作为定金）

二、保证

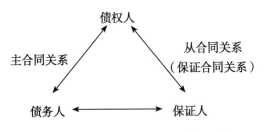

图 2-8 保证的担保方式三方关系图

```
┌──────┐      首先由债务人履行债务。一般保证的保证人在主合同纠纷
│ 一般 │      未经审判或仲裁，并就债务人财产依法强制执行仍不能履行
│ 保证 │      债务前，对债权人可以拒绝承担担保责任
└──────┘

┌──────┐      连带责任保证的债务人在主合同规定的债务       ┌ 注：对担保方式约 ┐
│ 连带 │      履行期届满没有履行债务的，债权人可以要         │  定不明的，应按照 │
│ 保证 │      求债务人履行债务，也可以要求保证人在其         │  连带责任保证的方 │
└──────┘      保证范围内承担保证责任                         └  式承担保证责任   ┘
```

图 2-9 保证的方式

表 2-18 保证担保的要点

项　目	内容要点
不得作为保证人的机构	(1) 企业法人的分支机构（但有法人书面授权的，可以在授权范围内提供担保）、职能部门。 (2) 国家机关。经国务院批准为使用外国政府或者国际经济组织贷款进行转贷的除外。 (3) 学校、幼儿园、医院等以公益为目的的事业单位、社会团体
保证范围	包括主债权及利息、违约金、损害赔偿金及实现债权的费用（与抵押相同）。保证合同另有约定的，按照约定
约定不明时	当事人对保证担保的范围没有约定或约定不明确的，保证人应当对全部债务承担责任。 对保证方式没有约定或约定不明的，按照连带责任保证承担保证责任。 未约定保证期间的，保证期间为主债务履行期届满之日起 6 个月
保证期内合同变更	债权人转让债权，保证人继续承担保证责任；债权人许可的债务人转让债务的，经保证人书面同意后保证人才继续承担保证责任；债权人和债务人协议变更合同主体的，只有经保证人书面同意后保证人才继续承担保证责任。 保证期间，债权人与债务人对主合同数量、价款、币种、利率等内容作了变动，未经保证人同意的，如果减轻债务人的债务的，保证人仍应对变更后的合同承担保证责任；如果增加债务人的债务又未经保证人同意的，保证人对增加的部分不承担保证责任，如例 9
工程中常见的保证	(1) 施工投标保证金：实质是为了避免因投标人在投标有效期内随意撤回、撤销投标或中标后不能提交履约保证金和签署合同等行为而给招标人造成损失。 投标保证金除现金外，可以是银行出具的**银行保函、保兑支票、银行汇票**或现金支票（投标保证金是一种特殊的保证担保，它不是必须要由第三方提供担保，可以投标人自己的现金作担保）。 (2) 施工合同履约保证金：是为了保证施工合同的顺利履行而要求承包人提供的担保。 (3) 工程款支付担保：是发包人向承包人提交的、保证按照合同约定支付工程款的担保，通常采用由银行出具保函的方式

【例 9】甲企业向乙银行借款 100 万元，由丙企业做保证人。合同签订 3 个月后，甲与乙协商，将贷款金额增加到 150 万元，甲和乙通知了丙，丙未予答复。后甲到期不能偿还债务。关于该案中的保证责任承担的说法，正确的是（　　）。（2011 年真题）

A. 丙应承担 150 万元的保证责任，因为丙对甲和乙的通知未予答复，视为默认

B. 丙不再承担担保责任，因为甲与乙变更合同条款未得到丙的同意

C. 丙不再承担保证责任，保证合同因甲、乙变更了合同的金额条款而致合同无效

D. 丙对 100 万元应承担保证责任，增加的 50 万元不承担保证责任

【答案】D

三、抵押与质押

1. 抵押与质押的区别

（1）抵押不转移占有，而质押转移占有。

（2）抵押主要用于不动产（机器、交通工具等动产亦可抵押），而质押用于动产和权利（票、券、单）。

【联想记忆】

自己的房子虽然自己住着，但照样可以抵押——抵押不转移占有，主要用于不动产

抓人质必须要将人抓获，否则不能成为人质——质押要转移占有，用于动产和权利

2. 抵押物与质押物

抵押物的类别及条件见表 2-19，质押物及分类见图 2-10。

表 2-19　抵押物的类别及条件

类别	具体情况
可抵押物	（1）抵押人所有的房屋和其他地上定着物。 （2）抵押人所有的机器、交通工具和其他财产。 （3）抵押人依法有权处分的国有土地使用权、房屋和其他地上定着物。 （4）抵押人依法有权处置的国有机器、交通工具和其他财产。 （5）抵押人依法承包并经发包人同意抵押的荒山、荒沟、荒丘、荒滩等荒地的土地使用权。 （6）依法可以抵押的其他财产
不可抵押物	（1）土地所有权。 （2）耕地、宅基地、自留地、自留山等集体所有的土地使用权。 （3）学校、幼儿园、医院等以公益为目的的事业单位、社会团体的**教育设施**、**医疗卫生设施**和其他**社会公益设施**。 （4）所有权、使用权不明或者有争议的财产。 （5）依法被查封、扣押、监管的财产。 （6）依法不得抵押的其他财产
抵押物的条件	（1）应为轻易不会灭失的财产（如股票、支票等不应作为抵押物）。 （2）其所有权的转移应当经过一定程序（如抵押的房屋）。 （3）抵押人对抵押物所拥有的**权利无争议**、**无瑕疵**（比如依法被查封、扣押、监管的财产应视为有瑕疵），且抵押后**对公共利益无影响**
抵押的效力	（1）抵押担保的范围包括主债权、利息、违约金、损害赔偿金和实现抵押权的费用。 （2）抵押期间转让抵押物要告知抵押权人，未通知抵押权人或未告知受让人的，转让行为无效。 （3）转让抵押物的价款不得明显低于其价值。 （4）转让抵押物的价款，应提前清偿债权或向第三人提存，不足部分由债务人清偿。 （5）抵押权与其担保的债权同时存在，抵押权不得与债权分离而单独转让或者作为其他债权的担保

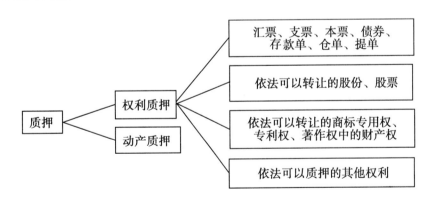

图 2-10　质押物及分类

【总结】无论抵押物还是质押物，都必须是可以买卖或转让的，如"土地所有权"这类不可买卖的绝对不可能是抵押物或质押物。

【例 10】施工企业以自有的房产作抵押，向银行借款 100 万元，后来施工企业无力还贷，经诉讼后其抵押房产被拍卖，拍得的价款为 150 万元，贷款的利息及违约金为 20 万元，实现抵押权的费用为 10 万元，则拍卖后应返还施工企业的款项为（　　　）万元。

（2011 年真题）

A. 10 　　　B. 20 　　　C. 30 　　　D. 50

【解析】拍卖所得为 150 万元。抵押权人就主债权 100 万元，利息及违约金 20 万元，以及实现抵押权的费用 10 万元应优先受偿，剩余的 20 万元返还施工企业。

【答案】B

3. 抵押权的实现

抵押权的实现见图 2-11。

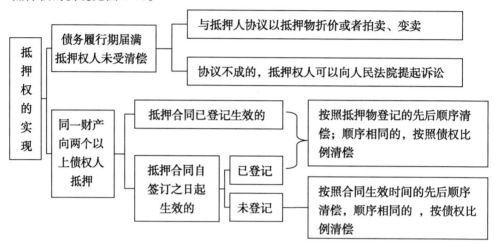

图 2-11　抵押权的实现

一般情况下抵押权的生效以登记之日起生效，抵押合同的生效以合同订立时生效（法律另有规定的除外），这与所有权的转移相似，如图 2-7 所示。

注：（1）此处《中华人民共和国担保法》就特别规定：以下几种情况不以合同订立之时生效，而以登记之时起合同生效，如：土地使用权、城市房地产、林木、航空器、船舶、车辆等财产的抵押。

（2）《中华人民共和国物权法》规定，某些抵押物的（如［例 11］）抵押权自合同生效时设立，未登记的，不得对抗善意第三人。

【例 11】根据《中华人民共和国物权法》，下列各项财产作为抵押物时，抵押权自登记时设立的是（　　）。（2010 年真题）

A. 交通运输工具　　　B. 正在建造的船舶、航空器

C. 生产设备、原材料　　　D. 正在建造的建筑物

【解析】选项 A、B、C 所示的抵押物，其抵押权均自合同生效时设立，未登记的，不得对抗善意第三人。

【答案】D

【例 12】某贷款合同，借款方以一块林地的承包经营权向贷款方做了抵押担保，但未到县级林业主管部门办理抵押登记，贷款方即拨付了借贷的资金。按照相关法律规定该抵押合同（　　）。

A. 在贷款方将资金拨付至借款方账户时生效

B. 由于事先未获得林业主管部门的批准，属于无效合同

C. 自当事人双方签字盖章后即生效

D. 借贷双方协理完抵押登记手续后生效

【解析】本题中存在两个合同，即贷款合同与抵押合同，由于贷款已成事实，所以贷款合同已生效。至于抵押合同，由于《中华人民共和国担保法》规定，林地需登记后抵押方可生效。

【答案】B

四、留置

《中华人民共和国担保法》规定："因保管合同、运输合同、加工承揽合同发生的债权，债务人不履行债务的，债权人有留置权。"比如在承揽合同中，定作方逾期不支付费用领取其定作物，承揽方有权将定作物折价、拍卖、变卖，并从中优先受偿。

顾名思义，可将"留置"理解为"扣留并适时处置"，留置权的产生有以下条件：

（1）不能通过合同约定产生留置权，只有在法律规定的特定情况下才能产生留置权，必须依法行使留置权。

（2）能够留置的财产仅限于动产，且留置仅适用于保管合同、运输合同、仓储合同和加工承揽合同的债权担保。即：只有因保管合同、仓储合同、运输合同、加工承揽合同（注：这四类合同的共同特点是，在合同履行过程中均暂时合法地占有了对方的财产）发生的债权，债权人才可能实施留置（见图2-12）。

（3）留置权以债权人合法占有对方财产为前提，并且债务人的债务已到了履行期而不履行。

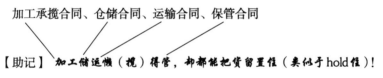

【助记】加工储运懒（揽）得管，却都能把货留置住（类似于hold住）！

图2-12 可能产生留置权的四种合同助记口诀图

（4）依法被留置的财产为留置物。留置的财产为可分物的，留置的价值应当相当于债务的金额。当事人可以在合同中约定不得留置的物。

（5）留置权人负有妥善保管留置物的义务。因保管不善致使留置物灭失或者毁损的，留置权人应承担民事责任。

（6）留置物折价或拍卖、变卖后，其价款超过债权数额的部分归债务人所有，不足部分由债务人清偿。

【例13】甲仓库为乙单位保管500吨水泥，双方约定保管费用为1000元。后乙未能按约支付保管费用，则甲可以（　　）。

A. 行使质押权变卖全部水泥　　　B. 行使质押权变卖部分水泥

C. 行使留置权变卖全部水泥　　　D. 行使留置权变卖部分水泥

【解析】市场上1吨水泥的价钱肯定大于2元，故本题留置物的价值大于保管费用；且本题的留置物"水泥"为可分物，故不能全部变卖。

【答案】D

五、定金

有关定金的知识点详见考点23。

22. 担保，是指合同的当事人双方为了使合同能得到全面按约履行，根据（   ）的规定，采取的一种具有法律效力的保护措施。

　　A. 合同内容　　　B. 协商内容　　　C. 法律、行政法规规定　　　D. 人民法院

23. 甲乙双方签订买卖合同，丙为乙的债务提供保证，但保证合同中未约定保证方式及保证期间，下列说法正确的是（   ）。

　　A. 丙的保证方式为一般保证

　　B. 保证期间与买卖合同的诉讼时效相同

　　C. 如果甲在保证期间内未要求丙承担保证责任，则丙免除保证责任

　　D. 如果甲在保证期间内未经丙书面同意将主债权转让给丁，则丙不再承担保证责任

24. 按照《中华人民共和国担保法》的规定，可以作为保证人的是（   ）。

　　A. 厂矿的职能部门　　　B. 有限责任公司　　　C. 政府机关　　　D. 某高等学校

25. 按照《中华人民共和国担保法》的规定，债权人依法将主债权让给第三人，在通知债务人和保证人后，保证人（   ）。

　　A. 可以在减少保证范围的前提下再承担保证责任

　　B. 必须在原担保范围内继续承担保证责任

　　C. 可以拒绝再承担保证责任

　　D. 同意后，才继续承担保证责任

26. 甲发包人与乙承包人订立建设工程合同，并由丙公司为甲出具工程款支付担保，担保方式为一般保证。现甲到期未能支付工程款，则下列关于该工程款清偿的说法，正确的是（   ）。

　　A. 丙公司应代甲清偿　　　B. 乙可要求甲或丙清偿

　　C. 只能由甲先行清偿　　　D. 不可能由甲或丙共同清偿

27. 下列关于保证担保的说法，正确的是（   ）。

　　A. 保证人须向债权人证明其有清偿能力

　　B. 保证方式没有约定的，保证人承担一般保证责任

　　C. 保证人可能是主合同的当事人

　　D. 保证期间债务人转让债务的，须取得保证人书面同意

28. 甲乙双方签订合同时，丙方向甲方提供合同担保。履行过程中，甲乙双方通过协商对合同作了重要变更，但甲方未将变更事项通知丙方。合同部分履行后，甲方的严重违约行为导致与乙方解除合同。则对变更事项中损失部分的处理原则是由于（   ）。

　　A. 甲方未将变更事项通知丙方，损失由甲乙双方承担

　　B. 甲方未将变更事项通知丙方，丙方赔偿该部分损失的一半

　　C. 丙方提供了合同担保，应承担全部赔偿责任

　　D. 甲方未将变更事项通知丙方，丙方对该部分损失不承担保证责任

29. 根据有关担保的法律规定，属于不得抵押的财产有（   ）。（2011年真题）

　　A. 土地所有权　　　　　　　B. 农村集体宅基地土地使用权

　　C. 学校游泳馆产权　　　　　D. 荒地承包经营权

E. 被扣押的房屋

30. 根据《中华人民共和国担保法》的有关规定，禁止抵押的有（　　）。

A. 土地所有权　　　　　　B. 宅基地使用权　　　　　C. 荒山承包经营权

D. 学校图书馆　　　　　　E. 被扣押的汽车

31. 甲施工企业在银行办理投标保函，银行要求甲提供反担保。则甲提供的以下单证，能够质押的是（　　）。

A. 存款单　　B. 仓单　　C. 房屋所有权证书　　　　D. 提单　　E. 汇票

32. 按照《中华人民共和国担保法》的规定，出质人可以提供（　　）办理质押担保。

A. 建筑物　　B. 构筑物　　C. 依法可以转让的股票　　D. 土地

33. 法律规定，为（　　），在质权人实现质权后，有权向债务人追偿。

A. 债权人质押担保的当事人　　B. 债权人质押担保的第三人

C. 债务人质押担保的当事人　　D. 债务人质押担保的第三人

34. 某企业以其办公楼作为抵押物向银行贷款，并办理了抵押登记。该抵押合同生效的时间为（　　）之日。

A. 抵押合同签字、盖章　　B. 房产行政主管部门登记

C. 到公证部门办理公证　　D. 贷款合同生效

35. 施工企业购买材料设备后交付承运人运输，未按约定给付承运费用时，承运人有权扣留足以清偿其所欠运费的货物，承运人行使的是（　　）。（2011年真题）

A. 抵押权　　B. 质权　　C. 留置权　　　D. 所有权

36. 承运人按照合同约定将货物运输到指定地点后，托运人拒绝支付运输费用，承运人可以对相应的运输货物行使（　　）。（2010年真题）

A. 抵押权　　B. 质押权　　C. 抵消权　　D. 留置权

37. 在下列担保方式中，不转移对担保财产占有的是（　　）。

A. 定金　　B. 质押　　C. 抵押　　D. 留置

38. 担保方式中，必须由第三人为一方当事人提供担保的是（　　）。

A. 保证　　B. 抵押　　C. 留置　　D. 定金

39. 在《中华人民共和国担保法》规定的五种担保方式中，既允许债务人用自己的财产也可以用第三人财产向债权人提供担保的有（　　）。

A. 保证　　B. 抵押　　C. 动产质押　　D. 权利质押　　E. 定金

40. 某工程招标文件规定，"投标人应该出具10万元的银行保函或等额汇票作为投标担保"，则该工程担保的方式包括（　　）。

A. 保证　　B. 抵押　　C. 动产质押　　D. 权利质押　　E. 定金

41. 关于物权的说法，正确的有（　　）。（2011年真题）

A. 建设单位可以与政府部门签订土地出让合同拥有该地的所有权

B. 所有权和抵押权可以同时存在于同一不动产之上

C. 国家所有土地的所有权和使用权都不能转移

D. 用益物权和抵押权可以同时存在于同一不动产之上

E. 两个抵押权可以同时存在于同一不动产之上

考点 8　建设工程保险制度

一、保险合同各方关系人

【案例】李刚与某保险公司签订人身保险合同，合同约定在保险期内若李刚与其配偶邓华因意外事故遇难，则其子李明可获得 50 万的保险金额。

上述例子中，保险合同的各方关系人如下：

投保人：李刚

保险人：某保险公司

被保险人：李刚及邓华

受益人：李明

二、保险的分类

保险的分类见表 2-20。

表 2-20　保险的分类

保险合同	概　述	例
财产保险合同	以财产及其有关利益为保险标的的保险合同	建筑工程一切险 安装工程一切险
人身保险合同	以人的寿命和身体为保险标的的保险合同	意外伤害险

三、建设工程一切险

1. 建设工程一切险概述

建设工程一切险的概述见表 2-21。

表 2-21　建筑工程一切险

项　目	内容要点
投保人	发包人（建设单位）
被保险人	对工程承担一定风险的各方：业主或工程所有人；承包人或分包人；技术顾问（不包括：材料/设备供应商、设计人）
承保对象	各类民用、工业、公用事业建筑工程项目
责任范围	自然事件（地震、海啸、山洪），意外事故（不可预料的火灾、爆炸）
还常加保第三者责任险	第三者责任险： （1）与工程直接相关的意外事故引起的工地内及邻近区域的第三者人身伤亡，疾病或财产损失。 （2）被保险人因上述原因而支付的诉讼费用及约定的其他费用
赔偿金额	（1）每次事故赔偿有限额。 （2）累计赔偿有限额
保险期限	**自开工或设备运至工地起，至验收合格或实际占用为止（以先发生者为准）**，最长不超过保险单中的保险期

【助记】一切险属财产险，须由发包人来投

被保险人范围宽，供货、设计都不算

承保对象是实物

责任范围亦很宽，自然意外均包括

分次累计均有限额

开工到验收合格为期限

2. 建筑工程一切险的除外责任

通俗地说，除外责任的情况就是保险公司不负责赔偿的情况，建筑工程一切险的除外责任有 10 个方面（见图 2-13）。

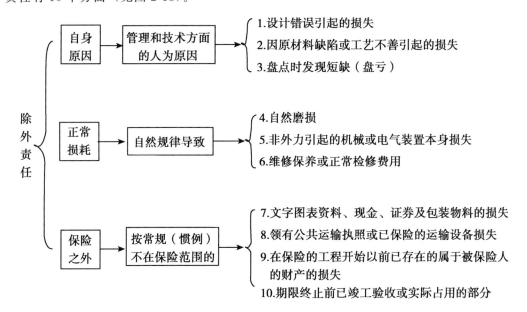

图 2-13 建筑工程一切险除外责任的情况分类与归纳

【常见干扰选项】地震、洪水、台风、地面下沉下陷等自然灾害（都不是除外责任）。

四、安装工程一切险

安装工程一切险与建筑工程一切险在保险范围、保险期限等方面相似，要特别注意的是其除外责任与图 2-13 有三点不同：

（1）因设计错误、铸造或原材料缺陷或工艺不善引起的保险财产本身的损失以及换置、修理或矫正这些缺点错误所支付的费用（与图 2-13 第 1 条不同）。

（2）由于超负荷、超电压、碰线、电弧、漏电、短路、大气放电及其他电气原因造成电气设备或电气用具本身的损失（与图 2-13 第 2 条不同）。

（3）施工工用机具、设备、机械装置失灵造成的本身损失（与图 2-13 第 5 条不同）。

【例题练习5】关于保险索赔的说法，正确的是（   ）。

A. 保险事故发生后，投保人、被保险人或者受益人仅需向保险人提供与确认保险事故的原因和损失程度有关的证明和资料

B. 保险人认为有关的证明和资料不完整的，可以多次通知投保人、被保险人或者受益人补充提供

C. 对其赔偿或者给付保险金的数额不能确定的，保险人应在最终确定赔偿或者给付保险金的数额后一次性支付保险金

D. 投保人重复保险的，除合同另有约定外，各保险人按照其保险金额与保险金额总

和的比例承担赔偿保险金的责任

【解析】本题考查的是保险与保险索赔的规定，有关保险索赔的内容。

【答案】B

＊＊练习题＊＊

42. 根据《建设工程安全生产管理条例》，关于意外伤害保险的说法，正确的有（　　）。（2011年真题）

A. 意外伤害保险为非强制保险　　　　B. 被保险人为从事危险作业人员

C. 受益人可以不是被保险人　　　　　D. 保险费由分包单位支付

E. 保险期限由施工企业根据实际自行确定

43. 在保险合同中，负有支付保险费义务的当事人是（　　）。（2010年真题）

A. 受益人　　　　B. 投保人　　　　C. 被保险人　　　　D. 保险人

44. 建设工程一切险保险合同于2014年3月1日签订，建设工程承包合同约定工程开工日期为2014年3月20日。为保证工程如期开工，承包人于2014年3月10日将建筑材料运至工地，一切准备就绪，承包人提前两天正式开工。建筑工程一切险的保险责任开始时间为（　　）。

A. 2014年3月1日　　　　　　　　　B. 2014年3月20日

C. 2014年3月10日　　　　　　　　　D. 2014年3月18日

45. 下列各项，属安装工程一切险除外责任的是（　　）造成损失。

A. 电路短路、过电压　　　　　　　　B. 离心力引起的结构断裂

C. 结构缺陷及合同罚款　　　　　　　D. 一般性盗窃

考点9　建设工程法律责任制度

一、法律责任的基本种类及承担方式

法律责任的种类见图2-14，民事责任承担方式及行政、刑事责任的承担方式对比见图2-15。

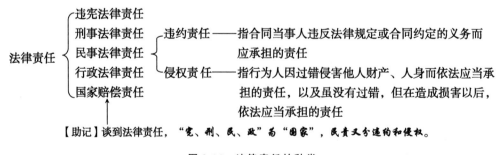

图 2-14　法律责任的种类

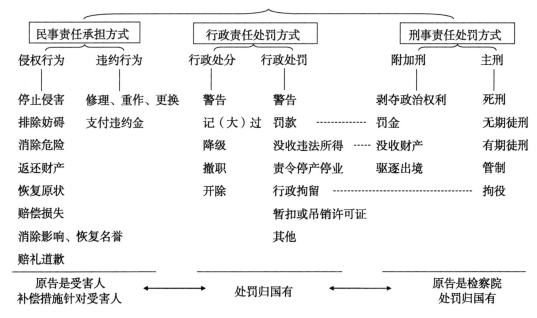

注：处罚方式没有"通报批评"。

图 2-15　民事责任承担方式及行政、刑事责任的承担方式对比

【重点剖析】

1. 民事责任承担与行政处罚、刑罚

民事责任承担的方式都是针对受害人的弥补，而行政处罚、刑罚的方式都是针对责任人的惩罚。

【口诀】"民责承担为弥补"，而罚是针对责任人的惩罚！

2. 行政处分与行政处罚

行政处分仅针对国家工作人员（个人），行政处罚针对违规者（个人或组织）（即从行政机关角度看，行政处分对内，行政处罚对外）。

3. 主刑与附加刑

凡属"管制或抓进去"性质的都是主刑（但"劳动教养"不是主刑，详见练习题49）。

"逐波（剥）罚没"都属附加刑。

4. 特别注意

罚款是行政处罚，罚金是刑罚。拘留是行政处罚，拘役是刑罚。

【例 14】民事责任的承担方式中不包括（　　）。

A. 恢复原状　　B. 消除危险　　C. 赔礼道歉　　D. 没收财产

【解析】如图 2-15 所示，民事责任承担主要是弥补受害人的损失，选项 D 没收财产，财产归国有，这并不能补偿民事责任的受害人，所以选项 D 不属于民事责任的承担方式。

【答案】D

二、建设工程民事责任主要承担方式

建设工程民事责任主要承担方式见图 2-16。

“返、修、赔、付”都属工程中民事责任主要承担方式

1. **返**还财产
2. **修**理
3. **赔**偿损失
4. 支**付**违约金

图 2-16　建设工程民事责任主要承担方式

【例 15】施工单位在施工中未采取专项保护措施，给毗邻建筑物造成损害。建设行政主管部门不能给予的处罚是(　　)。

A. 责令停业　　B. 罚款　　C. 责令限期改正　　D. 责令赔偿损失

【解析】赔偿损失是民事责任承担方式之一。行政机关不应介入民事纠纷中，故行政机关不可能给予“责令谁向谁作出赔偿”的处罚。

【答案】D

三、建设工程领域常见的刑事责任

建设工程领域常见的刑事责任见图 2-17。

	谁犯的罪？（犯罪主体）	如何犯的罪？（犯罪情况）
重大责任事故罪	建筑企业的从业人员、安全生产管理人员、包工头、无证从事生产、作业人员等	违反安全生产规定，强令他人违章冒险
重大劳动安全事故罪	直接负责的主管人员（负责人、指挥人员、实际控制人）其他直接责任人员（负有提供、维护、管理职责的人）	安全生产设施或安全生产条件不符合国家规定
工程重大安全事故罪	建设单位、设计单位、施工单位、工程监理单位	违反国家规定，降低工程质量标准
串通投标罪	投标人（两家以上）或投标人与招标人	投标人相互串通投标报价，损害招标人或其他投标人利益

【归纳】“劳动罪”“责任罪”针对人，“工程安全事故罪”针对单位。

图 2-17　建设工程领域常见的刑事责任

【例 16】某项工程 2007 年开工，2008 年年底竣工验收合格，该工程项目经理王某 2009 年跳槽到其他公司。2011 年王某被发现由于其故意在该工程施工期间违反国家有关质量管理规定，造成了一般质量事故，关于王某的法律责任的说法，正确的是(　　)。(2011 年真题)

A. 应追究王某的刑事责任　　B. 可追究王某的民事责任

C. 不应追究王某的行政责任　　D. 应追究王某的劳动责任

【解析】本案例中王某虽然是违法执业，但并未体现出犯罪，因此选项 A 不正确；根据质量管理条例的规定，注册执业人员因过错造成质量事故的，责令停止执业 1 年，因此选项 C 不正确；法律责任中没有劳动责任一说，选项 D 错误。

【答案】B

46. 某施工单位将工程转包，给建设单位造成 5 万元损失，则该施工单位不可能承担的法律责任是（　　）。

A. 赔偿损失
B. 降低资质等级

C. 责令停业整顿
D. 对主要负责人判处有期徒刑

47. 行政处分的方式是（　　）。

A. 没收非法财产
B. 吊销营业执照

C. 行政拘留
D. 记过、撤职、开除等

48. 违反《中华人民共和国招标投标法》应当承担的行政责任有（　　）。

A. 责令限期改正
B. 罚款
C. 吊销营业执照

D. 没收违法所得
E. 暂停资金拨付

49. 刑事处罚主要包括（　　）。

A. 罚金
B. 没收财产
C. 劳动教养

D. 无期徒刑
E. 死刑

50. 下列责任种类中，属于行政处罚的是（　　）。（2011 年真题）

A. 管制
B. 赔偿损失
C. 返还财产
D. 罚款

51. （　　）是指对国家行政机关工作人员的惩戒。

A. 赔偿损失
B. 刑事制裁
C. 行政处分
D. 行政处罚

52. 刑事处罚中的附加刑包括（　　）。

A. 罚金
B. 没收财产
C. 劳动教养

D. 管制
E. 剥夺政治权利

53. 下列各项，属于刑事责任的承担方式是（　　）。

A. 有期徒刑
B. 警告
C. 没收违法所得
D. 拘留

54. 某施工单位违反国家规定降低工程质量标准，造成 6000 万元直接经济损失，应当认定为（　　）。

A. 串通投标罪
B. 工程重大安全事故罪

C. 重大责任事故罪
D. 重大劳动安全事故罪

第三章 施工许可法律制度

考点 10　建设工程施工许可制度

一、施工许可证和开工报告的适用范围

1. 施工许可证的申请

《中华人民共和国建筑法》规定："建筑工程开工前，建设单位应当按照国家有关规定向工程所在地县级以上人民政府建设行政主管部门申请领取施工许可证。"建设行政主管部门应当自收到申请之日起 15 日内，对符合条件的申请颁发施工许可证。

【要点】开工前由建设单位申请。

【难点】施工许可证申请后并不意味着就可以开工，施工许可证只是开工条件之一，后文中在环境保护、噪声等方面的要求都是开工条件之一。

2. 不需办理施工许可证的建设工程

不需办理施工许可证的建设工程见表 3-1。

表 3-1　不需办理施工许可证的建设工程

序号	工　程	要　　点
1	限额以下小型工程	工程投资额在 30 万元以下或者建筑面积在 300m² 以下的建筑工程可不申请办理施工许可证（省、自治区、直辖市建设行政主管部门可以对限额进行调整，并报国务院建设行政主管部门备案） 【要点】30 万元以下与 300m² 以下这两个条件满足其一即可。 【案例】某酒店装修工程（建筑面积 280m²，总投资 120 万元）不需领取施工许可证
2	抢险救灾等	抢险救灾及其他临时性房屋建筑和农民自建底层住宅的建筑活动
3	批准开工报告的工程	《中华人民共和国建筑法》规定，按照国务院规定的权限和程序批准开工报告的建筑工程，不再领取施工许可证。这有两层含义：一是实行开工报告批准制度的建设工程，必须符合国务院规定，其他任何部门的规定无效；二是开工报告与施工许可证不要重复办理
4	军事工程	军用房屋建筑工程建筑活动的具体管理办法，由国务院、中央军事委员会另行规定。 【助记】低层自建农宅临灾，军队抢险，这些都不用许可

3. 实行开工报告制度的建设工程其开工报告审查的内容

（1）资金到位情况。

（2）投资项目市场预测。

（3）设计图纸是否满足施工要求。

（4）现场条件是否具备"三通一平"等要求。

二、施工许可证的申请条件

施工许可证的申请条件见表 3-2。

表 3-2　施工许可证的申请条件

序号	关键词	具体内容
1	"规划证"	在城市规划区的建筑工程，已经取得规划许可证
2	"用地手续"	已经办理该建筑工程用地批准手续——地
3	拆迁进度	需要拆迁的，其拆迁进度符合施工要求
4	谁施工	已经确定建筑施工企业——人
5	照啥施工	有满足施工需要的施工图纸及技术资料——图
6	质安措施	有保证工程质量和安全的具体措施——质量、安全
7	资金①	建设资金已经落实——钱
8	其他	法律、行政法规规定的其他条件（主要指委托监理、消防设计审核）

施工许可证的申请条件可归纳为：*一证、一手续，图纸和资料。资金乙方已落实，拆迁进度待要求、质安措施有保证*。

① 资金：建设工期不足 1 年的，到位资金原则上不得少于工程合同价的 50％，建设工期超过 1 年的，到位资金不得少于工程合同价的 30％。建设单位应当提供银行出具的到位资金证明，有条件的可以实行银行付款保函或者其他第三方担保。

三、强制监理的范围

强制监理的范围见图 3-1。

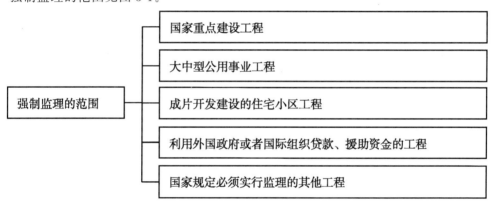

注：*监理要范（范围）儿，在国外学成公基。*

图 3-1　强制监理的范围

四、延期开工、核验和重新办理批准的规定

建设工程施工许可证颁发与开工延期申请见图 3-2。

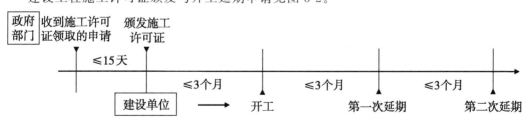

图 3-2　建设工程施工许可证颁发与开工延期申请

【助记】*某建设单位的学习心得：要我（15）办施工证，3 个月开工，延期不超二次；中止施工 1 月报，满一年应重核验；另类的是开工报告，超字年未开工则要重新报批。*

既不开工又不申请延期或者超过延期的，施工许可证自行废止。

在建的建筑工程因故中止施工的，建设单位应当自中止施工之日起一个月内，向发证机关报告，并按照规定做好建筑工程的维护管理工作。中止施工满一年的工程恢复施工前，建设单位应当报发证机关核验施工许可证。

对于实行开工报告制度的建设工程，因故不能按期开工超过 6 个月的，应当重新办理开工报告的批准手续。

五、违法行为应承担的法律责任

办理施工许可证及开工报告违法行为应承担的主要法律责任见表 3-3。

表 3-3   办理施工许可证或开工报告违法行为应承担的主要法律责任

序号	违法情况	处罚（停止施工＋罚款）
1	未经许可擅自开工	《建设工程质量管理条例》规定：责令停止施工，限期改正，处工程合同价款 1%～2% 的罚款
2	规避办理施工许可证	对于不符合开工条件的，责令停止施工，并对建设单位和施工单位处以罚款
3	骗取伪造施工许可证	由原发证机关收回许可证，责令停止施工，并对责任单位处以罚款，构成犯罪的依法追究其刑事责任

【例 1】关于办理施工许可证违法行为法律责任的说法，正确的是（   ）。（2014 年真题）

A. 对于为规避办理施工许可证将工程项目分解后擅自施工的，由有管辖权的发证机关责令改正，对于不符合开工条件的，责令停止施工，并对建设单位和施工单位分别处以罚款

B. 对于未取得施工许可证擅自施工的，由发证机关责令停止施工，并对建设单位和施工单位罚款

C. 对于采用虚假证明的，由发证机关对责任单位处以罚款

D. 对于采用虚假证明文件骗取施工许可证的，由原发证机关收回施工许可证，责令改正，并对责任单位处以罚款

【解析】对于未取得施工许可证或者为规避办理施工许可证将工程项目分解后擅自施工的，由有管辖权的发证机关责令改正，对于不符合开工条件的，责令停止施工，并对建设单位和施工单位分别处以罚款。

【答案】A

＊＊练习题＊＊

1. 设立法人应当具备的条件包括（   ）。

A. 依法成立   B. 有自己的名称、组织机构和场所

C. 有必要的财产和经费   D. 有法定的代表人

E. 能够独立承担民事责任

2. 某建设工程施工合同约定，合同工期为 18 个月，合同价款为 2000 万元。建议单位

在申请领取施工许可证时，应当到位的建设资金原则上不得少于（　　）万元。（2011年真题）

  A. 100   B. 200   C. 1000   D. 600

  3. 根据《中华人民共和国建筑法》，申请领取施工许可证应当具备的条件包括（　　）。（2011年真题）

  A. 建筑工程按照规定的权限和程序已批准开工报告

  B. 已办理该建筑工程用地批准手续

  C. 城市规划区的建筑工程已经取得规划许可证

  D. 已经确定建筑施工企业

  E. 建设资金已经落实

  4. 根据《建筑工程施工许可管理办法》，下列不属于建设单位申请领取施工许可证的前提条件是（　　）。（2010年真题）

  A. 已经取得安全生产许可证 B. 办理了工程质量监督手续

  C. 有满足施工需要的施工图纸 D. 已经取得规划许可证

  5. 《中华人民共和国建筑法》规定，在城市规划区内的建筑工程，建设单位申领建筑工程施工许可证的条件是，已经（　　）。

  A. 取得建设工程规划许可证 B. 确定建筑施工企业

  C. 签订委托监理合同   D. 办理工程质量、安全监督手续

  E. 审查通过施工图设计文件

  6. 根据《中华人民共和国建筑法》，领取施工许可证后因故不能按期开工的，应当向发证机关申请延期，关于申请延期的说法，正确的是（　　）。（2011年真题）

  A. 延期每次不超过3个月

  B. 应当由施工企业提出申请

  C. 延期没有次数限制

  D. 超过延期时限但在宽限期内的施工许可证仍有效

  7. 某工程项目，建设单位未取得施工许可证便擅自开工，经查建设资金未落实。依照《中华人民共和国建筑法》的规定，对此，正确的处理方式是（　　）。

  A. 责令改正，并处以罚款 B. 责令改正，可以处以罚款

  C. 责令停止施工，并处以罚款 D. 责令停止施工，可以处以罚款

  8. 根据施工许可制度的要求，建设项目因故停工，（　　）应当自中止施工之日起1个月内向发证机关报告。

  A. 项目部 B. 施工企业 C. 监理单位   D. 建设单位

  9. 建设单位因故不能按期开工的，应当向（　　）申请延期。

  A. 上级主管 B. 施工单位 C. 监理单位   D. 发证机关

考点 11　施工企业从业资格制度

一、建筑企业的条件

  《中华人民共和国建筑法》规定，从事建筑活动的建筑施工企业、勘察单位、设计单

位、监理单位应当具备以下条件（见表3-4）：

表 3-4　建筑企业的条件

序号	关键词	具体内容
1	钱	符合国家规定的注册资本
2	人	有从事的建筑活动相适应的具有法定执业资格的专业技术人员
3	装备	有从事相关建筑活动所应有的技术装备
4	其他	行政法规规定的其他条件

二、企业资质等级

施工企业资质等级见图3-3。

注："工程总承包"不属资质系列，而是承包方式。

图 3-3　施工企业资质等级序列

三、企业资质的申请、延续、变更、撤销

企业资质的申请、延续、变更、撤销见表3-5。

表 3-5　企业资质的申请、延续、变更、撤销

项目	内容要点
申请	（1）可申请一项或多项建筑业企业资质；申请多项建筑业企业资质的，应**选择等级最高的一项资质**为企业主项资质。 （2）企业首次申请、增项申请建筑业企业资质，不考核企业工程业绩，其资质等级按照**最低资质**等级核定。 （3）已取得工程设计资质的企业首次申请同类别或相近类别的建筑业企业资质的，可以将相应规模的工程总承包业绩作为工程业绩予以申报，但申请资质等级最高不超过其现有工程设计资质等级
延续	**资质证书有效期为 5 年**。资质有效期届满，企业应当在资质证书有效期届满 60 **日前**，申请办理资质延续手续，再次延续的期间为 **5 年**
不予批准升级或增项申请的情况	（1）超越本企业资质等级或以其他企业的名义承揽工程，或允许其他企业或个人以本企业的名义承揽工程的。 （2）串通投标，或以行贿等不正当手段谋取中标的。 （3）未取得施工许可证擅自施工的。 （4）转包或违法分包的。 （5）违反国家工程建设强制性标准的。 （6）**发生过较大生产安全事故**或者发生过**两起以上一般生产安全事故**的。 （7）恶意拖欠分包企业工程款或者农民工工资的。 （8）隐瞒或谎报、拖延报告工程质量安全事故或破坏事故现场、阻碍事故调查的。 （9）需持证上岗的技术工种的作业人员未取得证书上岗，情节严重的。 （10）未依法履行工程质量保修义务或拖延履行保修义务，**造成严重后果的**。 （11）涂改、倒卖、出租、出借或者以其他形式非法转让建筑业企业资质证书。 （12）其他违反法律、法规的行为

项目	内容要点
撤销资质	（1）资质许可机关工作人员滥用职权、玩忽职守作出准予建筑业企业资质许可的。 （2）超越法定职权作出准予建筑业企业资质许可的。 （3）违反法定程序作出准予建筑业企业资质许可的。 （4）对不符合许可条件的申请人作出准予建筑业企业资质许可的。 （5）依法可以撤销资质证书的其他情形。以欺骗、贿赂等不正当手段取得建筑业企业资质证书的，应当予以撤销
收回资质	（1）资质证书有效期届满，未依法申请延续的。 （2）建筑业企业依法终止的。 （3）建筑业企业资质依法被撤销、撤回或吊销的。 （4）法律、法规规定的应当注销资质的其他情形

＊＊练习题＊＊

10. 从事建筑活动的经济组织应当具备的条件是符合国家规定的（　　）。

A. 注册资本、专业技术人员和技术装备　　　B. 流动资金、专业技术人员和突出业绩

C. 注册资本、专业管理人员并依法设立　　　D. 流动资金、专业管理人员和资格证书

11. 新建施工企业，在向建设行政主管部门申请资质时，（　　）不是必备的条件。

A. 有符合规定的注册资本　　　　　　　　　B. 有符合规定的专业技术人员

C. 有符合规定的工程质量保证体系　　　　　D. 有符合规定的技术装备

12. 根据《建筑业企业资质管理规定》，属于建筑业企业资质序列的是（　　）。（2011年真题）

A. 工程总承包　　　B. 专业分包　　　C. 专业承包　　　D. 劳务承包

13. 根据《建筑业企业资质管理规定》，关于我国建筑业企业资质的说法，错误的是（　　）。（2010年真题）

A. 建筑业企业资质分为施工总承包、专业承包和劳务分包三个序列

B. 建筑业企业根据各自的工程性质的技术特点，分别划分为若干资质类别

C. 各资质类别按照各自规定的条件划分为若干等级

D. 房屋建筑工程施工总承包企业资质分为特级、一级、二级等三个等级

14. 资质许可机关的上级机关，根据利害关系人的请求或者依据职权，可以撤销建筑业企业资质的情形是（　　）。（2011年真题）

A. 企业未取得施工许可证擅自施工的

B. 资质许可机关超越法定职权作出准予建筑业企业资质许可的

C. 企业将承包工程转包或违法分包的

D. 企业发生过较大生产安全事故或者发生两起以上一般生产安全事故的

考点 12　建造师注册执业制度

一、建造师考试管理

有关建造师考试的科目设置，时间安排等都是报考人员的基本常识，本书不再叙述。

二、建造师注册管理

建造师的初始注册 3 年，需在期满前 30 日以内申请延续注册，延续注册有效期也为 3 年（见表 3-6）。

申请初始注册的条件：

（1）经考核认定或考试合格取得资格证书。

（2）受聘于一个相关单位。

（3）达到继续教育要求。

（4）没有明确规定不予注册的情形。

注册建造师的（包括一级、二级）注册证书都由国务院统一核发，并由国务院建设主管部门统一实行监督管理。注册证书不予注册、失效的情况见表 3-7。

表 3-6　初始注册、延续注册、变更注册

提交材料	初始注册	延续注册	变更注册
申请表	初始注册申请表	延续注册申请表	变更注册申请表
劳动合同复印件	与聘用单位的	与聘用单位的	与新聘用单位的
继续教育证明	逾期初始注册才需要	需要	需要
其他材料	资格证书；学位、职称证书；身份证复印件	原注册证书	注册证书、执业印章、工作调动证明

表 3-7　不予注册，注册证书失效的情况

情况	不予初始、延续、变更注册的情况	注册证书及印章失效的情况
完全民事行为能力	不具有	死亡或不具有
刑罚	（1）刑罚期间。 （2）因执业活动的刑罚完毕之日 5 年内。 （3）其他原因的刑罚完毕之日 3 年内	—
年龄	超过 65 岁（特别注意：不是 60 岁）	
聘用单位问题	（1）两个或两个以上单位申请注册。 （2）聘用单位不符合注册单位要求	（1）单位破产。 （2）单位被吊销营业执照。 （3）单位被吊销相应资质证书。 （4）与单位解除劳动合同关系
其他情况	（1）未达到继续教育要求。 （2）被吊销注册证书 2 年内。 （3）申请之日前 3 年，担任项目经理期间发生过重大质量安全事故的	注册有效期满未延续注册

【例 2】有五位先生通过了建造师执业资格考试，目前打算申请注册。下列情形中不予注册的有(　　)。

A. 李先生三年前担任工长时，由于偷工减料导致了安全生产事故而受到刑事处罚

B. 赵先生就职于工商行政主管部门，希望能利用业余时间从事施工管理工作

C. 王先生由于业务水平高，同时受聘于两家施工企业，申请在这两个单位分别注册

D. 周先生拖欠农民工工资

E. 张先生由于在今年的施工过程中擅自修改图纸而受到了处分

【解析】A 选项是因为执业活动而所受的刑事处罚，故其刑罚完毕 5 年内都不予注册；选项 D 属于民事纠纷，选项 E 属于行政处分，都不是刑罚，都可以注册。

【答案】AC

三、注册建造师的权利与义务

1. 执业范围

一级、二级建造师均可在全国范围内执业。其中一级建造师可以担任特级、一级建筑业企业资质的建设工程项目施工的项目经理；二级建造师可以担任二级及以下建筑企业资质的建设工程项目施工项目经理。

【助记】一级对一级及以上，二级对二级及以下。

2. 关于特殊情况下建造师的兼任、更换问题

特殊情况下建造师的兼任、更换见表 3-8。

表 3-8 建造师的兼任与更换情况

兼任与更换	具体情况
不得兼任	建造师不得同时担任两个及以上建设工程施工项目负责人
可兼任的特殊情形	（1）同一工程相邻分段发包或分期施工的。 （2）合同约定的工程及验收合格的。 （3）因非承包方原因致使工程项目停工超过 120 天，经建设单位同意的
可更换项目负责人的特殊情形	注册建造师担任施工项目负责人期间原则上不得更换。如发生下列情形之一的，应当办理书面交接手续后更换施工项目负责人： （1）发包方与注册建造师受聘企业已解除承包合同的。 （2）发包方同意更换项目负责人的。 （3）因不可抗力等特殊情况必须更换项目负责人的。 注册建造师担任施工项目负责人，在其承建的建设工程项目竣工验收或移交项目手续办结前，除以上规定的情形外，不得变更注册至另一企业

3. 注册建造师的权利

这些权利主要包括：

具体权利	**助记归纳**
（1）使用注册建造师名称。	"名义权利"
（2）在规定范围内从事执业活动。	"执业权利"
（3）在执业活动中形成的文件上签字并加盖印章。	"执业权利"
（4）保管和使用本人的注册证书和执业印章。	"执业权利"
（5）对本人执业活动进行解释和辩护。	"执业权利"
（6）对侵犯本人权利的行为进行申诉。	"维权权利"
（7）获得相应劳动报酬。	"获偿权利"
（8）接受继续教育。	"受教育权利"

4. 注册建造师的义务

（1）遵守法律、法规和有关管理规定，恪守职业道德。　　　　"法律道德"

（2）执行技术标准、规范和规程。　　　　　　　　　　　　　"技术标准"

（3）保证执业成果质量，并承担相应责任。　　　　　　　　　"质量责任"

（4）接受继续教育，努力提高执业水准。　　　　　　　　　　"继续教育"

（5）保守在执业中知悉的国家秘密和他人的商业、技术等秘密。　"保守秘密"

（6）与当事人有利害关系的，应当主动回避。　　　　　　　　"利害关系"

（7）协助注册管理机关完成相关工作。　　　　　　　　　　　"相关工作"

四、注册建造师的继续教育规定

注册建造师的继续教育规定见图 3-4。

```
                    ┌──→ 每一注册期（3年）应接受120学时继续教育
                    │
1.继续教育的学时 ┤   必修：60学时/期（有两个及以上专业的，每个专业增加30学时/期）
                    │
                    │   选修：60学时/期（有两个及以上专业的，每个专业增加30学时/期）
                    │
                    │   （1）参加全国建造师执业资格考试大纲编写及命题工作，每次计20学时
                    │   （2）从事注册建造师继续教育教材编写工作，每次计20学时
        ──减时情况  （3）在公开发行的省部级期刊上发表有关论文的，第一作者每篇计10学
         （只减选修学时）      时；公开出版5万字以上专著、教材的，第一、第二作者每人计20学时
                    （4）参加建造师继续教育授课工作按授课学时计算

2.继续教育的方式 ┤   集中面授为主
                    │   网络教学探索中

3.继续教育的单位 ──── 应选择中国建造师网公布的培训单位接受继续教育

                    必修课 ──── 工程建设相关的法律法规和有关政策；注册建造师职业道德和诚
                               信制度；建设工程项目管理的新理论、新方法、新技术和新工
4.继续教育的内容 ┤           艺；建设工程项目管理案例分析

                    选修课 ──── 各专业牵头部门认为一级建造师需要补充的与建设工程项目管
                               理有关的知识；各省级住房建设主管部门认为二级建造师需要
                               补充的与建设工程项目管理有关的知识
```

图 3-4　注册建造师的继续教育

* * 练习题 * *

15. 对全国注册建造师的注册、执业活动实施统一监督管理的机构是（　　　）。（2010年真题）

A. 国务院建设主管部门　　　　　　　　B. 省、自治区、直辖市人民政府

C. 建设行业协会　　　　　　　　　　　D. 人事部或其授权机构

16. 《注册建造师管理规定》，注册机关对申请注册建造师的申请人不予注册的情形为（　　　）。（2011年真题）

A. 同时受聘于两个或两个以上单位的

B. 被吊销注册证书，自处罚决定之日起至申请注册之日止不满2年的

C. 因执业活动受到刑事处罚，刑事处罚执行完毕已满5年的

D. 年龄超过60岁的

17. 根据《注册建造师管理规定》，负责核发《中华人民共和国一级建造师注册证书》的机构是( )。(2010年真题)

A. 省、自治区、直辖市人民政府建设主管部门   B. 国务院建设主管部门

C. 中国建筑业协会建造师分会   D. 国务院发展和改革委员会

18. 国家一级建造师的主要执业范围是( )。

A. 担任建设工程项目施工的项目经理   B. 担任建设工程项目评估人员

C. 从事建设工程项目咨询工作   D. 从事建设工程项目预算工作

19. 某市政工程由于政府部门规划调整，导致该工程停工达1年之久，施工企业拟让该工程的项目经理甲担任其他市政工程的项目经理，根据有关规定，关于甲任职的说法，正确的是( )。(2011年真题)

A. 甲不能同时担任该两个项目的项目经理

B. 经建设单位同意，甲可以同时担任该两个项目的项目经理

C. 经施工单位同意，甲可以同时担任该两个项目的项目经理

D. 经建设主管部门同意，甲可以同时担任该两个项目的项目经理

20. 注册建造师享有的权利有( )。

A. 使用注册建造师名称

B. 遵守法律、法规和有关规定

C. 在本人执业活动中形成的文件上签字并加盖执业印章

D. 保管和使用本人注册证书、执业印章

E. 接受继续教育

第四章 建设工程发承包法律制度

考点 13 招标的方式与形式

一、招投标流程一览

由于招标投标过程复杂，本书将其总结如下，详细解释可通过序号，参见图 4-1 理解，详细要点内容也将在后文中逐一讲述。

招不招？技险安[1]

超没超？五一二[2]

谁来招？人组编[3]

怎么招？公和邀[4]

资格预审和后审，条件标准提前定[5]。

考察自费[6]*答疑新*[7]*，投标一并保证金*[8]。

截标之前可撤改，截标同时把标开。

地点预定不应改，当众拆封当众唱。

招标人当主持来[9]*，开标过程应记载*[10]。

投人证人查密封[11]*，条件标准先明载*①。

逾期未送到地点，未封情况不理睬[12]。

监管部门不评载，评委超五把单甩[13]。

高职从业满八载，专家得有山之爱（2/3）[14]。

公章法代不能赖，实质响应方可赛[15]。

格式有误字不清，多价无保说释释[15]。

串通行贿应作废，低价再处怎还在[16]。

范围不超不容改，文字、单价最为拽[17]。

中标前不谈买卖[18]*，中标不在候选外*[19]。

中标结果要公开[20]*，实质内容不得改*②[21]。

三十日内合同签[21]*，投标保函履约代*[22]。

① "条件标准先明载"在招投标中多次出现，主要包括：资格预审、资格后审、评标标准三种情况。

② "实质内同不能改"在招投标中多次出现，主要包括：投标人对投标文件的澄清或补正；中标人与招标人签订所签订的合同。

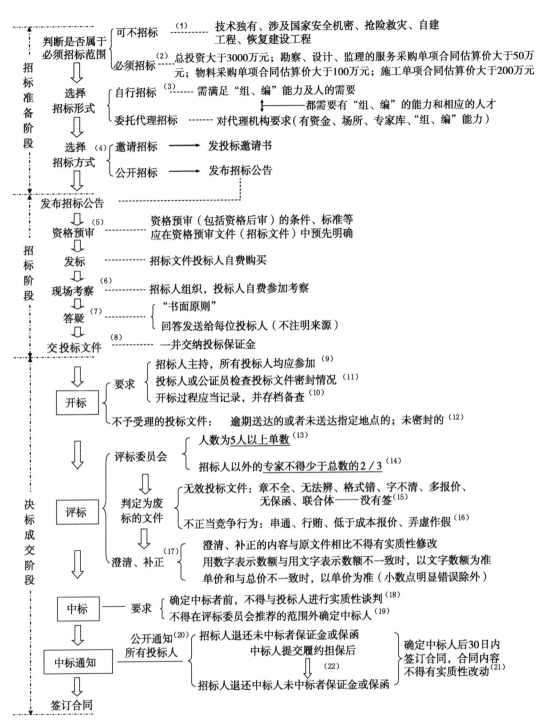

図 4-1 招投标流程概览

二、招标的方式

必须招标的工程的范围及规模如图 4-2 所示。

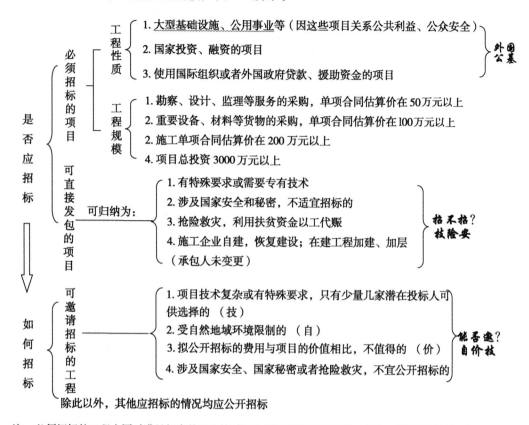

除此以外，其他应招标的情况均应公开招标

注：必须招标的工程应同时满足相应的工程性质且达到相应的工程规模，有关工程规模助记如下：

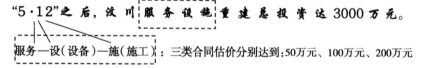

服务—设（设备）—施（施工）：三类合同估价分别达到：50万元、100万元、200万元

图 4-2　必须招标的工程的范围及规模

【例1】下列工程项目中，除（　　）以外都属于依法必须招标范围的项目。

A. 成片开发的商品住房建设项目

B. 民间投资建设的非公用事业、非基础设施项目

C. 利用国际援助建设的生态环保项目

D. 全部使用国有企业自有资金建设的工业厂房

【解析】A选项商品住房属于关系社会公共利益、公共安全的项目，C选项属于利用国际组织援助建设的基础设施项目，D选项属于国有资金建设项目。上述项目均为法定必须招标的范围。本题只有B选项符合题意。

【答案】B

三、招标组织形式

招标组织形式主要分为自行招标和委托代理招标，自行招标需满足"具有编制招标文

件和组织评标的能力"。此外自行招标还应满足招标经验、招标技术力量、招标机构和人员（需 3 名以上专职招标业务人员）的要求。**（谁来招？人组编）**

招标代理机构是依法设立、从事招标代理业务并提供相关服务的社会中介组织。招标代理机构应具备的条件：

（1）有从事招标代理业务的营业场所和相应的资金。

（2）有编制招标文件和组织评标的相应专业力量（此条与自行招标条件相同）。

（3）有符合可以作为评标委员会成员人选的技术、经济等方面的专家库。

招标代理机构与行政机关和其他国家机关不得存在隶属关系或者其他利益关系，也不得无权代理、越权代理，不得明知委托事项违法而进行代理。招标代理机构不得接受同一招标项目的投标代理和投标咨询业务；未经招标人同意，不得转让招标代理业务。

＊＊练习题＊＊

1. 下列建设项目中，可以不招标的是（　　）。（2010 年真题）

A. 个人捐资的教育项目中合同估算价为 80 万元的监理合同

B. 外商投资的供水项目中合同估算价为 1000 万元的施工合同

C. 使用财政预算资金的体育项目中合同估算价为 80 万元的材料采购合同

D. 上市公司投资的商品房项目中合同估算价为 500 万元的材料采购合同

2. 某项目的招标人具有编制招标文件和组织评标的能力，则招标人（　　）。

A. 可以自行招标，但应当备案

B. 可以采用直接委托方式发包

C. 可以自行招标，无需备案

D. 必须委托中介机构代理招标

3. 根据《中华人民共和国招标投标法》的规定，下列施工项目不属于必须招标范围的是（　　）。

A. 企业投资的体育场

B. 企业投资的廉租住房

C. 企业投资的商品住房

D. 在资质等级许可范围内施工企业建设的自用办公楼

4. 使用财政预算资金的建设项目，重要设备采购的单项合同估算价最低在（　　）万元人民币以上的，必须进行招标。

A. 50　　　　　　　　B. 100　　　　　　　　C. 200　　　　　　　　D. 3000

5. 下面关于工程建设项目招标规模标准说法错误的是（　　）。

A. 建设项目的建筑艺术造型有特殊要求的，经项目主管部门批准，可以不进行招标

B. 依法必须进行招标的项目，全部使用国有资金投资，应当公开招标

C. 招标投标活动不受部门地区的限制，不得对潜在投标人实行歧视待遇

D. 施工单项合同估算价在 100 万元以上的必须进行招标

6. 依据《工程建设项目招标范围和规模标准规定》，施工单项合同估算价（　　）万元人民币以上的工程建设项目，必须进行招标。

A. 50　　　　　　　　B. 100　　　　　　　　C. 200　　　　　　　　D. 500

7.《中华人民共和国招标投标法》规定的招标方式是（　　）。

A. 公开招标、邀请招标和议标

B. 公开招标和议标

C. 邀请招标和议标

D. 公开招标和邀请招标

8. 关于招标代理机构的说法，正确的有（　　）。（2010 年真题）

A. 招标代理机构是社会中介组织

B. 未经招标人同意，招标代理机构不得向他人转让代理业务

C. 工程招标代理机构可以参与同一招标工程的投标

D. 工程招标代理机构不得与招标工程的投标人有利益关系

E. 由评标委员会指定招标代理机构

9. 咨询单位申请招标代理机构资质时，（　　）不是必备的条件。

A. 有从事招标代理业务的营业场所

B. 有从事招标代理业务相应的资金

C. 有编制招标文件和组织评标的相应专业力量

D. 有对投标人的财务状况进行审计的专业人才

10. 招标代理机构应当在招标人委托的范围内办理招标事宜，并遵守《中华人民共和国招标投标法》关于（　　）的规定。

A. 招标人　　　　B. 投标人　　　　C. 评标人　　　　D. 招标人和投标人

11. 甲建设单位委托乙招标代理机构通过公开招标方式选择施工单位，乙的下列行为不符合法律规定的有（　　）。

A. 乙以甲的名义在媒体上发布招标公告

B. 乙依法定权利根据评标报告和推荐的中标候选人确定某投标人中标

C. 为保证公平、公正，乙将招标事宜转委托给另一招标代理机构

D. 乙接受委托后，指派工作人员张某具体操办该招标事宜

E. 乙接受某一投标人委托，指派王某编制该工程投标书

考点 14　招标程序

一、资格审查

资格审查的情况主要有资格预审和资格后审，前者是指在投标前对潜在投标人进行资格审查，后者是指在开标后对投标人进行资格审查。

采取资格预审的，招标人应当在资格预审文件中载明资格预审的条件、标准和方法。招标人不得改变载明的资格条件或者以没有载明的资格条件对潜在投标人进行资格预审。

采取资格后审的，招标人应当在招标文件预先明确对投标人资格要求的条件、标准和方法，不得改变载明的资格条件或者以没有载明的资格条件对投标人进行资格后审。资格后审不合格的投标人的投标应作废标处理。（**资格预审和后审，条件标准提前定**）

二、编制招标文件

招标文件与招标文件的内容见表 4-1。

表 4-1 招标文件与投标文件的内容

招标文件	投标文件
1. 投标邀请书 2. 投标人须知 3. 合同主要条款 4. 投标文件格式 5. 工程量清单 6. 技术条款 7. 设计图纸 8. 评标标准和方法 9. 投标辅助材料	1. 投标函 2. 投标报价 3. 施工组织设计 4. 商务和技术偏差表

【例 2】根据《工程建设项目施工招标投标办法》，不属于施工招标文件内容的是（　　）。(2010 年真题)

A. 投标人须知　　　B. 技术条款　　　C. 施工组织设计　　　D. 合同主要条款

【解析】施工组织设计是施工单位编制的属于投标文件的内容。

【答案】C

三、投标有关要求

(1) 投标人资格：投标人应具备承担招标项目的能力。

(2) 投标文件内容：投标函及投标函附录、联合体协议书、已标价的工程量清单、法人代表身份证明等。

四、发标

将招标文件发售给合格的投标申请人。

依法必须进行招标的项目，自招标文件开始发出之日起至投标人提交投标文件截止之日止，最短不得少于 20 日（为给投标人留出编制投标文件的必要时间）。

五、现场考察（踏勘）

由招标人组织投标人考察现场，投标人自费。

六、答疑、对招标文件的澄清和修改

应书面问、书面答，回答必须发送给每一位投标人。回答函件作为招标文件的组成部分，如果书面解答的问题与招标文件中的规定不一致，以函件的解答为准（注：一般是后生成的更优先——以新为准原则）。（**考察自费答疑新**）

对招标文件的澄清或修改，应当在提交投标文件截止时间至少 15 日前，以书面形式通知所有招标文件收受人。该澄清或者修改的内容为招标文件的组成部分。

七、投标文件的送达与签收

仅在招标文件要求的提交投标文件的截止时间前，投标人方可以补充、修改或者撤回已提交的投标文件，并书面通知招标人。补充、修改的内容为投标文件的组成部分。（**截标之前可撤改**）

招标人收到投标文件后，应当向投标人出具标明签收人和签收时间的凭证，在开标前

任何单位和个人不得开启投标文件。投标时一并缴纳投标保证金。（**投标一并保证金**）

八、开标程序及要求

开标时间：应当在招标文件确定的提交投标文件截止时间的同一时间公开进行；开标地点：应当为招标文件中预先确定的地点。（**截标同时把标开，地点预定不应改**）

开标由招标人主持（不应由政府官员、公证员等其他单位人员主持），所有投标人均应参加，并邀请项目建设有关部门代表出席。（**招标人当主持来**）

（1）由投标人或者其推选的代表（不应为招标人或其代表）检查投标文件的密封情况，也可以由招标人委托的公证机构检查并公证；（**投人证人查密封**）

（2）经确认无误后，由工作人员当众拆封，宣读投标人名称、投标价格和投标文件的其他主要内容（俗称唱标）。（**当众拆封当众唱**）

招标人在招标文件要求提交投标文件的截止时间前收到的所有投标文件，开标时都应当众予以拆封、宣读。如果有标底也应公布。

开标过程应当记录，并存档备查（**开标过程应记载**），开标后，任何投标人都不允许更改投标书的内容和报价，也不允许再增加优惠条件。投标书经启封后不得再更改招标文件中说明的评标、定标办法。（**条件、标准先明载——不应改**）

在开标时，如果发现投标文件出现下列情形之一招标人不予受理（**逾期未送到地点，未封情况不予评**）：

（1）逾期送达的或者未送达指定地点的；

（2）未按招标文件要求密封的。

九、评标委员会及评标过程

1. 评标委员会组成

评标委员会由招标人或其委托的招标代理机构熟悉相关业务的代表以及有关技术、经济等方面的专家组成，成员人数为5人以上单数，其中，技术、经济等方面的专家不得少于成员总数的2/3。（**评委超5把单甩，专家得有山之爱〈即2/3〉**）

专家应当从事相关领域工作满8年并具有高级职称或者具有同等专业水平（**高职从业满八载**），有相关招标项目的实践经验，能够认真、公正地履行职责。由招标人从国务院有关部门或者省、自治区、直辖市人民政府有关部门提供的专家名册或者招标代理机构的专家库内的相关专业的专家名单中确定；一般招标项目可以采取随机抽取方式，特殊招标项目可以由招标人直接确定。

主管部门或者行政监督部门的人员不得担任评标委员会成员。（**监管部门不评载**）

评标委员会成员可以否决全部投标。依法必须进行招标的项目所有投标被否决的，招标人应当依法重新招标。

2. 评标中作废标处理的情况

废标的处理情况见表4-2，招标人不受理与作废标的投标文件情况见图4-3。

表 4-2　废标处理情况

序号	关键词	具体内容
1	章不全	投标文件中的投标函未加盖投标人的企业及企业法定代表人印章，或者企业法定代表人委托代理人没有合法、有效的委托书（原件）及委托代理人印章
2	无法辨	投标文件未按格式填写，关键内容字迹模糊、无法辨认
3	多报价	投标人递交多个报价，且未声明哪一个有效
4	无保函	投标人未按照招标文件的要求提供投标保证金或者投标保函
5	联合体—没有签	组成联合体投标的，投标文件未附联合体各方共同投标协议

注：投标函要盖两种章：①企业印章；②法定代表人本人印章或其委托代理人的印章（委托代理人的情况下应有合法、有效的委托书原件）。

【总结】无效投标文件情况：章不全、无法辨、格式错、字不清、多报价、无保函、联合体—没有签（未签协议，投标文件中无联合体协议即可认为没有签协议）。（公章法代不能赖，实质响应方可赛。格式有误字不清，多价无保说拜拜）

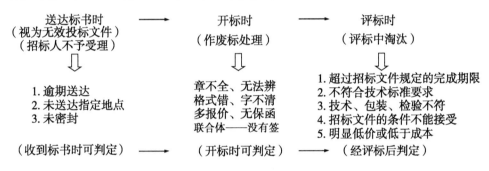

图 4-3　招标人不受理与作废标的投标文件情况

3. 投标文件的澄清、说明、补正

评标委员会可以要求投标人对投标文件中含义不明确的内容作必要的澄清或者说明，但是澄清或者说明不得超出投标文件的范围或者改变投标文件的实质性内容。（范围不超不容改）

评标委员会进行报价评估时，应按下述原则进行修正（文字、单价最为拽）：

（1）用数字表示数额与用文字表示数额不一致时，以文字数额为准。

（2）单价与工程量的乘积与总价不一致时，以单价为准（单价有明显小数点错误除外）。

十、中标的程序及要求

（1）评标委员会提出书面评标报告后，招标人一般应当在 15 日内确定中标人，但最迟应当在投标有效期结束日 30 个工作日前确定（可委托评标委员会直接确定中标人）。

（2）招标人应当接受评标委员会推荐的中标候选人，不得在评标委员会推荐的中标候选人之外确定中标人（评标委员会推荐候选人应当限定在 1～3 人，并标明排列顺序）。（定标不在候选外）

（3）排名第一的投标人放弃中标、因不可抗力不能履行合同或在规定的期限内未提交履约保证金，招标人可以确定排名第二的中标候选人为中标人。（可以依次类推）

（4）依法必须招标的项目，招标人应当确定排名第一的中标候选人为中标人。

（5）招标人和中标人应当自中标通知书发出之日起 30 日内签订书面合同，不得再订立背离合同实质性内容的其他协议。**（三十日内合同签，实质内容不得改）**

（6）招标人应当自确定中标人之日起 15 日内，向有关行政监督部门提交招标投标情况报告，内容主要包括以下：

1）招标范围。

2）招标方式和发布招标公告的媒介。

3）招标文件中投标人须知、技术条款、评标标准和方法、合同主要条款等内容。

4）评标委员会的组成和评标报告。

5）中标结果。

＊＊练习题＊＊

12.《中华人民共和国招标投标法》第 26 条规定，投标人应当具备（　　）的能力。

A. 承担投标项目　　　　　　　　　B. 承担招标项目

C. 英语熟练应用　　　　　　　　　D. 提前完成投标项目

13. 投标人应当具备（　　）的能力。

A. 编制标底　　　　　　　　　　　B. 组织评标

C. 承担招标项目　　　　　　　　　D. 融资

14. 某投标人在提交投标文件时，挟带了一封修改投标报价的函件，但开标时该函件没有当众拆封宣读，只宣读了修改前的报价单上填报的投标价格，该投标人当时没有异议。这份修改投标报价的函件应视为（　　）。

A. 有效　　　　　　　　　　　　　B. 无效

C. 经澄清说明后有效　　　　　　　D. 在招标人同意接受的情况下有效

15. 某建设项目递交投标文件的截止时间为 2008 年 3 月 1 日上午 9 点，某投标人由于交通拥堵于 2008 年 3 月 1 日上午 9 点 5 分将投标文件送达，开标当时的正确做法是（　　）。

A. 招标人不予受理，该投标文件作为无效标书处理

B. 经招标办审查批准后，该投标有效，可以进入开标程序

C. 经其他全部投标人过半数同意，该投标可以进入开标程序

D. 由评标委员会按废标处理

16. 开标应当在招标文件确定的提交投标文件截止时间的（　　）进行。

A. 当天公开　　　　　　　　　　　B. 当天不公开

C. 同一时间公开　　　　　　　　　D. 同一时间不公开

17. 在《评标委员会和评标方法暂行规定》中，对评标委员会组成的要求包括（　　）。

A. 评标委员会由 5 人以上的单数组成。

B. 评标委员会的成员必须是既懂经济又懂法律的专家

C. 评标委员会的专家与所有投标人均没有利害关系

D. 评标专家在相关领域工作满 8 年且具有高级职称或同等专业水平

E. 评标委员会的成员能够认真、公正、廉洁地履行职责

18. 某建设项目招标，评标委员会由两名招标人代表和三名技术、经济等方面的专家组成，这一组成不符合《中华人民共和国招标投标法》的规定，则下列关于评标委员会重新组成的做法中，正确的有(　　)。

A. 减少一名招标人代表，专家不再增加

B. 减少一名招标人代表，再从专家库中抽取一名专家

C. 不减少招标人代表，再从专家库中抽取一名专家

D. 不减少招标人代表，再从专家库中抽取二名专家

E. 不减少招标人代表，再从专家库中抽取三名专家

19. 根据《中华人民共和国招标投标法》的规定，不属于评标专家库专家必备条件的是(　　)。

A. 从事相关专业领域工作满8年并具有高级职称

B. 熟悉有关招标投标的法律法规

C. 身体健康，能够承担评标工作

D. 大学本科以上学历

20. 下面对评标委员会的组成说法错误的是(　　)。

A. 评标由招标人依法组建的评标委员会负责

B. 一般招标项目可以采取随机抽取方式，特殊招标项目可以由招标人直接确定

C. 与投标人有利害关系的人不得进入相关项目的评标委员会

D. 评标委员会由招标人的代表和有关技术、经济等方面的专家组成，成员人数为5人以上双数

21. 下面不属于评标委员会成员的义务的是(　　)。

A. 评标委员会成员不得私下接触投标人，不得收受投标人的财物或者其他好处

B. 评标委员会成员应当客观、公正地履行职务，遵守职业道德，对所提出的评审意见承担个人责任

C. 评标委员会成员和参与评标的有关工作人员不得透露对投标文件的评审和比较、中标候选人的推荐情况以及与评标有关的其他情况

D. 评标委员会成员认为所有投标都不符合招标文件要求的，可以否决所有投标

22. 根据《工程建设项目施工招标投标办法》，评标委员会对投标文件按废标处理的情况有(　　)。(2011年真题)

A. 无单位盖章并且无法定代表人或者其授权的代理人签字或盖章的

B. 投标人名称或者组织结构与资格预审时不一致的

C. 投标人对同一招标项目按照招标文件的要求提交了两个报价方案

D. 未按招标文件要求提交投标保证金的

E. 联合体投标未附联合体各方共同投标协议的

23. 《中华人民共和国招标投标法》规定，投标文件有下列情形，招标人不予受理(　　)。

A. 逾期送达的

B. 未送达指定地点的

C. 未按规定格式填写的

D. 无单位盖章并无法定代表人或法定代表人授权的代理人签字或盖章的

E. 未按招标文件要求密封的

24. 某建设工程施工项目招标文件要求中标人提交履约担保，中标人拒绝提交，则应（　　）。（2011年真题）

A. 按中标无效处理
B. 视为放弃投标
C. 按废标处理
D. 视为放弃中标项目

25. 对于依法必须招标的工程建设项目，排名第一的中标候选人（　　），招标人可以确定排名第二的中标候选人为中标人。（2011年真题）

A. 提供虚假资质证明
B. 向评标委员会成员行贿
C. 因不可抗力提出不能履行合同
D. 与招标代理机构串通

26. 甲房地产开发公司以招标方式将某住宅小区项目发包，乙施工单位中标，甲向有关行政监督部门提交招标投标情况的书面报告，该书面报告至少应包括（　　）等内容。

A. 招标范围

B. 招标方式和发布招标公告的媒介

C. 招标文件中投标人须知、技术条款、评标标准和方法、合同主要条款等内容

D. 资格预审文件

E. 评标委员会的组成和评标报告

27. 某必须招标的建设项目，共有三家单位投标，其中一家未按招标文件要求提交投标保证金，则关于对投标的处理和是否重新发包，下列说法中，正确的是（　　）。

A. 评标委员会可以否决全部投标，招标人应当重新招标

B. 评标委员会可以否决全部投标，招标人可以直接发包

C. 评标委员会必须否决全部投标，招标人应当重新招标

D. 评标委员会必须否决全部投标，招标人可以直接发包

28. 某建设项目招标，采用经评审的最低投标价法评标，经评审的投标价格最低的投标人报价1020万元，评标价1010万元。评标结束后，该投标人向招标人表示，可以再降低报价，报1000万元，与此对应的评标价为990万元，则双方订立的合同价应为（　　）。

A. 1020万元
B. 1010万元
C. 1000万元
D. 990万元

29. 甲、乙两个施工单位组成联合体投标，双方约定，如因施工质量问题导致建设单位索赔，各自承担索赔额的50%。施工过程中建设单位确因质量原因索赔12万元，则下列关于此索赔和赔偿责任承担的说法中，正确的有（　　）。

A. 如甲无过错，则其有权拒绝先行赔付

B. 建设单位可直接要求甲承担12万元

C. 建设单位可直接要求乙承担12万元

D. 建设单位应当要求质量缺陷的过错方承担主要责任

E. 先行赔付的一方，有权就超出50%的部分向另一方追偿

考点 15　招标问题的几个要点总结

一、联合体投标

（1）由两个或两个以上投标人组成，以一个投标人身份投标，中标后与招标人签订一个承包合同。

（2）联合体是一个临时性的组织，不具有法人资格。

（3）同一专业的多家单位组成联合体，以资质等级最低的单位确定资质等级。

（4）联合体其组成成员有变化的，需在投标文件截止日前征得招标人的同意。

（5）以联合体形式参加投标的，不得再以其他形式参加投标（其他形式：以自己名义单独投标或与其他联合体向同一项目投标）。

（6）联合体各方应当签订共同投标协议，明确各方拟承担的工作和责任。

（7）联合体各方对项目承担连带责任，招标人可以任意向其中一方索赔，被索赔方可以通过联合体协议向其他方要求追偿。

二、禁止投标人实施不正当竞争行为的规定

不正当竞争行为即违反了公平公正的原则，具体表现为以下 5 个方面：

（1）投标人相互串通投标报价。

（2）投标人与招标人串通投标。

（3）以向招标人或者评委会成员行贿的手段谋取中标。

（4）以低于成本报价竞标（此处"成本"一般应根据企业定额测定）。

（5）以他人名义投标或以其他方式弄虚作假，骗取中标。

（串通行贿应作废，低价弄虚怎还在）

【例3】下列各项，属于投标人之间串通投标的行为有（　　）。

A. 投标者之间相互约定，一致抬高或者压低投标价

B. 投标者之间相互约定，在招标项目中轮流以低价位中标

C. 两个以上的投标者签订共同投标协议，以一个投标人的身份共同投标

D. 投标者借用其他企业的资质证书参加投标

E. 投标者之间进行内部竞价，内定中标人，然后参加投标

【解析】串标行为——投标人之间共同实施不合理的行为。选项 C 指的是联合体投标，是合法形式；选项 D 是"弄虚作假，骗取中标"的情况。

【答案】ABE

【例4】某施工设备经销商规定其业务员按合同价 5% 提取奖金。业务员王某在与施工企业洽谈时提出，合同定价遵守公司规定，但王某本人按每台 50 元补贴施工企业。施工企业表示同意，遂与王某签订了订货合同，并将获得的补贴款入账。王某行为的法律定性是（　　）。（2011 年真题）

A. 合法行为　　　B. 无权代理　　　C. 不正当竞争　　　D. 滥用代理权

【解析】根据《中华人民共和国反不正当竞争法》第 8 条规定：经营者不得采用财物或者其他手段进行贿赂以销售或者购买商品。在账外暗中给予对方单位或者个人回扣的，

以行贿论处；对方单位或者个人在账外暗中收受回扣的，以受贿论处。经营者销售或者购买商品，可以以明示方式给对方折扣，可以给中间人佣金。经营者给对方折扣、给中间人佣金的，必须如实入账。接受折扣、佣金的经营者必须如实入账。简而言之：明示可以、如实入账，不能暗中回扣。

【答案】A

三、有效期与保证金

招标文件应当规定一个适当的投标有效期：

（1）以保证招标人有足够的时间完成评标和与中标人签订合同。

（2）用以确定投标保证金有效期（投标保证金有效期应当超出投标有效期30天）。

投标有效期从投标人提交投标文件截止之日起计算，一般至中标通知书签发日期止。

投标保证金一般不得超过投标总价的2%，但最高不得超过80万元人民币。（勘察设计招标的，最高不得超过10万元人民币。）

有下列情形之一的，投标保证金将被没收：①在提交投标文件截止时间后到招标文件规定的投标有效期终止之前，投标人撤回投标文件的；②中标通知书发出后，中标人放弃中标项目的，无正当理由不与招标人签订合同的，在签订合同时向招标人提出附加条件或者更改合同实质性内容的，或者拒不提交所要求的履约保证金的，招标人可取消其中标资格，并没收其投标保证金（见图4-4）。

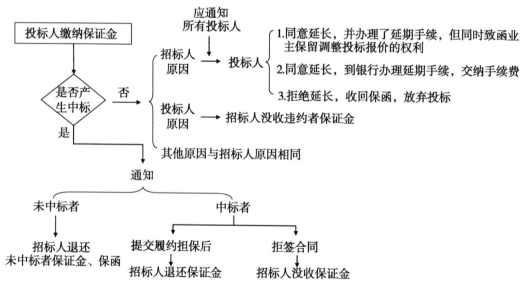

图4-4 投标保证金

【例5】关于投标有效期的说法，正确的是（　　）。（2011年真题）

A. 投标有效期延长通知送达投标人时，该投标人的投标保证金期限随之延长

B. 投标人同意延长投标有效期的，不得修改投标文件的实质性内容

C. 投标有效期内，投标文件对投标人和招标人具有合同约束力

D. 投标有效期内撤回投标文件，投标保证金应予退还

【答案】B

四、招标投标中的时限要求总结

本书招标过程涉及的时限要求（见图4-5）可归纳如下：

> 报府备案要十五，发标二零改一五。
>
> 售标前后至少五，签约退保也得五。
>
> 三个30要单记，定标、签约、保证期（签、保、定）。

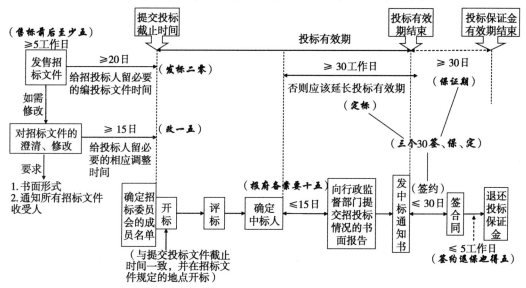

图 4-5 招投标时限要求

＊＊练习题＊＊

30. 关于建设工程施工承包联合体的说法，正确的是（　　）。（2011年真题）

A. 联合体的资质等级按照联合体中资质等级较高的单位确定

B. 联合体属于非法人组织

C. 联合体各方独立承担相应的责任

D. 联合体的成员可以对同一工程单独投标

31. 关于联合体投标的说法，正确的有（　　）。（2010年真题）

A. 多个施工单位可以组成一个联合体，以一个投标人的身份共同投标

B. 中标的联合体各方应当就中标项目向招标人承担连带责任

C. 联合体各方的共同投标协议属于合同关系

D. 联合体中标的，应当由联合体各方共同与招标人签订合同

E. 由不同专业的单位组成的联合体，按照资质等级较低的单位确定业务许可范围

32. 某工程施工联合体参加资格预审并获通过后，投标过程中其组成成员发生变化，虽未经招标人同意，但新联合体仍然符合资格预审条件要求，则招标人（　　）。（2010年真题）

A. 应当认定投标文件无效

B. 可以认定投标文件有效

C. 征得投标人同意后可以认定投标文件有效

D. 征得评标委员会同意后可以认定投标文件有效

33. 甲公司与乙公司组成联合体投标，则下面说法正确的是（　　）。

A. 共同投标协议在中标后提交

B. 甲公司与乙公司必须是同一专业

C. 甲公司与乙公司必须是同一资质等级

D. 联合体是以一个投标人的身份投标

34. 某建筑公司与某安装公司组成联合体承包工程，并约定质量缺陷引起的赔偿责任由双方各自承担50％。施工中由于安装公司技术问题导致质量缺陷，造成工程20万元损失，则以下说法正确的是（　　）。

A. 建设单位可以向建筑公司索赔20万元

B. 建设单位只能向安装公司索赔20万元

C. 建设单位只能向建筑公司和安装公司分别索赔10万元

D. 建设单位不可以向安装公司索赔20万元

35. 甲、乙两个同一专业的施工单位分别具有该专业二、三级企业资质，甲、乙两个单位的项目经理数量合计符合一级企业资质要求。甲、乙两单位组成联合体参加投标，则该联合体资质等级应为（　　）。

A. 一级　　　　　　B. 二级　　　　　　C. 三级　　　　　　D. 暂定级

36. 同一专业的单位组成联合体投标，按照（　　）单位确定资质等级。

A 资质等级较高的　　　　　　　　　　B. 资质等级较低的

C. 联合体主办者的　　　　　　　　　　D. 承担主要任务的

37. 根据招标投标相关法律法规，下列招标投标行为中，不构成招标人与投标人串通投标的是（　　）。（2010年真题）

A. 招标人在开标前将投标情况告知其他投标人

B. 招标人预先内定中标人

C. 招标人与投标人事先商定压低标价，中标后再给中标人让利

D. 招标人从几名中标候选人中确定中标人

38. 在建设工程项目的招投标活动中，某投标人以低于成本的报价竞标，则（　　）。

A. 该行为目的是为了排挤其他对手，应当禁止

B. 没有违背诚实信用原则，不应禁止

C. 是降低了工程造价，应当提倡

D. 该投标文件应作废标处理

E. 其做法符合低价中标原则，不应禁止

39. 某工程项目标底是900万元人民币，投标时甲承包商根据自己企业定额算得成本是800万元人民币。刚刚竣工的相同施工项目的实际成本是700万元人民币。则甲承包商投标时的合理报价最低应为（　　）。

A. 700万元　　　　B. 800万元　　　　C. 900万元　　　　D. 1000万元

40. 下列关于投标保证金说法，正确的有（　　）。（2011年真题）

A. 投标人应当按照招标文件的要求提交投标保证金

B. 投标保证金是投标文件的有效组成部分

C. 投标保证金的担保形式，应在招标文件中规定

D. 投标保证金应当在投标截止时间前送达

E. 投标保证金的金额一般由双方约定

41. 某工程建设项目设计招标中，甲设计单位投标报价为 2000 万元，则其投标保证金最高应为（ ）万元。（2010 年真题）

A. 40   B. 4   C. 20   D. 10

42. 根据《工程建设项目施工招标投标办法》，关于投标保证金的说法，正确的是（ ）。（2010 年真题）

A. 投标保证金最高不得超过 50 万元

B. 招标人发了中标通知书，投标保证金的有效期自动终止

C. 投标保证金不得采用银行保函方式

D. 中标人拒绝签订施工合同时，招标人有权没收其投标保证金

43. 某施工项目总承包招标，合同估算价为人民币 1.2 亿元，则要求投标方提供的投标证金数额最高应为（ ）。

A. 240 万元   B. 120 万元   C. 80 万元   D. 20 万元

44. 某项目招标中，招标文件要求投标人提交投标保证金。招标过程中，招标人有权没收投标保证金的情形有（ ）。

A. 投标人在投标有效期内撤回投标文件

B. 投标人在开标前撤回投标文件

C. 中标人拒绝提交履约保证金

D. 投标人拒绝招标人延长投标有效期要求

E. 中标人拒绝签订合同

45. 施工项目进行公开招标，投标保证金有效期应当超过（ ）30 天。（2010 年真题）

A. 招标文件发出日   B. 投标文件截止日   C. 投标有效期   D. 中标日期

46. 某项目 2008 年 3 月 1 日确定了中标人，2008 年 3 月 8 日发出了中标通知书，2008 年 3 月 12 日中标人收到中标通知书，则签订合同的日期应该不迟于（ ）。

A. 2008 年 3 月 16 日   B. 2008 年 3 月 31 日   C. 2008 年 4 月 7 日   D. 2008 年 4 月 11 日

47. 某施工项目招标，招标文件开始出售的时间为 3 月 20 日，停止出售的时间为 3 月 30 日，提交投标文件的截止时间为 4 月 25 日，评标结束的时间为 4 月 30 日，则投标有效期开始的时间为（ ）。

A. 3 月 20 日   B. 3 月 30 日   C. 4 月 25 日   D. 4 月 30 日

48. 依法必须进行招标的项目，招标人应当自确定中标人之日起（ ），向有关行政监督部门提交招标投标情况的书面报告。

A. 5 日内   B. 10 日内   C. 15 日内   D. 20 日内

考点 16 建设工程承包制度

一、工程发包与承包制度

关于承包发包的要求如下：

（1）承包人资质符合要求。

（2）提倡实行工程总承包。

（3）禁止将建设工程肢解发包。

（4）发包单位不得指定承包单位采购。

（5）禁止承包单位将其承包的全部建筑工程转包给他人。

（6）禁止任何形式用其他建筑施工企业的名义承揽工程。

（7）禁止建筑施工企业以任何形式允许其他单位或者个人使用本企业的资质证书、营业执照，以本企业的名义承揽工程。

《中华人民共和国建筑法》规定："建筑工程的发包单位可以将建筑工程的勘察、设计、施工、设备采购一并发包给一个工程总承包单位，也可以将建筑工程勘察、设计、施工、设备采购的一项或者多项发包给一个工程总承包单位。"

二、总承包的分类

总承包的承揽方式及要点见表 4-3。

表 4-3 工程总承包、施工总承包、工程项目管理

承揽方式	要　　点
工程总承包	对工程项目勘察、设计、采购、施工、试运行（竣工验收）等实行全过程或若干阶段的承包
施工总承包	承包人承揽所有施工任务，并向建设单位负责
工程项目管理	代表建设单位对工程项目的组织实施进行全过程或若干阶段的管理和服务（不参加到具体的施工过程中）

三、共同承包

共同承包的定义、适用范围、资质、责任见表 4-4。

表 4-4 共同承包

项目	要　　点
定义	共同承包是指由两个以上具备承包资格的单位共同组成非法人的联合体，以**共同的名义**对工程进行承包的行为
适用范围	大型建筑工程或者结构复杂的建筑工程，可以由两个以上的承包单位联合共同承包
资质	两个以上不同资质等级的单位实行联合共同承包的，应当按照资质等级低的单位的业务许可范围承揽工程
责任	共同承担连带责任

四、工程分包制度

1. 定义

专业工程分包指施工总承包单位将其所承包工程中的专业工程发包给具有相应资质的

其他建筑业企业完成的活动。

劳务作业分包是指承包单位或者专业分包单位（均可视为劳务作业的发包人）将其承包工程中的劳务作业发包给分包单位（即劳务作业承包人）完成的活动。

2. 基本要求

(1) 建设工程主体结构和主要工程量禁止分包。

(2) 禁止承包单位将其承包的全部建筑工程肢解以后以分包的名义分别转包给他人。

(3) 总承包单位依法将建设工程分包给其他单位的，分包单位应当按照分包合同的约定对其分包工程的质量向总承包单位负责，总承包单位与分包单位对分包工程的质量（及安全）承担连带责任。

(4) 分包需经建设单位认可（劳务作业分包除外）。

(5) 施工现场的安全生产由承包单位负责，发生安全事故由承包单位向有关部门报告。

(6) 专业工程分包人经承包人同意可将其劳务作业分包。

(7) 劳务分包人不得将合同项下的劳务作业转包或再分包。

(8) 禁止个人承揽分包工程。

以上基本要求可归纳为：

(1) 主体工程禁止分包。

(2) 谁分包，谁就应与其分包单位承担连带责任。

(3) 禁止转包与再分包（但专业工程分包人可将其劳务作业分包给劳务分包人）。

【例6】下列关于工程承包活动相关连带责任的表述中，正确的是（　　　）。

A. 联合体承包工程其成员之间的连带责任属约定连带责任

B. 如果分包单位是经业主认可的，总包单位对其过失不负连带责任

C. 工程总分包单位之间的连带责任是法定连带责任

D. 负有连带责任的每个债务人，都负有清偿部分债务的义务

【解析】工程总分包、联合体承包方式中各成员之间的连带责任都是法定的。《中华人民共和国民法通则》规定，负有连带义务的债务人都负有清偿全部债务的义务，故本题只有C选项正确。

【答案】C

3. 分包合同相关责任关系

项目参与各方（政府部门不属项目参与方）的合同关系和工作联系如图4-6所示。

施工合同中的索赔、变更程序、责任承担都是根据建设工程合同关系来确定的，如分包人不应越过承包人而与监理直接发生联系。对于合同关系的双方，发包的一方对承揽业务的一方的工程质量承担连带责任，承揽业务一方应向发包的一方负责（如［例7］中的D选项）。如［例7］A选项中，分包企业向建设单位负责就是明显不正确的说法（而应向承包人负责）。

另外，要特别注意的是总包单位应就分包单位的质量或安全问题承担连带责任。

4. 总承包单位与施工单位之间的安全生产责任

(1) 施工现场安全由总承包单位负责，分包单位应服从总承包单位对施工现场的安全生产管理。

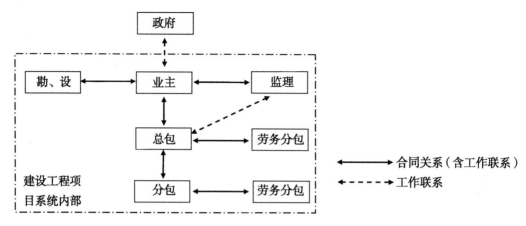

注：政府部门不属项目参与方。

图 4-6 项目参与各方的合同关系与工作联系

（2）由总承包单位统一组织编制建设工程生产安全事故应急救援预案。

（3）由总承包单位负责上报事故。

【例 7】施工总承包单位与分包单位依法签订了"幕墙工程分包协议"，在建设单位组织竣工验收时发现幕墙工程质量不合格。下列表述正确的是（　　）。

A. 分包单位就全部工程对建设单位承担法律责任

B. 分包单位可以不承担法律责任

C. 总包单应就分包工程对建设单位承担全部法律责任

D. 总包单位和分包单位就分包工程对建设单位承担连带责任

【答案】D

五、转包与违法分包的界定

转包与违法分包的情况见图 4-7。

```
转包     { 1. 承包人将工程整体发包
          2. 肢解发包
          3. 只包不管（分包工程发包人将工分包后，未在施工现场设立项目管理机构和
             派驻相应人员，并未对该工程的施工活动进行组织管理的，视同转包行为 ）①

违法分包  { 1. 将主体结构或主要工程量分包
          2. 总包合同未约定且未经建设单位同意的分包行为
          3. 劳务作业再分包
          4. 分包给不具备相应资质的单位或个人
          5. 将分包工程再分包（专业分包将劳务作业分包给劳务分包是合法的）
          6. 对施工总承包、专业承包企业直接雇用农民工，不签订劳动合同，或只
             签订劳动合同不办理社会保险，或只与"包工头"签订劳务合同等行为
```

①分包工程的发包人应当设立项目管理机构，组织管理所承包工程的施工活动。项目管理机构应当具有与承包工程的规模、技术复杂程度相适应的技术、经济管理人员。其中，项目负责人、技术负责人、项目核算负责人、质量管理人员、安全管理人员必须是本单位的人员。

图 4-7 转包和违法分包的情况

【例 8】关于总承包单位与分包单位对建设工程承担质量责任的说法，正确的有（　　）。（2014 年真题）

A. 分包单位按照分包合同的约定对其分包工程的质量向总承包单位及建设单位负责

B. 分包单位对分包工程的质量负责，总承包单位未尽到相应监管义务的，承担相应的补充责任

C. 建设工程实行总承包的，总承包单位应当对全部建设工程质量负责

D. 当分包工程发生质量责任或者违约责任，建设单位可以向总承包单位或分包单位请求赔偿；总承包单位或分包单位赔偿后，有权就不属于自己责任的赔偿向另一方追偿

E. 当分包工程发生质量责任或者违约责任，建设单位应当向总承包单位请求赔偿，总承包单位赔偿后，有权要求分包单位赔偿

【解析】总承包单位和分包单位就分包工程对建设单位承担连带责任。总承包单位与分包单位就分包工程承担连带责任，就是当分包工程发生了质量责任或者违约责任时，建设单位可以向总承包单位请求赔偿，也可以向分包单位请求赔偿，在总承包单位或分包单位进行赔偿后，方有权依据分包合同对于不属于自己责任的赔偿向另一方进行追偿。

【答案】CD

【例9】关于建筑施工企业负责人带班检查的说法，正确的有（　　）（2014年真题）

A. 超过一定规模的危险性较大的分部分项工程施工时，施工企业负责人应对施工现场进行带班检查

B. 工程出现险情或发现重大隐患时，施工企业负责人应到施工现场带班检查

C. 应认真做好检查记录，并分别在企业和工程项目所在地建设行政主管部门存档备案

D. 建筑施工企业负责人要定期带班检查，每月检查时间不少于其工作日的20%

E. 对于有分公司的企业集团，集团负责人因故不能到现场的，可口头通知工程所在地的分公司负责人带班检查

【解析】建筑施工企业负责人要定期带班检查，每月检查时间不少于其工作日的25%。对于有分公司（非独立法人）的企业集团，集团负责人因故不能到现场的，可书面委托工程所在地的分公司负责人对施工现场进行带班检查。

【答案】AB

＊＊练习题＊＊

49. 根据《建设工程质量管理条例》，下列分包情形中，属于违法分包的有（　　）。（2010年真题）

A. 施工总承包单位将建设工程的土方工程分包给其他单位

B. 总承包单位将建设工程分包给不具备相应资质条件的单位

C. 未经建设单位许可，承包单位将其承包的部分建设工程交由其他单位完成

D. 施工总承包单位将建设工程主体结构的施工分包给其他单位

E. 分包单位将其承包的建设工程再分包

50. 关于建设工程分包的说法，正确的是（　　）。（2011年真题）

A. 劳务作业的分包可以不经建设单位认可

B. 承包单位可将其承包的全部工程进行分包

C. 建设工程主体结构的施工可以分包

D. 建设单位有权直接指定分包工程的承包人

51. 当分包工程发生安全事故给建设单位造成损失时，关于责任承担的说法，正确的

是( )。（2011年真题）

A. 建设单位可以要求分包单位和总承包单位承担无限连带责任

B. 建设单位与分包单位无合同关系，无权向分包单位主张权利

C. 总承包单位承担责任超过其应承担份额的，有权向有责任的分包单位追偿

D. 分包单位只对总承包单位承担责任

52. 根据《建设工程质量管理条例》，属于违法分包的情形有( )。（2011年真题）

A. 总承包单位将建设工程分包给不具备相应资质条件的单位的

B. 主体结构的劳务作业分包给具有相应资质的劳务分包企业的

C. 建设工程总承包合同中未有约定，又未经建设单位认可，承包单位将其承包的部分工程交由其他单位完成

D. 施工总承包单位将建设工程的主体结构的施工分包给其他单位的

E. 分包单位将承包的建设工程再分包的

53. 甲建设单位发包某大型工程项目，乙是总承包单位，丙是具有相应专业承包资质的施工单位，丁是具有劳务分包资质的施工单位。下列关于该项目发包、分包的说法中，正确的有( )。

A. 乙可以将专业工程分包给丙

B. 丙可以将劳务作业分包给丁

C. 乙可以将劳务作业分包给丁

D. 甲可以将专业工程发包给丙

E. 甲可以将劳务作业分包给丁

54. 下列关于总承包单位和分包单位承担责任的表述，正确的是( )。

A. 分包单位按照分包合同的约定仅对总承包单位负责

B. 分包单位按照分包合同的约定仅对建设单位负责

C. 总承包单位和分包单位就分包工程对建设单位承担连带责任

D. 总承包单位按照总承包合同的约定对建设单位负责

E. 总承包单位和分包单位对建设单位各自承担责任

55. 下面关于分包的有关规定说法错误的是( )。

A. 禁止承包单位将其承包的全部建筑工程转包给他人

B. 禁止承包单位将其承包的全部建筑工程肢解以后以分包的名义分别转包给他人

C. 分包单位按照分包合同的约定对总承包单位负责

D. 建筑工程总承包单位按照总承包合同的约定对承包单位负责

56. 总承包单位将其承揽的工程依法分包给专业承包单位。工程主体结构施工过程中发生了生产安全事故，专业承包单位由此开始质疑总承包单位的管理能力，并一再违反总承包单位的安全管理指令，导致重大生产安全事故。则关于本工程的安全生产管理，下列说法中，正确的有( )。

A. 总承包单位对施工现场的安全生产负总责

B. 专业承包单位应服从总承包单位的安全生产管理

C. 总承包单位与专业承包单位对全部生产安全事故承担连带责任

D. 专业承包单位对该重大生产安全事故承担主要责任

E. 分包合同中应明确双方的安全生产方面的权利与义务

57. 施工单位与建设单位签订施工合同后，将其中的部分工程分包给分包单位，则施工现场的安全生产由( )负总责。

A. 建设单位　　　　B. 施工单位　　　　C. 分包单位　　　　D. 工程监理单位

58. 《建设工程质量管理条例》规定，( )对分包工程的质量承担连带责任。

A. 监理单位与分包单位　　　　　　B. 建设单位与分包单位

C. 总承包单位与分包单位　　　　　D. 设计单位与分包单位

59. 建设工程发承包，《中华人民共和国建筑法》作出禁止规定的有( )。

A. 将建筑工程肢解发包

B. 承包人将其承包的建筑工程分包给他人

C. 承包人超越本企业资质等级许可的业务范围承揽工程

D. 分包人将其承包的工程再分包

E. 两个不同资质等级的单位联合共同承包

60. 某工程施工合同履行过程中，经建设单位同意，总承包单位将部分工程的施工交由分包单位完成，就分包工程的施工而言，下列说法正确的是( )。

A. 应由分包单位与总承包单位对建设单位承担连带责任

B. 应由总承包单位对建设单位承担责任

C. 应由分包单位对建设单位承担责任

D. 由建设单位自行承担责任

61. 甲施工单位将脚手架安装作业分包给乙单位，后因脚手架质量问题导致甲方丙跌落受伤，则下列关于本案中责任承担的说法中，正确的是( )。

A. 甲可要求乙承担违约责任

B. 甲可要求乙承担侵权责任

C. 丙可要求乙承担违约责任

D. 丙可要求脚手架生产厂家承担违约责任

E. 丙可要求甲承担赔偿责任

62. 某建设项目实行施工总承包，则该建设工程的安全生产事故应急救援案应由( )编制。(2010年真题)

A. 总承包单位和分包单位各自　　　B. 建设单位统一组织

C. 总承包单位统一组织　　　　　　D. 监理单位统一组织

63. 甲建筑公司是某施工项目的施工总承包单位，乙建筑公司是其分包单位。2008年5月5日，乙建筑公司的施工项目发生了生产安全事故，应由( )向负有安全生产监督管理职责的部门报告。

A. 甲建筑公司或乙建筑公司　　　　B. 甲建筑公司

C. 乙建筑公司　　　　　　　　　　D. 甲建筑公司和乙建筑公司

考点 17　建筑市场信用体系建设

一、不良行为记录

建筑市场诚信行为信息分为良好行为记录和不良行为记录两大类。施工单位的不良行为记录分为 5 大类（见表 4-5）。

表 4-5　不良行为

类　别	具体内容
资质不良	（1）未取得资质证书或超越本单位资质等级承揽工程的。 （2）欺骗手段取得资质证书承揽工程的。 （3）允许其他单位或个人以本单位名义承揽工程的。 （4）未在规定期限内办理资质变更手续的。 （5）涂改、伪造、出借资质证书。 （6）需要持证上岗的技术工种的作业人员未经培训、考核，未取得证书上岗，情节严重的
承揽业务 行为不良	（1）行贿、提供回扣等不正当手段承揽业务。 （2）相互串通投标或与招标人串通投标的。 （3）弄虚作假，骗取中标的。 （4）不按照与投标人订立的合同履行义务，情节严重的。 （5）将承包的工程转包或违法分包的
工程质量 不良	（1）偷工减料、使用不合格品、未按照设计图纸或技术标准施工。 （2）未按照节能设计进行施工。 （3）未对施工涉及的建筑或安全材料进行检测。 （4）竣工后不向建设单位出具质量保证书或保修内容、期限违反规定。 （5）不履行保修义务
施工安全 问题	与施工有关的一些安全问题，包括安全事故、安全管理机构及人员、安全施工环境、安全防护等
拖欠资金	拖欠工程款或工人工资不良行为认定标准

二、建筑市场诚信行为的公布和奖励机制

诚信行为信息包括良好行为记录和不良行为记录，由住房和城乡建设部负责制定全国统一的建筑市场各方主体的诚信标准。

属于《全国建筑市场各方主体不良行为记录认定标准》范围的不良行为记录，除在当地发布外，还将由建设部统一在全国公布，公布期限与地方确定的公布期限相同，各省、自治区、直辖市建设行政主管部门应将确认的不良行为记录在当地发布之日起 7 日内报建设部。

公布流程见图 4-8，不良行为记录公布期限一般为 6 个月至 3 年，良好行为记录信息公布一般为 3 年。企业整改并经审查后可申请缩短其不良行为记录公布期限，但最短期限不得少于 3 个月。

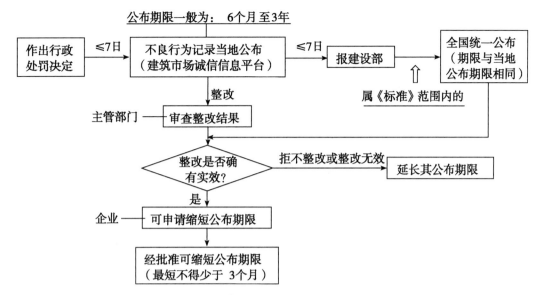

【助记】 因"诚信"问题，863计划被当头削减了一项，变成了763（7天、6个月至3年，最短3个月）。

图 4-8 建筑市场不良行为的公布时限

三、建筑市场主体诚信评价的基本规定

建筑市场主体诚信评价的基本规定见表4-6。

表 4-6 建筑市场主体诚信评价的基本规定

评价主体	评价方向
政府	政府主导，以守法为基础，根据违法违规行为的行政处罚记录，对市场主体进行诚信评价
社会中介信用机构	市场主导，以守法、守信、守德、综合实力为基础进行综合评价
行业协会	协助政府部门的工作；完善行业内部监督和协调机制

＊＊练习题＊＊

64. 根据《全国建筑市场各主体不良行为记录认定标准》，属于工程质量不良行为的有（   ）。（2011年真题）

A. 允许其他单位或个人以本单位名义承揽工程

B. 将承揽的工程转包或违法分包

C. 施工前未对有关安全施工的技术要求作出详细说明的

D. 未按照节能设计进行施工

E. 未履行保修义务或拖延履行保修义务的

第五章 建设工程合同和劳动合同法律制度

考点 18　合同订立的原则及分类

一、合同订立原则

合同的订立，应当遵循平等原则、自愿原则、公平原则、诚实守信原则、合法原则等。

【例1】关于《中华人民共和国合同法》的公平原则，下列表述不正确的是（　　）。

A. 公平包括合同当事人双方的权利义务要平等

B. 公平包括合同的风险应该合理分配

C. 公平包括不得假借订立合同恶意进行磋商

D. 公平包括合同中违约责任的确定要合理

【解析】《中华人民共和国合同法》第5条规定"当事人应当遵守公平原则确定各方的权利义务"。具体包括：①在订立合同时，不得滥用权力、不得欺诈，要根据公平原则确定双方的权利和义务；②合理分配风险；③根据公平原则确定违约责任。公平原则条件下签订合同，有些情况下合同当事人的权利义务是不平等的，如赠与合同中，一方就只有权利，而另一方就只有义务，因此选项中只有 A 是错误的。

【答案】A

二、合同的分类

合同的分类见表5-1。

表 5-1　合同的分类

划分依据	合同		备注
是否必须采取一定形式为标准	必须采取	要式合同	区别要式合同与不要式合同的意义在于，某些要式合同如果不具备法律、行政法规要求的形式，可能不产生合同效力
	不要求采取	不要式合同	
当事人之间是否互负义务	是	双务合同	例如买卖合同、租赁合同
	否	单务合同	如赠与合同、无偿委托合同、无偿保管合同
合同当事人之间权利义务是否存在对价关系	是	有偿合同	有偿合同是常见的合同形式，诸如买卖、租赁、运输、承揽等
	否	无偿合同	例如无偿借用合同
法律是否赋予特定合同名称并设有专门规范	是	有名合同	也称典型合同（如合同法规定的15类合同）
	否	无名合同	也称非典型合同，是合同实践的常态

划分依据		合同	备注
是否交付标的物或其他给付义务	否	诺成合同	双方意思表示一致就可以成立的合同，不以一方交付标的物为合同的成立要件。 如建设工程合同、买卖合同、**租赁合同**①
	是	实践合同	除双方意思表示一致外，尚须交付标的物才能成立的合同，如保管合同
是否依赖其他合同	是	从合同	主合同的无效、终止导致从合同无效、终止；但从合同无效、终止不影响主合同；担保合同是典型的从合同
	否	主合同	

① 租赁合同的成立不以租赁物的交付为要件，当事人只要依法达成协议，合同即告成立，因此为诺成合同（同理还有运输合同、仓储合同）。

【助记】诺成好比承诺，意思一致就可订；实践需付标的物（才成立），诺成要占大多数。

建设工程合同的实质是一种特殊的承揽合同。建设工程合同可分为建设工程勘察合同、建设工程设计合同、建设工程施工合同（注：监理合同不属于建设工程合同，是一种委托合同）。

【例2】根据不同的分类标准，建设工程施工合同属于(　　　)。

A. 有名合同，双务合同，有偿合同　　　　B. 有名合同，双务合同，不要式合同

C. 无名合同，单务合同，要式合同　　　　D. 有名合同，单务合同，要式合同

【答案】A

【拓展】除［例2］之A项所示内容以外，建设工程施工合同还应归类于要式合同、诺成合同、主合同。

三、合同条款的基本内容

一般合同条款与劳动合同的基本条款对比，见表5-2。

表5-2　一般合同条款与劳动合同条款对比

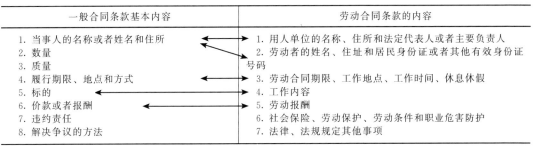

一般合同条款基本内容	劳动合同条款的内容
1. 当事人的名称或者姓名和住所 2. 数量 3. 质量 4. 履行期限、地点和方式 5. 标的 6. 价款或者报酬 7. 违约责任 8. 解决争议的方法	1. 用人单位的名称、住所和法定代表人或者主要负责人 2. 劳动者的姓名、住址和居民身份证或者其他有效身份证号码 3. 劳动合同期限、工作地点、工作时间、休息休假 4. 工作内容 5. 劳动报酬 6. 社会保险、劳动保护、劳动条件和职业危害防护 7. 法律、法规规定其他事项

注：劳动合同除上述规定的必备条款外，用人单位与劳动者可以约定试用期、培训、保守秘密、补充保险和福利待遇等其他事项。

【归纳】——必须要有书面的合同的情况：

借款合同、租赁期限6个月以上的租赁合同、建设工程合同、监理合同、专利的申请和专利权转让、商标转让与使用合同、担保合同、劳动合同。

＊＊练习题＊＊

1. 下列各项，属于《中华人民共和国合同法》基本原则的有(　　　)。

A. 平等、自愿原则 B. 遵守国家计划原则

C. 公平、诚实信用原则 D. 遵守法律、维护社会公共利益原则

E. 依法成立的合同对当事人具有约束力原则

2. 依据不同的合同划分标准，建设工程施工合同属于(　　)。

A. 要式合同 B. 实践合同 C. 单务合同

D. 有偿合同 E. 完成工作成果的合同

3. 下列劳动合同条款，属于必备条款的是(　　)。(2010 年真题)

A. 福利待遇 B. 试用期 C. 劳动条件 D. 补充保险

4. 建设工程施工合同应以(　　)为合同履行地。(2010 年真题)

A. 原告住所地 B. 合同签订地 C. 施工行为地 D. 被告住所地

5. 关于建设工程施工合同一般条款的说法，正确的有(　　)。(2010 年真题)

A. 建设单位的名称应以其营业执照上的名称为准

B. 履行地点为项目所在地

C. 合同标的是财产

D. 违约责任是当事人违反合同义务的责任

E. 有关施工组织设计的内容即为履行方式条款

6. 合同的内容一般包括以下哪些条款(　　)。

A. 价款或者赔偿 B. 违约责任

C. 标的、数量、质量 D. 当事人的名称或者姓名和住所

E. 履行期限、地点和方式

7. 《中华人民共和国合同法》规定，合同内容一般包括(　　)等条款。

A. 标的 B. 数量、质量 C. 价款或者报酬 D. 签订地点

E. 解决争议的方法

8. 动产质押合同出质人和质权人应当以(　　)订立动产质押合同。

A. 口头形式 B. 书面形式 C. 保证形式 D. 电话形式

9. 下列合同中，属于依法应当采用书面形式的有(　　)。(2010 年真题)

A. 货物运输合同 B. 银行贷款合同 C. 买卖合同 D. 租赁合同

E. 施工合同

考点 19　要约与承诺

一、要约邀请、要约、承诺

要约是希望和他人订立合同的意思表示；承诺是受要约人作出的同意要约的表示。提出要约的一方为要约人，接受要约的一方为受要约人。要约、承诺原理与实例示意图见图 5-1。

【例 3】①甲施工企业急需一批钢材，在其网站上发布订购广告。

②乙向甲施工企业表示自己有意向甲提供钢材。

③于是，甲先向乙发出合同草本。

④乙对其中的条款提出异议并回复给甲。

⑤甲作修改后将合同修改稿发给乙。

⑥乙回复甲表示同意甲作的修改稿。

问以上步骤中，哪些属于要约邀请，哪些属于要约，哪些属于承诺？

【解析】上述过程中，甲乙之间相互提出合同的意见都是要约，只有最后乙表示同意该合同才是承诺。

【答案】①属于要约邀请，②属于要约，③属于要约，④属于要约，⑤属于要约，⑥属于承诺。

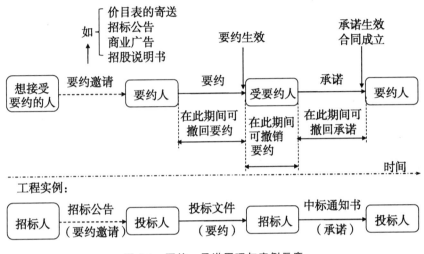

图 5-1　要约、承诺原理与实例示意

【注】

（1）"要约邀请"不是必需的，所以在图中用虚线表示；要约邀请的目的在于诱使他人向自己发出要约，要约邀请情况下，既不能因相对人的承诺而成立合同，也不能因自己作出了某种承诺而约束要约人。

（2）要约和承诺的生效均以到达时刻为生效时刻，其中承诺生效时合同成立。

（3）要约可能发生多次，直到对方同意，这种同意就是承诺，比如讨价还价的过程都是要约，只有当一方同意了对方所报条件，才为承诺。其中在多次要约中，如果发生了实质性变化，可视为新要约（如［例 4］所示）。（实质性变更包括合同标的、质量、数量、价款或酬金、履行期限、履行地点和方式、违约责任和争议解决办法等变更）

【例 4】施工单位向电梯生产公司订购两部 A 型电梯，并要求 5 日内交货。电梯生产公司回函表示如果延长 1 周可如约供货。根据《中华人民共和国合同法》，电梯生产公司的回函属于（　　）。（2010 年真题）

A. 要约邀请　　　B. 承诺　　　C. 部分承诺　　　D. 新要约

【答案】D

二、要约和承诺的撤回与撤销

（1）取消尚未生效的要约或承诺的行为称为撤回。

（2）取消已经生效的要约的行为称为撤销。承诺不能撤销，因为承诺一旦生效，合同就成立了。订立合同双方只能通过约定，协商一致才能解除合同（见表5-3）。

表 5-3 要约撤回、撤销与承诺撤回的区别

内容	要约的撤回	要约的撤销	承诺的撤回
发生的时间	要约生效之前	要约生效之后承诺发出之前	承诺生效之前
法律效力	使一个未发生法律效力的要约不发生法律效力	使一个已发生法律效力的要约失去法律效力	使一个未发生法律效力的承诺不发生法律效力
约束条件	要求在要约到达之前到达或与要约同时到达	要求在受要约人发出承诺通知之前到达受要约人	必须在承诺到达之前到达或与承诺同时到达，撤回才有效

撤销、撤回的时间关系可参见图5-1，其中要约不得撤销的情形有以下两条：

（1）要约人确定承诺期限或者以其他形式明示要约不可撤销的，如［例5］所示。

（2）受要约人有理由认为要约不可撤销，并已经为履行合同做了准备。

【例5】承包商为赶工期，向水泥厂紧急发函要求按市场价格订购200吨425硅酸盐水泥，并要求三日内运抵施工现场。则承包商的订购行为(　　)。

A. 属于要约邀请，随时可以撤销

B. 属于要约，在水泥运抵施工现场前可以撤回

C. 属于要约，在水泥运抵施工现场前可以撤销

D. 属于要约，而且不可撤销

【解析】本题中要约人确定了承诺期限3天，符合上述第（1）条的规定，因此，此要约不可撤销。

【答案】D

＊＊练习题＊＊

10. 水泥厂在承诺有效期内，对施工单位订购水泥的要约作出了完全同意的答复，则该水泥买卖合同成立的时间为(　　)。（2010年真题）

A. 水泥厂的答复文件到达施工单位时　　B. 施工单位发出订购水泥的要约时

C. 水泥厂发出答复文件时　　　　　　　D. 施工单位订购水泥的要约到达水泥厂时

11. 甲建筑公司收到了某水泥厂寄发的价目表但无其他内容。甲按标明价格提出订购1000吨某型号水泥，并附上主要合同条款，却被告知因原材料价格上涨故原来的价格不再适用，要采用提价后的新价格，则下列说法正确的是(　　)。

A. 水泥厂的价目表属于要约邀请　　　　B. 甲建筑公司的订购表示属于要约

C. 水泥厂的价目表属于要约　　　　　　D. 水泥厂新报价属于承诺

E. 水泥厂新报价属于新要约

12. 下列关于以招标投标方式订立施工合同的说法中，正确的是(　　)。

A. 提交投标文是承诺　　　　　　　　　B. 发放招标文件是要约

C. 签订书面合同是承诺　　　　　　　　D. 发放中标通知书是承诺

13. 某建设工程采用招标方式选择承包人，则关于该建设工程招标过程中的各种行为，下列说法中，正确的是(　　)。

A. 虽然投标邀请书的对象是明确的，但仍属要约邀请

B. 投标人购买招标文件，属要约行为

C. 投标人参加现场考察，属要约行为

D. 评标委员会推荐中标候选人，属承诺行为

14. 建设单位按照与施工单位订立的施工合同，负责电梯设备的采购。于是建设单位电梯生产厂家发函要求购买两部电梯。电梯厂回函表示"其中一部可以按要求期限交付，另一部则需延期十日方能交付"。电梯厂的回函属于(   )。

A. 要约邀请   B. 要约撤销   C. 承诺   D. 新要约

15. 下列市场行为中，不属于承诺的有(   )。

A. 发布招标公告   B. 发布拍卖公告   C. 发售招标文件   D. 发出中标通知书

E. 递交投标文件

16. 《中华人民共和国合同法》规定，要约邀请包括(   )等。

A. 拍卖公告   B. 招标公告   C. 递交投标文件   D. 招股说明书

E. 寄送价目表

17. 施工企业根据材料供应商寄送的价目表发出了一个建筑材料采购清单，后因故又发出加急通知取消了该采购清单。如果施工企业后发出的取消通知先于采购清单到达材料供应商处，则该取消通知从法律上称为(   )。(2011年真题)

A. 要约撤回   B. 要约撤销   C. 承诺撤回   D. 承诺撤销

18. 某施工单位向一建筑机械厂发出要约，欲购买一台挖掘机，则下列情形中，会导致要约失效的是(   )。

A. 建筑机械厂及时回函，对要约提出非实质性变更

B. 承诺期限届满，建筑机械厂未作出承诺

C. 建筑机械厂发出承诺后，收到撤销该要约的通知

D. 建筑机械厂发出承诺前，收到撤回该要约的通知

考点 20　无效合同、可撤销合同与效力待定合同

一、无效合同与效力待定合同、可变更可撤销合同的对比

效力待定、无效、可变更或可撤销合同的概念与辨别见表 5-4-1，其法律后果见表 5-4-2。

表 5-4-1　效力待定、无效、可变更或可撤销合同的概念与辨别

	特　征	主要情形（只需符合其中之一）
无效合同	归纳起来，无效合同的最主要特征是：可能涉及损害国家、社会或第三人利益	(1) 一方以欺诈、胁迫的手段订立合同，损害国家利益。 (2) 恶意串通，损害国家、集体或者第三人利益。 (3) 以合法形式掩盖非法目的（非法就意味着会损害他人利益）。 (4) 损害社会公共利益。 (5) 违反法律、行政法规的强制性规定①
可变更、可撤销合同	"可撤销"是因为意思表示有瑕疵，但只涉及双方当事人的利益	(1) 因重大误解订立的合同（必须是订立时的误解②）。 (2) 在订立合同时显失公平的合同（如高利贷）。 (3) 以欺诈、胁迫手段，或乘人之危而订立的合同

	特　征	主要情形（只需符合其中之一）
效力待定合同	当事人不完全具备订立此合同的权利或能力（合同已经成立，但需经有权人承认才生效）	(1) 限制民事行为能力人订立的合同（经追认则有效）。 (2) 无代理权人订立的合同。 (3) 法定代表人、负责人越权订立的合同（除相对人知道或应当知道其超越权限以外，该代表行为有效）。 (4) 无处分权人处分他人财产订立的合同

① 法律是指全国人大及其常委会颁布的法律，行政法规是指由国务院颁布的法规。在实践中，有的将仅违反地方规定的合同认定为无效是违法的。

② 这里的重大误解必须是当事人在订立合同时已经发生的误解，如果是合同订立后发生的事实，且一方当事人订立时由于自己的原因而没有预见到，则不属于重大误解。

表 5-4-2　效力待定、无效、可变更或可撤销合同的法律后果

	合同有效性	法律后果
无效合同	自始就为无效合同	(1) 合同部分无效的，无效部分不影响其他部分的有效性。 (2) 合同无效、被撤销或被终止的，**不影响合同中独立存在的有关解决争议方法的条款的效力**。 (3) 合同无效或者被撤销后，因该合同取得的财产，应当予以返还；不能返还或没有必要返还的，应当折价补偿。有过错的一方应当赔偿对方因此所受到的损失，双方都有过错的，应当各自承担相应的责任
可变更、可撤销合同	被撤销的合同自订立开始就无法律约束力（如练习题 29）	由于当事人在订立合同时欠缺生效条件，一方当事人可以依照自己的意思，请求人民法院或者仲裁机构作出裁判，从而使合同内容变更或者合同效力无效，无效后的处理同上一栏（有关撤销权的行使主体等内容详见表 5-5）
	未被撤销的合同则是有效合同	
效力待定合同	尚未发生效力的合同	效力待定的合同是已经成立，但在没有被权利人确认之前不具有履行的效力。在被权利人确认后则是有效合同，具有履行效力

【例 6】下列选项中，属于无效合同的有(　　)。

A. 供应商欺诈施工单位签订的采购合同

B. 村委会负责人为获得回扣与施工单位高价签订的村内道路施工合同

C. 施工单位将工程转包给他人签订的转包合同

D. 分包商擅自将发包人供应的钢筋变卖签订的买卖合同

E. 施工单位与房地产开发商签订的垫资施工合同

【解析】选项 A 的情况只涉及订立合同当事人双方的利益，不涉及危害国家、集体或第三人利益，故不属无效合同；选项 B 以合法形式掩盖非法目的（非法目的就会涉及危害社会或他人利益），是无效合同；选项 C 是建筑法明令禁止的，违反法律法规的强制性规定的合同是无效合同；选项 D 是效力待定合同，发包人甚至还可以追认该合同有效；选项 E 应属有效合同，法律法规并没有强制性禁止垫资。

【答案】BC

【例 7】甲患重病住院急需用钱又借贷无门，乙表示愿意借给甲 2000 元，但半年后须加倍偿还，否则以甲的房子代偿，甲表示同意。根据《中华人民共和国合同法》规定，甲、乙之间的借款合同因(　　)。

　　A. 显失公平而无效　　　　　　　　B. 欺诈而可撤销

C. 乘人之危而无效　　　　　　　　D. 乘人之危而可撤销

【解析】本题中提到的"重病""急需用钱""借贷无门"等词语都体现甲处于危急状况，因此乙要求其签订显失公平的合同属乘人之危，故应属可撤销合同。

【答案】D

【例8】甲乙两公司为减少应纳税款，以低于实际成交的价格签订合同。根据《中华人民共和国合同法》，该合同为(　　)合同。(2010年真题)

A. 有效　　　　　　B. 无效　　　　　　C. 效力待定　　　　　　D. 可变更、可撤销

【解析】违反了税法的有关规定，属以合法的形式掩盖其非法目的，故属于无效合同。

【答案】B

二、撤销权

撤销权的行使见表5-5。

表5-5　撤销权的行使

项　　目	内容要点
行使主体	撤销权由重大误解人、显失公平的受害人、被欺诈方、被胁迫方、乘人之危的受害方行使。对方当事人不享有撤销权（法律公平性的体现）
撤销权消灭的两种情形	(1) 具有撤销权的当事人自知道或者应当知道撤销事由之日起一年内没有行使撤销权。 (2) 具有撤销权的当事人知道撤销事由后明确表示或者以自己的行为放弃撤销权

【例9】2008年4月1日，甲公司将其厂房无偿转让给乙公司，导致甲公司的债权人丙公司无法实现债权，丙公司于2009年1月1日才得知该情况，则丙公司撤销权的截止日期为(　　)。(2010年真题)

A. 2011年1月1日　　　　　　　　B. 2010年1月1日

C. 2010年4月1日　　　　　　　　D. 2009年4月1日

【解析】丙公司2009年1月1日才知道，故撤销权的截止日期应在此日期的1年以后，即2010年1月1日。

【答案】B

三、无效的免责条款

合同中的下列免责条款无效：

(1) 造成对方人身伤害的；

(2) 因故意或者重大过失造成对方财产损失的。

四、建设工程无效施工合同的主要情形

建设工程无效施工合同的主要情形见表5-6。

表5-6　建设工程无效施工合同的主要情形

序号	关键词	内容要点
1	资质等级不符	承包人未取得建筑施工企业资质或者超越资质等级的
2	企业名义不符	没有资质的实际施工人借用有资质的建筑施工企业名义的
3	中标结果无效	建设工程必须招标而未招标或者中标无效的
4	行为无效	承包人非法转包、违法分包建设工程或者没有资质的实际施工人借用有资质的建筑施工企业名义与他人签订建设工程施工合同的行为无效

五、司法解释中两种对合同无效请求不予支持的情况

（1）有关司法解释规定承包人超越资质等级许可的业务范围签订建设工程施工合同，在建设工程竣工前取得相应资质等级，当事人请求按照无效合同处理的，不予支持。

（2）具有劳务作业法定资质的承包人与总承包人、分包人签订的劳务分包合同，当事人以转包建设工程违反法律规定为由请求确认无效的，不予支持。

六、施工合同无效情况下的工程款结算

无效施工合同的工程款结算见表 5-7。

表 5-7　无效施工合同的工程款结算

事　　由	工程验收	修复后再验收	承包人关于工程款的请求
合同无效，但施工完成已既成事实	合格	—	应予支持
	不合格	合格	应予支持
	不合格	不合格	不予支持

注：施工合同有效，施工合同解除后的承包人工程款请求也与此表相同。

【例题练习1】可撤销的建设工程施工合同，有权撤销的机构是（　　）。（2014 年真题）

A. 人民法院　　　　　　　　　　B. 建设行政主管部门

C. 工商行政主管部门　　　　　　D. 监理单位

【解析】本题考查的是可撤销合同。

【答案】A

＊＊练习题＊＊

19. 某施工单位从租赁公司租赁了一批工程模板。施工完毕，施工单位以自己的名义将该批模板卖给其他公司。后租赁公司同意将该批模板卖给施工单位。此时施工单位出卖模板的合同为（　　）合同。（2010 年真题）

A. 可变更、可撤销　　　B. 有效　　　C. 无效　　　D. 效力待定

20. 甲水泥厂因无力支付建厂赊购钢材的货款，遂向乙钢材厂提供一批水泥用来抵账。后乙将该批水泥出售给丙施工单位，则关于该水泥买卖合同的效力，下列说法正确的是（　　）。

A. 有效　　　　　　　　　　　　　B. 因乙超越经营范围而无效

C. 因乙超越经营范围而效力待定　　D. 因乙超越经营范围而可撤销

21. 施工单位由于重大误解，在订立买卖合同时将想购买的 A 型钢材误写为买 B 型钢材，则施工单位（　　）。

A. 只能按购买 A 型钢材履行合同

B. 应按效力待定处理该合同

C. 可以要求变更为按购买 A 型钢材履行合同

D. 可以要求撤销该合同

E. 可以要求确认该合同无效

22. 因欺诈、胁迫而订立的施工合同可能是无效合同，也可能是可撤销合同。认定其

为无效合同的必要条件是（   ）。

    A. 违背当事人的意志　　　　B. 乘人之危　　　C. 显失公平　　　D. 损害国家利益

23. 施工合同可撤销的情形有（   ）。

    A. 在订立施工合同时显失公平

    B. 施工单位以欺诈手段订立，且损害了国家利益

    C. 违反了《中华人民共和国建筑法》的强制性规定

    D. 订立合同时，建设单位存在重大误解

    E. 损害社会公共利益

24. 重大误解，是指当事人一方因（   ）导致对合同的内容等发生重大误解而订立的合同的行为。

    A. 一方以欺诈、胁迫的手段　　　　　　　B. 自己的过失

    C. 处于紧张精神状态　　　　　　　　　　D. 缺乏经验的情况下

25. 限制民事行为能力人订立的合同在以下（   ）种情况下是无效的。

    A. 可以不经过法定代理人追认

    B. 纯获利益的合同，如赠与合同

    C. 与其年龄、智力、精神健康状况相适应而订立的合同

    D. 经法定代理人追认

26. 法律规定当事人因（   ）而订立的合同，受损害一方有权请求人民法院或者仲裁机构变更或撤销。

    A. 重大误解　　　　B. 显失公平　　　　C. 欺诈、胁迫　　　　D. 变更、修正

    E. 乘人之危

27. 《中华人民共和国合同法》规定，有（   ）情形的，合同无效。

    A. 乘人之危，使对方在违背真实意思情况下订立的合同

    B. 恶意串通，损害国家、集体或者第三人利益

    C. 以合法形式掩盖非法目的

    D. 损害社会公共利益

    E. 违反法律、行政法规的强制性规定

28. 合同中的下列免责条款有效的是（   ）。

    A. 受法律约束力的条款

    B. 造成对方人身伤害的

    C. 因故意行为造成对方财产损失的

    D. 因重大过失造成对方财产损失的

29. 甲在受到欺诈的情况下与乙订立了合同，后经甲向人民法院申请，撤销了该合同，则该合同自（   ）起不发生法律效力。

    A. 人民法院决策撤销之日　　　　　　　　B. 合同订立时

    C. 人民法院受理请求之日　　　　　　　　D. 权利人知道可撤销事由之日

30. 某施工合同因承包人重大误解而属于可撤销合同时，则下列表述错误的是（   ）。

    A. 承包人可申请法院撤销合同

B. 承包人可放弃撤销权继续认可该合同

C. 承包人放弃撤销权后发包人享有该权利

D. 承包人享有撤销权而发包人不享有该权利

31. 在可撤销合同中，当事人享有的撤销权在下列（　　）情况出现时，撤销权消灭。

A. 当事人有争议的

B. 合同已经履行完毕的

C. 经法院确认没有撤销权的

D. 具有撤销权的当事人明确表示或者以自己的行为放弃撤销权

E. 具有撤销权的当事人自知道或者应当知道撤销事由之日起一年内没有行使撤销权

32. 根据招标投标相关法律和司法解释，下列施工合同中属于无效合同的是（　　）。（2010年真题）

A. 建设单位直接与专业施工单位签订的合同

B. 未经发包人同意，承包人将部分非主体工程分包给具有相应资质的施工单位的合同

C. 承包人将其承包的工程全部分包给其他有资质的承包人的合同

D. 投标人串通投标中标后与招标人签订的合同

E. 招标文件中明确要求投标人垫资并据此与中标人签订的合同

考点 21　合同的履行、变更、转让

一、合同的履行

合同的履行是指合同当事人双方依据合同条款的规定，实现各自享有的权利，并承担各自负有的义务。

二、合同的变更与转让

合同的变更须经当事人双方协商一致，对合同变更内容约定不明确的推定为未变更。任何一方不得要求对方履行约定不明确的变更内容。合同的变更与转让的实质及分类见表5-8，合同权利和义务转让的概念，效力与结果见表5-9，权利转让、义务转让以及一并转让的对比见表5-10。

【例10】某施工合同约定质量标准为合格，监理工程师在巡视时要求承包人"把活儿做得更细些，到时不会少了你们的"。于是项目经理在施工中提高了质量标准，因此增加了费用，则该笔费用应由（　　）承担。

A. 发包人　　　B. 承包人　　　C. 监理工程师　　　D. 承包人与发包人共同

【解析】①施工变更价款应由发包方与承包方协商而定。

②本题中"把活儿做得更细些，到时不会少了你们的"这种口头承诺属于典型的变更内容不明确。根据合同法，对合同变更不明确的推定为未变更，故工程款不应变化。

【答案】B

表 5-8　合同的变更与转让

变更与转让	实　质	分　类
变更	合同内容的变更	1. 约定变更（双方协商一致） 2. 法定变更
转让	合同主体的变更	1. 合同权利转让 2. 合同义务转移 3. 合同权利义务概括转让（也称概括转移）

表 5-9　合同权利和义务转让——概念、效力与结果

项目	权利转让	义务转移	权利和义务一并转让①
概念	在不改变合同权利义务内容基础上，享有合同权利的当事人将其权利全部或部分转让给第三人	在不改变合同权利义务内容基础上，承担合同义务的当事人将义务全部或部分转移给第三人承担	合同当事人一方将其合同权利和义务一并转让给第三方，由第三方接受这些权利义务
效力	1. 受让人成为合同新债权人 2. 其他权利随之转移 （1）从权利随之转移 （2）抗辩权随之转移 （3）抵销权的转移	1. 承担人成为合同新债务人 2. 抗辩权随之转移 3. 从债务随之转移	全部转移——新债务人完全取代旧的债务人，负有全面履行合同义务。 部分转移——新的债务人与原债务人一起向债权人履行义务
结果	全部转让——原债权人被新的债权人替代。 部分转让——新债权人的加入使原债权人不再完全享有原债权	全部转让——原债务人被新的债务人替代。 部分转让——新债务人的加入使原债务人不再完全履行原债务	权利义务一并转让的后果，导致原合同关系的消灭，第三人取代了转让方的地位，产生出一种新的合同关系

① 权利和义务一并转让又称为概括转让。

表 5-10　权利转让、义务转让以及一并转让的对比

项目	权利的转让	义务的转让（转移）	权利和义务一并转让
转让生效的条件	债权人转让权利应当通知债务人，未经通知的不发生效力。但无须得到债务人的同意（接到通知，转让生效）；债权人转让权利的通知不得撤销，但经受让人同意的除外	无论是全部还是部分转移，都须征得债权人同意，否则不发生效力	必须经**对方当事人**同意，才能将合同的权利和义务一并转让，否则不发生效力
其他应注意的要点	从权利随同主权利转让；债权人转让权利的，受让人取得与债权有关的从权利，但该从权利专属于债权人自身的除外	接到债权转让通知后，债务人对让与人的抗辩①，可以向受让人主张	原合同关系消灭，产生新的合同关系

① 抗辩权是指债权人行使债权时，债务人根据法定事由对抗债权人行使请求权的权利。债务人的抗辩权是其固有的一项权利，并不随权利的转让而消灭。所以，在权利转让的情况下，债务人可以向新债权人行使该权利。受让人不得以任何理由拒绝债务人权利的行使。

【总结】债务转让需"同意"，而债权转让只需"通知"即可。

三、不得转让权利的合同

详见第十章表 10-3。

四、企业的合并与分立涉及权利义务概括转移

当事人订立合同后合并的，由合并后的法人或者其他组织行使合同权利，履行合同义务。当事人订立合同后分立的，除债权人和债务人另有约定的以外，由分立的法人或组织对合同的权利和义务享有连带债权，承担连带债务。（具体实例见第一章［例 7］）。

33.（　　）是指合同当事人双方依据合同条款的规定，实现各自享有的权利，并承担各自负有的义务。

A. 合同履行　　　B. 合同清偿　　　C. 债务履行　　　D. 合同终止

34. 依据《中华人民共和国合同法》对合同变更的规定，以下表述中正确的是（　　）。

A. 不论采用何种形式订立的合同，履行期间当事人通过协商均可变更合同约定的内容

B. 采用范本订立的合同，履行期间不允许变更合同约定的内容

C. 采用格式合同的，履行期间不允许变更合同约定的内容

D. 采用竞争性超标方式订立的合同，履行期间不允许变更合同约定的内容

35. 债权人转让权利的，应当通知（　　）。

A. 债务人　　　B. 债权人　　　C. 第三人　　　D. 债权人和债务人

36. 下列由第三人向债权人履行债务的说法，错误的是（　　）。

A. 必须征得债权人同意　　　　　B. 第三人并不因此成为合同当事人

C. 不得损害债权人的利益　　　　D. 第三人应向债权人承担违约责任

37. 某施工单位与丙企业订立合同后，分立为甲、乙两个施工单位，但未把此情况告知丙，则丙有权要求（　　）。

A. 甲、乙对合同承担连带责任　　　B. 解除合同

C. 撤销合同　　　　　　　　　　　D. 原施工单位上级主管部门承担责任

38. 某借款合同债权人将合同权利转让给第三人。在合同没有特别约定的情况下，随之转移的其他权利有（　　）。（2010年真题）

A. 人身损害赔偿请求权　B. 任意撤销权　C. 担保权　D. 抗辩权　E. 抵销权

考点 22　合同的终止

合同的终止与解除见表5-11。

表 5-11　合同的终止与解除

项　目	内容要点
合同的终止	根据合同法，有下列情形之一的，合同权利义务终止： (1) 债务已经按照约定履行。 (2) 合同解除。 (3) 债务相互抵销（债务的种类、品质相同）。 (4) 债务人依法将标的物提存。 (5) 债权人免除债务。 (6) 债权债务同归于一人（合同因混同而终止）（如［例11］）。 (7) 法律规定或者当事人约定的其他情形

项目			内容要点
合同的解除	分类	合同解除 约定解除	(1) 协商解除（当事人协商达成一致意见后解除合同）。 (2) 行使约定解除权解除（达成了合同中所签订的解除条件）。
		合同解除 法定解除	(1) 因不可抗力致使不能实现合同目的。 (2) 履行期届满前，当事人一方明确表示或以自己行为表明不履行主要债务。 (3) 当事人一方迟延履行主要债务，经催告后在合理期限内仍未履行。 (4) 当事人一方迟延履行债务或者有其他违约行为致使不能实现合同目的。 (5) 法律规定的其他情形
	程序		一方当事人按以上法定或约定解除的情况解除合同的，应当通知对方。自通知达到对方时合同解除。对方有异议的，可以请求人民法院或者仲裁机构确认解除合同的效力
	期限		当事人对异议期限有约定的依照约定，没有约定的，最长期3个月
工程合同中可解除的情况	发包人可解除		承包人具有下列情形之一，发包人请求解除合同应予支持： (1) 明确表示或者以行为表示不履行合同主要义务的。 (2) 约定期限未完工，且在发包人催告的合理期限内仍未完工。 (3) 已完工程质量不合格，并拒绝修复。 (4) 承包的建设工程非法转包、违法分包
	承包人可解除		发包人具有下列情形之一，致使承包人无法施工，且在催告的合理期限内仍未履行相应义务，承包人请求解除合同的，应予支持： (1) 发包人未按约定支付工程价款。 (2) 提供的主要建筑材料、建筑构配件和设备不符合强制性标准。 (3) 不履行合同约定的协助义务
其他要点归纳			(1) 劳动合同的解除有一定条件，有时不得解除，如表5-25。 (2) 承揽合同中的定做人，运输合同中的托运人享有任意变更解除权。 (3) 工程上，发包方有任意变更权，却没有任意解除权，当然不是绝对的不可解除，是解除的成本相当高

【例11】甲、乙两公司签订一份建筑材料采购合同，合同履行期间因两公司合并致使该合同终止。该合同终止的方式是（ ）。

A. 免除　　　　　B. 抵销　　　　　C. 混同　　　　　D. 提存

【解析】在采购合同中，甲乙双方必定一方是债务人，另一方是债权人。两公司合并后，采购合同中的债务人和债权人归为同一法人，因此合同终止的方式是混同。

【答案】C

【例12】根据《中华人民共和国合同法》的规定，下列情形中，权利人不享有法定解除权的是（ ）。

A. 运输建材的货车途中遭遇洪水，货物全部变质

B. 施工过程中，承包人不满工程师的指令，将全部工人和施工机械撤离现场

C. 发包人拒不支付工程款，双方又不能达成延期付款协议

D. 施工单位夜间施工扰民，被行政主管部门责令停工，致使工期延误

【解析】选项A属不可抗力导致合同目的不能实现；选项B、C均属于当事人一方以自己的行为表示不履行主要义务（即预期违约）；根据表5-11，ABC项均不符题意。

【答案】D

＊＊练习题＊＊

39. 甲单位负有向乙单位支付50万元工程款的义务，乙单位负有向甲单位交付50万元建材的义务，则下列关于双方债务抵销的说法，正确的是（ ）。

A. 双方的债务法定抵销　　　　B. 双方债务基于一方主张而抵销

C. 双方债务性质不同不得抵销　　D. 双方债务只有约定方可抵销

40. 根据《中华人民共和国合同法》，当事人一方可以解除合同的情形有（　　　）。
(2010年真题)

A. 当事人一方发生合并、分立　　B. 作为当事人一方的公民死亡

C. 由于不可抗力致使合同不能履行　　D. 法定代表人变更

E. 当事人一方延迟履行主要债务，经催告后在合理期限内仍未履行

41. 根据《中华人民共和国合同法》的相关规定，下列施工合同履行过程中发生的情形，当事人可以解除合同的有（　　　）。

A. 发生泥石流将拟建工厂选址覆盖

B. 由于报价失误，施工单位在订立合同后表示无力履行

C. 建设单位延期支付工程款，经催告后同意提供担保

D. 施工单位施工组织不力，导致工程工期延误，使该项目已无投产价值

E. 施工单位未经建设单位同意，擅自更换了现场技术人员

42.《中华人民共和国合同法》规定，解除合同表述正确的有（　　　）。

A. 当事人必须全部履行各自义务后才能解除合同

B. 当事人协商一致可以解除合同

C. 因不可抗力致使不能实现合同目的

D. 一方当事人对解除合同有异议，可以按约定的解决争议的方式处理

E. 合同解除后，当事人均不再要求对方承担任何责任

考点 23　违约责任及有关免责的规定

一、违约责任的定义及承担方式

违约责任的定义及承担方式见表 5-12。

表 5-12　违约责任的定义及承担方式

项目	内容要点
定义	违约责任是指合同当事人不履行合同或者履行合同不符合约定而应承担的民事责任。违约责任源于违约行为
违约责任一般承担方式	(1) 法定违约责任：继续履行、采取补救措施、赔偿损失。 (2) 约定违约责任：支付违约金、定金（不能同时适用）。 继续履行可以与违约金、定金，赔偿损失并用，但不能与解除合同的方式并用。 【案例】甲乙签订合同，之后甲不履行合同约定，但决定给乙赔偿，甚至是双倍赔偿，但乙仍想继续履行合同。此时乙有权要求甲继续履行义务，并赔偿已发生的损失

项目	内容要点
赔偿损失	根据《合同法》，当事人一方不履行合同义务或者履行合同义务不符合约定的，在履行义务或者采取补救措施后，对方还有其他损失的，应当赔偿损失。承担赔偿损失责任的构成要件是： （1）具有违约行为。 （2）造成损失后果。 （3）违约行为与财产等损失之间有因果关系。 （4）违约人有过错，或者虽无过错，但法律规定应当赔偿。 当事人一方不履行合同义务或者履行合同义务不符合约定，给对方造成损失的，损失赔偿额应当相当于因违约所造成的损失，包括合同履行后可以获得的利益，但<u>不得超过违反合同一方订立合同时预见到或者应当预见到的因违反合同可能造成的损失</u>。 当事人一方违约后，对方应当采取适当措施防止损失的扩大；没有采取适当措施致使损失扩大的，不得就扩大的损失要求赔偿。 当事人因防止损失扩大而支出的合理费用，由违约方承担
关于免责	（1）约定的免责——合同的免责条款。 （2）法定的免责——因不可抗力的原因。 注：不可抗力指<u>不能预见、不能避免并不能克服</u>的客观情况（**"三不"一客观**）

【例13】水泥厂为承包商供应水泥，承包商已经支付了全部货款。交货时承包商因水泥厂交货时间较合同约定晚了两天而要求支付违约金，水泥厂表示拒绝并把水泥卸放在合同约定的地点。第二天上午乌云密布，下午降暴雨把部分水泥淋湿硬化。则该部分损失（　　）。

A. 由水泥厂承担

B. 由承包商承担

C. 由水泥厂和承包商共同承担

D. 由承包商向水泥厂索赔

【解析】本题中水泥厂虽然未按约定时间履行合同债务，但承包商并不能因此而解除合同，只能要求对方支付延迟履行的违约金。然而，水泥淋湿的损失是由于承包商没有履行收货义务而产生的损失，此部分损失应由承包商承担，《中华人民共和国合同法》还有规定："一方违约后，另一方应采取适当措施防止损失扩大；没有采取措施防止损失扩大的，不得就该扩大的损失要求赔偿。"

【答案】B

二、违约金与定金

违约金与定金的区别见表5-13。

表5-13　违约金与定金的区别

项目	违约金	定金（≤合同标的的20%）
时间	发生违约时才支付	订立合同时支付
性质	违约时作为对受损失方的补偿	作为对自身履行合同的担保
支付标准	无违约时不发生； 发生违约才支付	无违约，定金可以抵作价款； 支付定金方违约，不得收回定金； 接受定金方违约，双倍返还定金

（1）定金和违约金不是合同中必须要有的。

（2）定金合同从实际交付定金之日起生效。

（3）定金最多不得超过主合同标的的20%。

（4）约定违约金低于实际损失，可以要求法院或仲裁机构予以增加。

（5）约定违约金过分高于实际损失，可以要求法院或仲裁机构予以适当减少。

（6）支付约定违约金、赔偿实际损失、按定金赔偿这三种方式只能采用其中一种。

（7）当事人既约定违约金，又约定定金的，一方违约时，对方可以在两种赔偿方式中选择其一（即违约金与定金两种方式相比，高者优先）。

【例14】某设计合同价款为100万元，按设计单位要求，发包人先交付定金40万元。后因设计单位原因导致合同不能履行。则发包人可以要求返还（　　）万元。

A. 40 　　　　　　B. 60 　　　　　　C. 80 　　　　　　D. 100

【解析】约定的定金不得超过主合同标的的20%，本题的定金不应高于100×20%＝20（万元），本题超过20万元的部分不能得到法律支持（即不能双倍返还）。因此发包人可以要求返还的钱为20×2（双倍返还的）＋20（退还的）＝60（万元）。

【答案】B

【例15】某施工单位与某材料供货单位签订一新型材料采购合同，并约定了违约金为50万元。合同履行过程中因供货方的原因导致不能交货，造成施工单位窝工损失45万元，且因此次工期拖延，直接导致施工单位的工期奖励10万元丧失。则施工单位可请求法院支持的赔偿额为（　　）。

A. 50万元 　　　　B. 45万元 　　　　C. 55万元 　　　　D. 60万元

【解析】违约金方式：50万元；赔偿损失方式：赔偿损失＝费用损失＋利益损失＝55（万元）。

【答案】C

＊＊练习题＊＊

43. 工程施工合同履行过程中，建设单位迟延支付工程款，则施工单位要求建设单位承担违约责任的方式有（　　）。（2010年真题）

A. 继续履行合同 　　　　B. 降低工程质量标准

C. 提高合同价款 　　　　D. 提前支付所有工程款 　　　E. 支付逾期利息

44. 一方当事人的违约行为导致工程受到5万元的损失时，对方及时地采取了减损措施，支出的费用为1万元，但仍未能终止损害，工程实际损害费用为7万元。依据《中华人民共和国合同法》的违约责任规定，违约方应承担的赔偿额为（　　）万元。

A. 5 　　　　　　B. 6 　　　　　　C. 7 　　　　　　D. 8

45. 当事人一方不履行合同义务或者履行合同义务不符合约定，给对方造成损失的，损失赔偿额应当相当于因违约所造成的损失，包括合同履行后可以获得的利益，但不得超过（　　）。

A. 直接损失

B. 实际损失

C. 全部损失

D. 违反合同一方订立合同时预见到或者应当预见到的因违反合同可能造成的损失

46. 在施工合同履行过程中，当事人一方可以免除违约责任的情形是（　　）。

A. 因为建设单位拖延提供图纸，导致建设公司未能按合同约定时间开工

B. 因为建筑公司自有设备损坏，导致工期拖延

C. 因发生洪灾，建筑公司无法在合同约定的工期内竣工

D. 因为"三通一平"工期拖延，建设单位不能在合同约定的时间内提供施工现场

47. 依据《中华人民共和国合同法》的违约责任承担原则，发包人可以不赔偿承包人损失的情况是(　　)。

A. 建设资金未能按计划到位的施工暂停

B. 发包人改变项目建设方案的工程停建

C. 传染病流行导致施工暂停

D. 征地拆迁工作不顺利导致施工现场移交延误

48. 甲乙双方签订总价为 100 万元的合同，并设定定金条款，则定金的最高限额应为(　　)万元。(2011 年真题)

A. 10　　　　　　　B. 30　　　　　　　C. 50　　　　　　　D. 20

49. 某施工项目材料采购合同中，双方约定的违约金为 4 万元。定金为 6 万元。采购方依约支付了 6 万元定金，供货方违约后，采购方有权主张的最高给付金额为(　　)万元。(2010 年真题)

A. 16　　　　　　　B. 10　　　　　　　C. 12　　　　　　　D. 4

50. 关于违约金条款的适用，下列说法正确的有(　　)。

A. 约定的违约金低于造成的损失的，当事人可以请求人民法院或者仲裁机构予以增加

B. 违约方支付迟延履行违约金后，另一方仍有权要求其继续履行

C. 当事人既约定违约金，又约定定金的，一方违约时，对方可以选择适用违约金条款或定金条款

D. 当事人既约定违约金，又约定定金的，一方违约时，对方可以同时适用违约金条款及定金条款

E. 约定的违约金高于造成的损失的，当事人可以请求人民法院或者仲裁机构按实际损失金额调减

51. 某施工单位与采石场签订了石料供应合同，在合同中约定了违约责任。为确保合同履行，施工单位交付了 3 万元定金。由于采石场未能按时交货，根据合同约定应支付违约金 4 万元。则本案中采石场最多应支付给施工单位(　　)。

A. 10 万元　　　　　B. 7 万元　　　　　C. 6 万元　　　　　D. 4 万元

52. 甲与乙订立了一份水泥购销合同，约定甲向乙交付 200 吨水泥，货款 6 万元，乙向甲支付定金 1 万元；如任何一方不履行合同应支付违约金 1.5 万元。甲因将水泥卖给丙而无法向乙交付，给乙造成损失 2 万元。乙提出的如下诉讼请求中，不能获得法院支持的是(　　)。

A. 要求甲双倍返还定金 2 万元

B. 要求甲双倍返还定金 2 万元，同时支付违约金 1.5 万元

C. 要求甲支付违约金 2 万元

D. 要求甲支付违约金 1.5 万元

53. 甲建设单位与乙设计院签订设计合同，设计费用为 300 万元，双方在协商定金数额

时发生意见分歧。根据《中华人民共和国担保法》的规定，该定金数额最多为（ ）万元。

A. 30　　　　　　　　B. 45　　　　　　　　C. 60　　　　　　　　D. 90

54. 施工企业与材料供应商订立的合同中约定"任何一方不能履行合同须承担违约金3万元，发生争端由某仲裁机构解决"。现供应商延期交货给施工企业造成的损失4.5万元，则施工企业为最大限度维护自身利益，应（ ）。

A. 向某仲裁机构请求供应商支付4.5万元　　B. 向某仲裁机构请求供应商支付3万元

C. 直接要求供应商支付7.5万元　　　　　　D. 直接要求供应商支付3万元

55. 当事人双方既约定违约金，又约定定金的合同，一方当事人违约时，对违约行为的赔偿处理原则是（ ）。

A. 只能采用违约金　　　　　　　　　　　B. 由违约一方选择采用违约金或定金

C. 由非违约方选择采用违约金或定金　　　D. 同时采用违约金和定金

考点 24　建设工程合同

一、建设工程合同的法定形式和内容

当事人订立合同，有书面形式、口头形式和其他形式。法律、行政法规规定采用书面形式的，应当采用书面形式。当事人约定采用书面形式的，应当采用书面形式。

合同法明确规定，建设工程合同采用书面形式。发承包双方的主要义务见表5-14。

表 5-14　建设工程施工合同发承包双方的主要义务

序号	发包人的义务	承包人的义务
1	不得违法发包	不得转包和违法分包
2	提供必要的施工条件	自行完成建设工程主体施工
3	及时检查隐蔽工程	接受发包人有关检查
4	及时验收工程	交付竣工验收合格的建设工程
5	支付工程价款	承包人原因致质量不符合约定时，应无偿修理

二、《建设工程施工合同（示范文本）》的组成与法律地位

《建设工程施工合同（示范文本）》的组成与法律地位见表5-15。

表 5-15　《建设工程施工合同（示范文本）》的组成与法律地位

	内容要点
组成	由协议书、通用条款、专用条款三部分组成
法律地位	合同示范文本具有引导性、参考性，并无法律强制性（不要求必须采用）

三、建设工程合同中工期的有关规定

1. 开工及开工日期

开工日期指发包人与承包人在协议书中约定，承包人开始施工的绝对或相对的日期。延期开工的情况见表5-16。

表 5-16　延期开工的情况

	发包人原因	承包人原因
相关时间及形式	发包人应以书面形式通知承包人推迟开工日期	(1) 承包人应于协议书约定的开工日期前 7 天, 以书面形式向工程师提出延期开工的理由和要求。 (2) 工程师在接到延期开工申请后的 48 小时内未予答复, 视为同意承包人的要求
责任承担	发包人应当赔偿承包人因此造成的损失	承包人自行承担责任
结果	相应顺延工期	工程师同意: 工期相应顺延。 工程师不同意: 工期不予顺延

2. 暂停施工

工程师认为有必要暂停施工的, 应当以书面形式要求承包人暂停施工, 并在提出要求后 48 小时内提出书面处理意见。

承包人按照工程师作出处理意见后, 可以书面形式提出复工要求, 工程师应当在 48 小时内给予答复。工程师未能在规定时间内提出处理意见, 或收到承包人复工要求后 48 小时内未予答复, 承包人可自行复工。暂停施工的责任承担见表 5-17。

表 5-17　暂停施工的责任承担

原因归属	发包人原因 (含工程师失职)	承包人原因
责任承担及处理结果	发包人应追加合同价款 并顺延工期	承包人承担费用 工期不予顺延

3. 工期顺延

按照施工合同范本通用条件的规定, 以下原因造成的工期延误, 经工程师确认后工期相应顺延 (见图 5-2)。

发包人违约
{ (1) 发包人不能按专用条款的约定提供开工条件 (具体见发包人应完成的工作)。
  (2) 发包人不能按约定日期支付工程预付款、进度款, 致使工程不能正常进行。

工程师违约 —— (3) 工程师未按合同约定提供所需指令、批准等, 致使施工不能正常进行。

发包人要求 工程师同意 ＞ (4) 设计变更和工程量增加。

发包人风险 ——(5) 一周内非承包人原因停水、停电、停气造成停工累计超过 8 小时。

(6) 不可抗力。

(7) 专用条款中约定或工程师同意工期顺延的其他情况。

图 5-2　可以顺延工期的情况一览

【总结】图 5-2 进一步将工期顺延的情况归纳为三类: ①发包人违约; ②发包人应承担的风险; ③发包人的额外要求。

承包人在工期可以顺延的情况发生后 14 天内, 就延误的工期以书面形式向工程师提出报告。工程师在收到报告 14 天内予以确认, 逾期不予确认也不提出修改意见, 视为同意顺延工期。

【总结】

（1）两个 14 天：14 天内申请，14 天内答复。

（2）逾期不予答复，视为报告要求已经被确认。（过期默认原则）

4. 竣工日期

争议情况下竣工日期的确定见图 5-3。

争议情况下竣工日期的确定

- 1. 经竣工验收合格的——以竣工验收合格之日为竣工日期
- 2. 发包人拖延验收的——以承包人提交验收报告之日为竣工日期
- 3. 未经竣工验收，发包人擅自使用的——以转移占有建设工程之日为竣工日期

图 5-3　争议情况下竣工日期的确定

如果出现多个合理的竣工日期，则以第一个日期为竣工日期，详见第十章“计时一般应‘赶早不赶晚’”的归纳。

【例 16】下列选项中，有关工程竣工日期的错误表述是（　　）。

A. 建设工程竣工前，当事人对工程质量发生争议，工程质量鉴定合格的，鉴定日期为竣工日期

B. 承包人已经提交竣工验收报告，发包人拖延验收的，以承包人提交验收报告之日为竣工日期

C. 建设工程经竣工验收合格的，以竣工验收合格之日为竣工日期

D. 建设工程未经竣工验收，发包人擅自使用的，以转移占有建设工程之日为竣工日期

【解析】选项 BCD 的说法显然是正确的（见图 5-3）。根据司法解释“建设工程竣工前，当事人对工程质量发生争议，工程质量经鉴定合格的，鉴定期间为顺延工期期间”，因此 A 项说法不妥。

【答案】A

四、建设工程合同中价款有关规定

1. 价款、期限、方式不明的处理

合同约定不明确的解决办法是按优先顺序排列：

①补充协议→②按合同有关条款和交易习惯确定→③仍不能确定的，按表 5-18 的原则履行。

表 5-18　合同条款不明的具体履行原则

价款或报酬不明确	（1）执行订立合同时合同履行地（工程所在地）的市场价格。 （2）依法应当执行政府定价或政府指导价的，按规定履行。 （3）施工合同的价款约定不明确时，应当执行工程所在地的市场价格。 （4）买卖合同中，逾期支付价款的，详见表 5-34
履行期限不明确	（1）债务人可以随时履行。 （2）债权人也可以随时要求履行，但应当给对方必要的准备时间
履行地点不明确	（1）给付货币的，在接收货币一方所在地履行（此项较特殊）。 （2）交付不动产的，在不动产所在地履行。 （3）其他标的在履行义务一方所在地履行
履行方式不明确	按照有利于实现合同目的的方式履行
履行费用的负担不明确	由履行义务一方承担

2. 支付工程竣工结算价款的前提条件和支付程序

工程竣工验收合格是承包人取得工程价款的前提条件。工程竣工结算价款的支付程序见表 5-19。

表 5-19 工程竣工结算价款的支付程序

序号	关键字	内容要点
1	报	承包人向发包人递交竣工结算报告及完整的结算资料
2	审	发包人对承包人的竣工结算资料进行审核
3	付	发包人确认竣工结算报告后通知经办银行向承包人支付工程竣工结算价款
4		发包人、承包人对工程竣工结算价款发生争议时，按照合同约定的争议解决条款处理

3. 解决工程价款结算争议的规定

解决工程价款结算争议的规定见表 5-20。

表 5-20 解决工程价款结算争议的规定

类 别	具体内容
约定期限内未答复	当事人约定，发包人收到竣工结算文件后，在约定期限内不予答复，视为认可竣工结算文件的，按照约定处理。承包人请求按照竣工结算文件结算工程价款的，应予支持
对工程量的争议问题	当事人对工程量有争议的，按照施工过程中形成的签证等书面文件确认承包人能够证明发包人同意其施工，但未能提供签证文件证明工程量发生的，可以按照当事人提供的其他证据确认实际发生的工程量
因利息而产生的纠纷	当事人对欠付工程价款利息计付标准有约定的，按照约定处理。没有约定的，按照中国人民银行发布的同期同类贷款利率计息
阴阳合同必以备案合同（"阳合同"）为准	当事人就同一建设工程另行订立的建设工程施工合同与经过备案的中标合同实质性内容不一致的，应当以备案的中标合同作为结算工程价款的根据 *记住，永远都是以备案合同（"阳合同"）为准，备案合同才是合法的*

利息从应付工程价款之日计付。当事人对付款时间没有约定或者约定不明的，下列时间视为应付款时间：

（1）建设工程已实际交付的，为交付之日。

（2）建设工程没有交付的，为提交竣工结算文件之日。

（3）建设工程未交付，工程价款也未结算的，为当事人起诉之日。

【例17】某施工合同约定按固定价结算工程价款。完工后双方无法就调价问题达成一致，施工企业起诉并请求进行造价鉴定。关于该案鉴定的说法，正确的是（   ）。（2011年真题）

A. 鉴定申请应当在庭审结束前提出   B. 鉴定报告由造价主管部门出具

C. 法院对鉴定请求不予支持   D. 鉴定期间计入审限

【解析】根据有关司法解释"当事人约定按照固定价结算工程价款，一方当事人请求对建设工程造价进行鉴定的，不予支持"。

【答案】C

【例18】某建设工程项目中标人与招标人签订合同并备案的同时，双方针对结算条款签订了与备案合同完全不同的补充协议。后双方因计价问题发生纠纷，遂诉至法院。法院此时应该以（   ）作为结算工程款的依据。（2011年真题）

A. 双方达成的补充协议　　　　　B. 双方签订的备案合同

C. 类似项目的结算价格　　　　　D. 市场的平均价格

【解析】根据有关司法解释"当事人就同一建设工程另行订立的建设工程施工合同与经过备案的中标施工合同实质性内容不一致的，应当以备案的中标合同作为结算工程价款的根据"。

【答案】B

4. 建设工程垫资及利息

由于我国建筑市场的不完善，"带资承包"的情况事实上存在，虽然有违《关于严格禁止在工程建设中带资承包的通知》的规定，但是"带资承包"并没有违反法律、行政法规的强制性规定，根据有关法律规定和司法解释，"带资承包"条款并不影响合同效力。

（1）当事人对垫资和垫资利息有约定，承包人请求按照约定返还垫资及其利息的，应予支持，但是约定的利息计算标准高于中国人民银行发布的同期同类贷款利率的部分除外。

（2）当事人对垫资没有约定的，按照工程欠款处理。当事人对垫资利息没有约定，承包人请求支付利息的，不予支持（只约定垫资未约定利息的，不予支持利息支付请求）。

5. 承包人工程价款的优先受偿权

优先受偿权是法律规定的特定债权人优先于其他债权人甚至优先于其他物权人受偿的权利。

（1）优先受偿权优先次序如下：房屋买受人（购房者）的权利＞承包人索要工程款的权利＞抵押权和其他债权（包括银行贷款）。

（2）施工单位行使工程款优先受偿权可获得的工程款中不包括违约金、利息等（非工程价款性质的均不包括）。

（3）工程承包人行使优先受偿权的期限为6个月，自工程竣工之日或合同约定的竣工之日起计算。

【例19】某开发商开发商品住宅项目，由甲银行提供贷款，由乙承包单位承建。工程承包合同中约定了违约金。工程建设时，开发商为了资金周转，公开向社会预售房屋，由此获得了大量购房款。后来开发商因资金问题而破产，工程中途停建，购房人见房屋难以建成，均同意将该项目整体拍卖，试分析该事件中优先受偿权的优先次序。

【解析】优先受偿权的优先次序为：购房人对所购房屋的受偿权＞乙承包单位工程款＞甲银行提供的贷款＞乙承包单位可索赔的违约金。应特别注意：①未经购房人允许，已售房屋不得拍卖；②承包人就该商品房享有的工程价款优先受偿权不得对抗买受人。

＊＊练习题＊＊

56. 某施工项目材料采购合同中，当事人对价款没有约定，未达成补充协议，也无法根据合同有关条款或交易习惯确定，则应按照（　　）的市场价格履行。（2010年真题）

A. 合同签订地　　　　　　　　　B. 履行义务一方所在地

C. 材料所在地　　　　　　　　　D. 订立合同时履行地

57. 合同内容价款或者报酬不明确的，按照订立合同时（　　）；依法应当执行政府定价或者政府指导价的，按照规定履行。

A. 履行地市场价格履行　　　　　B. 履行地批发价格履行

C. 全国平均市场价格履行　　　　　　D. 全国平均批发价格履行

58. 施工单位与建设单位签订施工合同，双方没有约定付款时间，后因利息计算生产争议，则下列有关工程价款应支付日期的表述正确的有(　　)。

A. 建设工程没有交付的，为提交验收报告之日

B. 建设工程已实际交付的，为交付之日

C. 建设工程没有交付的，为提交竣工结算文件之日

D. 建设工程未交付的，工程价款也未结算的，为人民法院判决之日

E. 建设工程未交付，工程价款也未结算的，为当事人起诉之日

59. 关于工程竣工验收的说法，正确的有(　　)。(2010 年真题)

A. 工程竣工验收合格的，以承包人送交竣工验收报告之日为竣工日期

B. 工程按发包人要求修改后经竣工验收合格的，以承包人首次送交竣工验收报告之日为竣工日期

C. 承包人送交竣工验收报告后，当事人对工程质量发生争议，工程质量经鉴定合格的，以承包人送交竣工验收报告之日为竣工日期

D. 承包人送交竣工验收报告后，发包人拖延验收的，以承包人送交竣工验收报告之日为竣工日期

E. 建设工程未经验收，发包人擅自使用的，以建设工程转移占有之日为竣工日期

60. 某施工合同中约定垫资但未约定垫资利息，施工企业请求法院判决建设单位返还垫资及利息时，根据相关法律规定可以预见的判决结果是(　　)。(2011 年真题)

A. 返还垫资并按银行同期贷款利率支付利息

B. 认定垫资违法，利息予以没收

C. 返还垫资但不支付利息

D. 返还垫资并双倍支付利息

61. 某施工合同约定承包人对基础工程垫资施工，发包人对垫付资金按银行贷款利率 2 倍支付利息，后发包人未按合同约定支付垫资利息，承包人诉至法院，则人民法院对垫资利息的处理，正确的是(　　)。

A. 予以追缴　　　　　　　　　　　　B. 不予支持

C. 支持按合同约定全部支付　　　　　D. 只支持按银行同类贷款利息支付

62. 施工单位与建设单位签订施工合同，约定施工单位垫资 20%，但没有约定垫资利息。后施工单位向人民法院提起诉讼，请求建设单位支付垫资利息。对施工单位的请求，人民法院正确的做法是(　　)。(2010 年真题)

A. 尽管未约定利息，施工单位要求按照中国人民银行发布的同期同类贷款利率支付垫资利息，应予支持

B. 由于垫资行为违法，施工单位要求返还垫资，不予支持

C. 尽管未约定利息，施工单位要求低于中国人民银行发布的同期同类贷款利率支付垫资利息，应予支持

D. 由于未约定利息，施工单位要求支付垫资利息，不予支持

63. 根据合同法相关规定，承包人行使优先受偿权的期限应当自建设工程(　　)起计算。(2011 年真题)

A. 合同订立之日　　　　B. 实际竣工之日　　　　C. 开工之日

D. 保修期届满之日　　　E. 合同约定竣工之日

64. 发包人将在建工程抵押给银行贷款，后因发包人经营状况不佳而无力还贷及支付工程款，则下列关于承包人权利的说法中，正确的是（　　　）。

A. 承包人可申请人民法院将该工程拍卖

B. 承包人无权就该工程拍卖款优先于银行受偿

C. 承包人申请拍卖该工程，应按照诉讼时效的规定，在工程竣工之日提出

D. 承包人可不申请拍卖，而直接与发包人协商将工程折价

E. 承包人因发包人违约所造成的损失，可在工程拍卖所得中扣除

考点 25　劳动合同及劳动关系制度

一、劳动合同的种类

劳动合同的种类见表 5-21。

表 5-21　劳动合同的种类

序号	劳动合同类型	要　点
1	固定期限劳动合同	劳动合同双方当事人在劳动合同中明确规定了合同效力的起始时间
2	无固定期限劳动合同	无确定终止时间的合同（一旦出现法定解除或双方协商解除即可解除）。用人单位**自用工之日起满 1 年不与劳动者订立书面劳动合同的，则视为用人单位与劳动者已订立无固定期限劳动合同**
3	以完成一定工作任务为期限的劳动合同	指用人单位与劳动者约定以某项工作的完成为合同期限的劳动合同

以下情况除劳动者提出订立固定期限劳动合同外，应当订立无固定期限的劳动合同。

（1）劳动者在该用人单位**连续工作满** 10 年的。

（2）用人单位**初次实行劳动合同制度**或者国有企业改制重新订立劳动合同时，劳动者在该用人单位**连续工作满** 10 年且距法定退休年龄不足 10 年的。

（3）**已连续订立 2 次固定期限劳动合同**，且劳动者没有《中华人民共和国劳动合同法》第 39 条和 40 条第 1 项和第 2 项规定的情形（见表 5-26），**续订劳动合同的**（即总计连续第三次）。

【例 20】李某今年 51 岁，自 1995 年起就一直在某企业做临时工，担任厂区门卫。现企业首次与所有员工签订劳动合同。李某提出自己愿意长期在本单位工作，也应与单位签订合同，但被拒绝并责令其结算工资走人。根据《中华人民共和国劳动合同法》规定，企业（　　　）。

A. 应当与其签订固定期限劳动合同

B. 应当与其签订无固定期限的劳动合同

C. 应当与其签订以完成一定工作任务为期限的劳动合同

D. 可以不与之签订劳动合同，因其是临时工

注：本题为 2009 年考试真题，题中所指的"今年"为"2009 年"

【答案】B

二、劳动合同订立

1. 劳动合同订立的相关规定

劳动合同订立的相关规定见表 5-22。

表 5-22 劳动合同订立的相关规定

时　限	（1）建立劳动合同关系应自用工之日起订立劳动合同。 （2）已建立劳动合同关系，未同时订立书面劳动合同的，应当自用工之日起一个月内订立书面劳动合同
未订立合同 的补偿	（1）因劳动者原因未能订立合同的，用人单位无需经济补偿，但应支付实际工作的劳动报酬。 （2）因用人单位未能订立合同的，支付劳动者双倍工资（起算时间为用工之日起满一个月后的次日）
形式	（1）全日制用工应订立书面劳动合同。 如果没有订立书面合同，不订立书面合同的一方将要承担相应的法律后果。 （2）非全日制用工除了可订立书面劳动合同，也可以订立口头协议
生效时间	（1）用人单位与劳动者在劳动合同文本上签字或者盖章生效。 （2）双方当事人签字或者盖章时间不一致的，以最后一方签字或者盖章时间为准。如果一方没有签字时间，则另一方写明的签字时间就是合同生效的时间
不招"有主" 之人	用人单位招用与其他用人单位尚未解除或者终止劳动合同的劳动者，给其他用人单位造成损失的，应当承担连带赔偿责任（*招脚踏两只船的，要被连带*）

注：非全日制用工——以小时计酬为主，劳动者在同一用人单位平均每日工作时间不超过 4 小时，每周工作时间累计不超过 24 小时的用工形式。

2. 劳动合同的试用期

劳动合同的试用期相关情况见表 5-23。

表 5-23 劳动合同的试用期相关情况

序号	劳动合同期限	相应的试用期最高限度
1	≤3 月或以完成一定工作任务为期限	不得约定试用期
2	3 月～1 年	≤1 月
3	1～3 年	≤2 月
4	3 年以上固定期限或无固定期限	≤6 月
同一用人单位与同一劳动者只能约定一次试用期，期间工资最低为合同工资的 80%		

三、劳动合同的履行、变更、解除和终止

1. 劳动合同的报酬

劳动报酬通常包括货币工资、实物报酬、社会保险三部分，如表 5-24 所示。

表 5-24 劳动报酬的相关内容

货币工资	各种工资、奖金、津贴、补贴
实物报酬	用人单位免费或低于成本价提供给劳动者的各种物品和服务
社会保险	用人单位为劳动者支付的医疗、失业、养老、工伤等保险金
支付方式	用人单位支付的工资不得低于当地的最低工资标准
	工资应当以货币形式按月支付劳动者本人（不得以实物或有价证券代替）
	用人单位应当依法向劳动者支付加班费
	劳动者在法定休假日、婚丧假期间、探亲假期间、产假期间和依法参加社会活动期间以及非因劳动者原因停工期间，用人单位应当依法支付工资

2. 劳动者保障

用人单位应当严格执行劳动定额标准，不得强迫或者变相强迫劳动者加班；用人单位安排加班的，应当按照国家有关规定向劳动者支付加班费。

3. 用人单位发生变动不影响劳动合同的履行

用人单位变更名称、法定代表人、主要负责人或者投资人等事项，不影响劳动合同的履行。用人单位发生合并、分立的情况，原劳动合同继续有效，劳动合同由承继其权利和义务的用人单位继续履行。

【例21】某公司与卢某签订了为期5年的劳动合同，工作至第3年时，该公司发生变化，投资商及法人代表均作了变更。随后，公司以企业发生重大变更为由解除了与卢某的劳动合同，并书面通知了卢某。

【解析】本例情况下，公司解除劳动合同是没有法律依据的，该劳动合同在公司变更后依然有效。

四、劳动合同的解除和终止

1. 劳动合同的解除

达到一定条件需解除劳动合同时，一般需要提前30天通知对方，但有些情况可以立即解除（见表5-25）。

表5-25　劳动合同的解除情况

类别	需提前30天通知对方的情形	立即解除的情形	试用期内解除
劳动者提出解除	（1）用人单位违约、违规、违法； （2）用人单位未支付报酬报酬，未缴纳保险； （3）劳动者想解除时	用人单位以暴力、威胁或者非法限制人身自由的手段强迫劳动的、强令冒险作业的	试用期内，劳动者可以提前3天通知用人单位解除劳动合同
用人单位提出解除	（1）劳动者能力原因（患病、非因工负伤，不能胜任工作）； （2）客观条件原因	劳动者主观责任、过失错误	劳动者在试用期内被证明不符合录用条件的，用人单位可以随时解除

2. 用人单位不得解除和可以解除劳动合同的情形

用人单位不得或可以解除劳动合同的情形见表5-26。

表5-26　用人单位不得或可以解除劳动合同的情形

类别	内容要点
用人单位不得解除劳动合同的情形	（1）从事接触职业病危害作业的劳动者未进行离岗前职业健康检查，或者疑似职业病人在诊断或者医学观察期间的。 （2）在本单位患职业病或者因工负伤并被确认丧失或者部分丧失劳动能力的（必须是因工原因）。 （3）患病或者非因工负伤，在规定的医疗期内的（医疗期后可以解除）。 （4）女职工在孕期、产假、哺乳期内的（女职工特殊保护）。 （5）在本单位**连续工作满15年，且距法定退休年龄不足5年**（两个条件需同时满足）。 （6）法律、行政法规规定的其他情形。 以上可归纳为：**职业病、疑似职业病人诊断前、工伤病患、女职工孕、产、哺乳期；有至少15年工龄且5年内将退休人员**。
用人单位可以解除劳动合同的情形	（1）严重违反用人单位的规章制度的。 （2）劳动者同时与其他用人单位建立劳动关系，对完成本单位的工作任务造成严重影响，或者经用人单位提出，拒不改正的（*脚踏两只船*，拒不改正的）。 摘自《中华人民共和国劳动合同法》第39条

类别	内容要点
用人单位提前 30 日以书面形式通知劳动者本人或者额外支付劳动者 1 个月工资后，可以解除劳动合同的情形	（1）劳动者不能胜任工作，经过培训或者调整工作岗位，仍不能胜任工作的。 （2）劳动者患病或者非因工负伤，在规定的医疗期满后不能从事原工作，也不能从事由用人单位另行安排的工作的。 摘自《劳动合同法》第 40 条

用人单位违反《中华人民共和国劳动合同法》规定解除或者终止劳动合同，**劳动者要求继续履行劳动合同的，用人单位应当继续履行；劳动者不要求继续履行劳动合同或者劳动合同已经不能继续履行的**，用人单位应当依法向劳动者支付赔偿金。**赔偿金标准为经济补偿标准的 2 倍**。

3. 劳动合同终止

劳动合同期满劳动合同自然终止，此外，以下条件也可以终止劳动合同：

（1）劳动者原因：到达法定退休年龄、劳动者开始享受养老待遇、劳动者死亡。

（2）用人单位原因：依法宣告破产、被吊销营业执照、责令关闭、撤销解散等。

4. 终止合同的经济赔偿

终止合同的经济赔偿见表 5-27。

表 5-27　终止合同的经济赔偿

已工作时间	经济赔偿
＜6 个月	支付半月工资
≥6 月，＜1 年	支付 1 月工资
每满一年	支付 1 月工资

注：1. 高于当地平均工资 3 倍的，赔偿标准按 3 倍计算，且最高年限不得超过 12 年。

　　2. 月工资是指劳动者在劳动合同终止前 12 个月的平均工资。

【例 22】张某在一家大型国有企业工作了 13 年 5 个月，且每月工资是 15000 元，当地职工月平均工资是 2500 元，李某也在这家国企工作，且工作了 3 年 8 个月，每月工资 2000 元。此时这家国有企业因经营困难面临破产，不得已与张某和李某终止劳动合同。问此时张某和李某可以得到的经济补偿是多少？

【解析】张某的工资高于当地平均工资的 3 倍，所以只能按 3 倍来算，即 7500 元。且他在这家企业工作 13 年，超过了 12 年，所以只能按 12 年来算，即按 12 个月的工资补偿。故张某最后可以得到的经济赔偿是 90000 元。李某工作了 3 年，可以得到 3 个月的工资补偿，剩余的 8 个月，超过了 6 个月，应按 1 年计算，即共应补偿 4 个月的工资，故李某可以得到的经济补偿共为 8000 元。

五、合法用工方式和违法用工模式

合法用工方式和违法用工的情况见表 5-28。

表 5-28　合法用工方式和违法用工的情况

序号	模　式	要　点
1	视为违法分包的情况	直接雇用农民工，不签订劳动合同，或只签订劳动合同不办理社会保险，或只与"包工头"签订劳务合同等行为，均视为违法分包进行处理。对用工企业拖欠农民工工资的，责令限期改正，可依法对其市场准入、招投标资格等进行限制，并予以相应处罚。有关法律法规目前已经禁止"包工头"形式承揽分包业务
2	劳务派遣	(1) 其特征在于：劳动者的**聘用与使用分离**。 (2) 劳务派遣单位的注册资本不得少于 50 万元。 (3) 劳务派遣单位应当与被派遣劳动者订立 **2 年以上的固定期限劳动合同**，并按月支付劳动者报酬（不得低于派遣地最低工资标准）。 (4) **被派遣劳动者与用工单位劳动者享有同工同酬的权利**（用工单位无此类用工的，参照所在地相同或相近岗位劳动者的劳动报酬确定）。 (5) 劳务派遣单位和用工单位不得向被派遣劳动者收取费用。 • 劳务派遣协议主体：派遣单位与用工单位之间。 • 劳动合同主体：派遣单位与工人之间
3	劳务分包	(1) 承包企业需对劳务分包企业的用工情况和工资支付进行监督。 (2) 施工总承包、专业承包企业直接雇佣农民工，必须签订劳动合同并办理工伤、医疗或综合保险等社会保险

【例 23】某劳务派遣公司将刘某派遣到某建筑公司，在派遣的 5 年过程中，由于劳务派遣公司的管理不规范，导致 5 年来派遣公司与刘某一直无任何劳动合同关系，且未为刘某缴纳任何社会保险费用。建筑公司也多次催刘某提供与劳务派遣公司的劳动合同证明，但是刘某多次借故推脱，建筑公司对此也没给予足够重视。后刘某主张以建筑公司之间存在事实的劳务关系为理由，要求建筑公司补交欠缴纳的社会保险费。

【解析】本案例中刘某的主张成立。实际用工企业与派遣的劳动者之间建立的并非一般的劳动关系，而是一种用工关系。本案例中由于派遣公司与劳动者之间没有能证明双方存在劳动关系的书面证据。因此刘某关于他与建筑公司之间存在事实的劳务关系的说法是成立的。

六、劳动保护

1. 劳动者的年龄

劳动者的年龄见图 5-4。

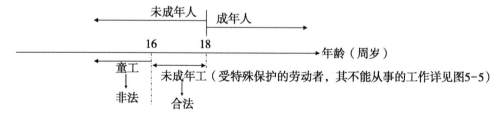

图 5-4　劳动者的年龄

2. 工作时间、工资、社会保险

劳动者的工作时间、工资、社会保险见表 5-29。

表 5-29 劳动者的工作时间、工资、社会保险

序号	项 目	要 点
1	工作时间	劳动法规定每日工作时间不超过 8 小时，每周工作时间不超过 40 小时
2	休息休假	(1) 延长工作时间，支付不低于 150% 的工资报酬。 (2) 休息日安排工作，支付不低于 200% 的工资报酬。 (3) 法定假日安排工作，支付不低于 300% 的工资报酬
3	工资	(1) 遵循按劳分配原则，实行同工同酬。 (2) 用人单位支付劳动者的工资不得低于当地最低工资标准
4	养老保险	参加养老保险的个人，达到法定退休年龄时累计缴费满 15 年，按月领取基本养老金；不足 15 年的可以缴费至满 15 年后按月领取基本养老保险金
5	医疗保险	下列医疗费不纳入基本医疗保险基金支付范围： (1) 应当从工伤保险基金中支付的。 (2) 应当由第三人负担的。 (3) 应当由公共卫生负担的。 (4) 在境外就医的
6	工伤保险	新建筑法规定：建筑施工企业应当依法为职工参加工伤保险缴纳工伤保险费。鼓励企业为从事危险作业的职工办理意外伤害保险，支付保险费
7	失业保险	(1) 失业保险费领取的条件： ①失业前用人单位和本人已经缴纳失业保险费满 1 年。 ②非因本人意愿中断就业的。 ③已经进行失业登记，并有求职要求的。 (2) 用人单位及时为失业人员办理出具终止或者解除劳动关系的证明，并将失业人员的名单至解除劳动合同关系 15 日内告知社会保险经办机构。 (3) 失业保险金领取自办理失业登记之日起计算
8	生育保险	以下情况可以按照国家规定享受生育津贴（费用）： (1) 女职工生育享受产假（生育医疗费）。 (2) 享受计划生育手术休假（计划生育医疗费用）。 (3) 法律、法规规定的其他情形（法律、法规规定的其他费用）

【例 24】王某的日工资为 80 元。政府规定 2010 年 10 月 1 日至 7 日放假 7 天，其中 3 天属于法定休假日，4 天属于前后两周的周末休息日。公司安排王某在这 7 天加班不能安排补休。公司应当向王某支付加班费合计（   ）元。（2011 年真题）

A. 560　　　B. 1360　　　C. 800　　　D. 1120

【解析】本题的计算方式如下：（80×3）×3＋（80×2）×4＝1360（元）。

【答案】B

3. 劳动安全卫生

劳动安全卫生，又称劳动保护，是指直接保护劳动者在劳动中的安全和健康的法律保障。根据《中华人民共和国劳动法》的有关规定，用人单位和劳动者应当遵守的有关劳动安全卫生的法律规定见表 5-30。

表 5-30 劳动安全卫生

关键词	具体内容
建立制度	用人单位必须建立、健全劳动安全卫生制度，严格执行国家劳动安全卫生规程和标准，对劳动者进行劳动安全卫生教育，防止劳动过程中的事故，减少职业危害
三同时	劳动安全卫生设施必须符合国家规定的标准。新建、改建、扩建工程的劳动安全卫生设施必须与主体工程同时设计、同时施工、同时投入生产和使用

关键词	具体内容
健康检查	用人单位必须为劳动者提供符合国家规定的劳动安全卫生条件和必要的劳动防护用品，对从事有职业危害作业的劳动者应当定期进行健康检查
培训	从事特种作业的劳动者必须经过专门培训并取得特种作业资格

4. 女职工和未成年工特殊保护

女职工和未成年工特殊保护，此点难容难记、常考，本书归纳为如图5-5。

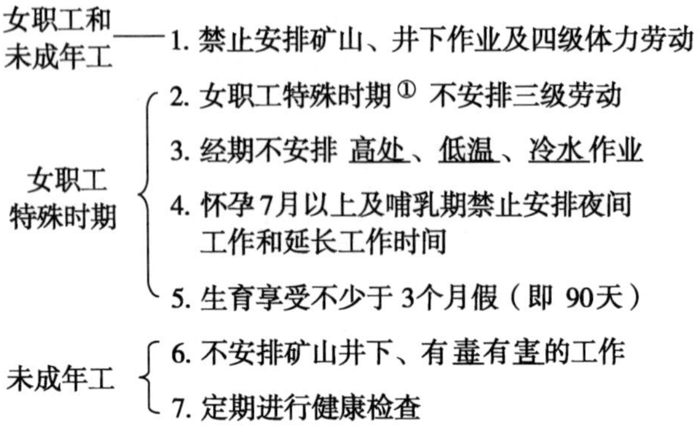

女职工和未成年工 —— 1. 禁止安排矿山、井下作业及四级体力劳动

女职工特殊时期①
2. 女职工特殊时期① 不安排三级劳动
3. 经期不安排 高处、低温、冷水 作业
4. 怀孕7月以上及哺乳期禁止安排夜间工作和延长工作时间
5. 生育享受不少于3个月假（即90天）

未成年工
6. 不安排矿山井下、有毒有害的工作
7. 定期进行健康检查

① 特殊时期指经期、孕期（不局限于怀孕7月以上）、哺乳期（一般为1年）。

图5-5 女职工即未成年工特殊保护

【例题练习2】下列劳动合同条款中，属于选择条款的有（　　）。（2014年真题）

A. 社会保险　　　　　　B. 试用期

C. 保守商业秘密　　　　D. 补充保险

E. 休息休假

【解析】选项A、选项E属于劳动合同的必备条款。

【答案】BCD

＊＊练习题＊＊

65. 安全及劳动卫生规程未对用人单位提出严格要求的是（　　）。

A. 执行国家劳动安全卫生规程和标准

B. 为劳动者办理意外伤害保险

C. 对劳动者进行劳动安全卫生教育

D. 对从事有职业危害作业的劳动者应当定期进行健康检查

66. 2011年2月，下列人员向所在单位提出订立无固定期限劳动合同，所在单位不同意，其中不满足订立无固定期限劳动合同法定条件的是（　　）。（2011年真题）

A. 赵先生2010年1月入职丁企业后，该企业在2010年11月才与之签订书面劳动合同

B. 张女士于1991年1月到甲企业后一直在该企业工作

C. 王先生于1989年进入乙国有企业工作，2008年3月，该企业改制，王先生已年满50岁

D. 李女士已经连续与丙企业签订两次固定期限劳动合同，再次续订劳动合同时，该企业将李女士提升为市场部部长

67. 张某因不能胜任工作，公司经理办公会研究决定，从8月1日起解除与张某的劳动合同。根据《中华人民共和国劳动法》的规定，该公司最迟应于(   )前以书面形式通知张某。

A. 6月1日   B. 6月16日   C. 7月2日   D. 7月16日

68. 王某应聘到施工单位，双方于4月15日签订了为期二年的劳动合同，其中约定试用期3个月，次日合同开始履行。7月18日，王某拟解除劳动合同，则(   )。

A. 必须取得用人单位同意

B. 口头通知用人单位即可

C. 应提前30日以书面形式通知用人单位

D. 应报请劳动行政主管部门同意后以书面形式通知用人单位

69. 某甲与用人单位签订了劳动合同，合同尚未期满，某甲拟解除劳动合同，某甲应当提前(   )通知用人单位。

A. 10日   B. 20日   C. 15日以书面形式   D. 30日以书面形式

70. 用人单位不得解除劳动合同的情形有(   )。

A. 女职工在孕期、产假、哺乳期内的

B. 患病或者负伤，在规定的医疗期内的

C. 法律、行政法规规定的其他情形

D. 劳动合同订立时所依据的客观情况发生重大变化，致使原劳动合同无法履行

E. 患职业病或者因工负伤并被确认丧失或者部分丧失劳动能力的

71. 根据《中华人民共和国劳动合同法》，在劳务派遣用式方式中，订立劳务派遣协议的主体是(   )。(2011年真题)

A. 派遣单位与用工单位

B. 用工单位与劳动者

C. 用工单位与当地人民政府

D. 派遣单位与劳动者

72. 施工单位招聘临时工的最低年龄为(   )岁。(2010年真题)

A. 16   B. 14   C. 20   D. 18

73. 根据《中华人民共和国劳动法》规定，符合对未成年人特殊保护规定的有(   )。

A. 不得安排未成年人从事矿山井下作业

B. 不得安排未成年人从事低温、冷水作业

C. 不得安排未成年人从事国家规定的第三级体力劳动强度的劳动

D. 不得安排未成年人延长工作时间和夜班劳动

E. 用人单位应当对未成年人定期进行健康检查

74. 某单位生产过程中，有如下具体安排，其中符合《中华人民共和国劳动法》劳动保护规定的有(   )。

A. 安排女工赵某在经期从事高温焊接作业

B. 安排怀孕6个月的女工钱某从事夜班劳动

C. 批准女工孙某只能休产假 120 天

D. 安排 17 岁的李某担任矿井安检员

E. 安排 15 岁的周某担任仓库管理员

75. 女学生孙某毕业后被企业录用。孙某为了锻炼自己，主动要求到最苦、最累、最脏的岗位上工作。企业可以满足她的要求，但不得安排的工作是（　　）。

A. 参与高处工作　　　　　　　　　　B. 低温、冷水作业

C. 夜班劳动　　　　　　　　　　　　D. 矿山井下作业

76. 劳动争议仲裁委员会的组成成员应有（　　）。（2010 年真题）

A. 工会代表　　　　　　　　　　　　B. 律师

C. 同级人民法院代表　　　　　　　　D. 企业方面代表

E. 劳动行政部门代表

考点 26　与建设工程相关的其他合同

一、相关合同概述

相关合同的概述见表 5-31。

表 5-31　相关合同的概述

合同	合同当事人	建设工程中常见的实例
承揽合同	定作人、承揽人	加工、定作、修理、测试、检验等合同
买卖合同	出卖人、买受人	房屋买卖、设备材料采购合同
借款合同	借款人、贷款人	向银行的贷款合同
租赁合同	出租人、承租人	模板、设备的租赁合同
融资租赁合同	出租人、出卖人、承租人	甲融资租赁公司（出租人）与乙建筑公司（承租人）签订合同，规定由甲公司向供货方丙公司（出卖人）采购一套施工设备，再由乙公司向甲公司按月租借
运输合同	承运人、托运人	货运合同
仓储合同	存货人、保管人	
委托合同	委托人、受托人	监理合同 （受托人负有亲自处理、按指示处理委托事务的义务及披露委托人或第三人的义务）

另外需注意的是，施工合同、设计合同、勘察合同均属于建设工程合同，建设工程合同是一种特殊的承揽合同。

二、承揽合同

（1）承揽合同的定作人可以随时解除合同，但须赔偿承揽人损失——定作人的法定任意解除权。

（2）承揽人可将承揽的主要工作交由第三人完成，但必须经过定作人同意，否则定作

人可以解除合同（注：承揽人应当就第三人完成的工作成果向定作人负责）。

（3）定作人未向承揽人支付报酬或者材料费等价款的，承揽人对完成工作成果享有留置权。

【例25】某工程建设中，建设单位与某加工厂签订了管道加工合同。合同履行过半后，由于项目的变化，建设单位书面要求某加工厂取消订单。但加工厂却以自己正在全面履行合同为理由，起诉至法院，要求建设单位继续履行合同，并赔偿损失。

【解析】本例中，建设单位属于定作人，有权随时解除合同，故加工厂要求继续履行合同的要求，法院不会予以支持，但对其有关赔偿损失的请求，法院应予支持。

三、借款合同

借款合同的利息见表5-32。

表 5-32　借款合同的利息

类别	具体情况
合同约定	民间借款合同的利息可以适当超过银行利息，但**最高不能超过银行的4倍**（包含利率本数），超出此限度的，超出部分利息不予保护。 出借人不得将利息计入本金谋取高利。否则，其利率超出银行同类贷款利率的4倍（包含利率本数）时，超出部分的利息不予保护。 【对比】工程垫资中约定的利率不得高于同期银行利率
未约定	借款人之间的合同对支付利息没有约定或者约定不明的，视为不支付利息。 【类比】工程垫资中没有约定的利息的，视为不支付利息
预先扣除	借款的利息不得预先在本金中扣除。利息预先在本金中扣除的，应当按照实际借款数额返还借款并计算利息。（注：此条与《工程经济》科目中贴现法相矛盾）

四、买卖合同

1. 买卖合同中的瑕疵担保

买卖合同中的瑕疵担保义务见表5-33。

表 5-33　瑕疵担保义务

类别	具体内容
权利瑕疵担保义务	出卖人就交付的标的物负有保证第三人不向买受人主张任何权利的义务，但法律另有规定的除外。如果出卖人对于出卖的标的物没有所有权或处分权，或者没有完全的所有权或处分权，或者其处分涉及第三人的物权、知识产权等权益，则称其标的物存在权利瑕疵，出卖人因此应当承担权利瑕疵担保责任。 但是，买受人订立合同时知道或者应当知道第三人对买卖的标的物享有权利的，出卖人不再承担以上责任
物的瑕疵担保义务	物的瑕疵担保义务，是指出卖人就其所交付的标的物具备约定或法定品质所负有的担保义务。 出卖人必须保证标的物转移于买受人之后，具有约定或法定的品质，即出卖人应当按照约定的质量要求交付标的物

2. 买卖合同中买受人的支付义务

买卖合同中买受人支付价款的义务见表5-34。

表 5-34　买卖合同中买受人支付价款的义务

类别	具体内容
价格/金额	(1) 逾期交付标的物的，遇价格上涨时，按照原价格执行；价格下降时，按照新价格执行。 (2) 逾期提取标的物或者逾期付款的，遇价格上涨时，按照新价格执行；价格下降时，按照原价格执行
地点	(1) 约定的地点支付价款。 (2) 支付地点没有约定或者约定不明确，可以协议补充。 (3) 不能达成补充协议的，按照合同有关条款或者交易习惯确定。 (4) 以上都不能实现的，买受人应当在出卖人的营业地支付；约定支付价款以交付标的物或者交付提取标的物单证为条件的，在交付标的物或者交付提取标的物单证的所在地支付
时间	(1) 按照约定的时间支付价款。 (2) 支付时间没有约定或者约定不明确，可以协议补充。 (3) 不能达成补充协议的，按照合同有关条款或者交易习惯确定。 (4) 以上都不能实现的，买受人应当在收到标的物或者提取标的物单证的同时支付

【例 26】一个买卖合同按照市场行情约定价格，2002 年 2 月 1 日订立合同时约定价格为每千克 200 元，合同规定 2002 年 4 月 1 日交货，但卖方迟至 2002 年 5 月 1 日交货，2002 年 4 月 1 日时的市场价格为每千克 210 元，2002 年 5 月 1 日市场价格为每千克 220 元，逾期交货 1 个月的违约金为每千克 10 元，买方应按照每千克（　　）元向卖方付款。

A. 220　　　　　B. 210　　　　　C. 200　　　　　D. 190

【解析】卖方违约，故应按较有利于买方的价格执行，即每千克 200 元。又由于双方合同约定了违约金，逾期交货 1 个月的违约金为每千克 10 元，所以买方应按每千克 190 元向卖方付款。（违约的一方承担责任）

【答案】D

3. 买卖合同的风险转移

买卖合同中标的物毁损、灭失的风险转移见图 5-6。

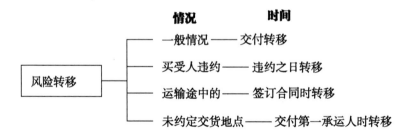

注：交付日＝所有权转移日＝风险转移日＝孳息转移日，但不动产所有权自登记转移（详见图 2-7）。

图 5-6　标的物毁损、灭失的风险转移

4. 买卖合同的解除

(1) 标的物为数物，其中一物不符合约定的，买受人可以就该物解除，但该物与他分离使标的物的价值显受损害的，当事人可以就数物解除合同。

(2) 分批交付标的物的，出卖人对其中一批标的物不交付或者交付不符合约定，致使该批标的物不能实现合同目的的，买受人可以就该批标的物解除。

(3) 出卖人不交付其中一批标的物或者交付不符合约定，致使今后其他各批标的物的交付不能实现合同目的的（或与其他批次标的物相互依存的），买受人可以就该批以及今后其他各批标的物解除。

（4）分期付款的买受人未支付到期价款的金额达到全部价款的五分之一的，出卖人有权要求买受人支付全部价款或者解除合同。出卖人解除合同的，可以向买受人要求支付该标的物的使用费。

一句话归纳：部分对买受人利益有损害的，可部分解除，影响到全部标的物的，可全部解除。

五、租赁合同

1. 租赁合同的分类

租赁合同的分类见图 5-7。

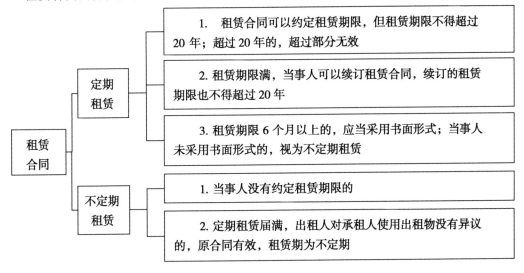

图 5-7　租赁合同的分类

2. 租金支付

对于无约定、无协议补充、无交易习惯的情况下租金的支付方式如下：

（1）租赁不满 1 年的，应当在租赁期间届满时支付。

（2）租赁期间 1 年以上的，应当在每届满 1 年时支付，剩余不满 1 年的，在租赁期间届满时支付。

与此知识点相似的是借款合同中利息的支付（也是在约定不明的情况下）：

（1）借款期间不满 1 年的，应当在返还借款时一并支付。

（2）借款期间 1 年以上的，应当在每届满 1 年时支付，剩余期间不满 1 年的，应当在返还借款时一并支付。

【口诀】约定不明的，按年支付，不满一年的，返还时支付

【例 27】甲公司为了获得银行的贷款将其名下已经出租的一幢大楼抵押给银行。后甲公司因运营不善而破产，银行获得这幢大楼的所有权。银行向这幢大楼的承租人发出解除租赁合同的书面通知。问银行有无权利解除租赁合同？若抵押合同在租赁合同之前成立，银行有无权利解除租赁合同？

【解析】《中华人民共和国物权法》第 190 条规定："订立抵押合同前抵押财产已出租

的，原租赁关系不受该抵押权的影响。抵押权设立后抵押财产出租的，该租赁关系不得对抗已登记的抵押权。"先出租再抵押时，银行无权解除租赁合同；先抵押再出租时，银行有权解除租赁合同，承租人若不知道抵押事实的话，甲公司应赔偿承租人的损失。

六、融资租赁合同

融资租赁合同是涉及出租人、出卖人、承租人三方主体，如图5-8所示。

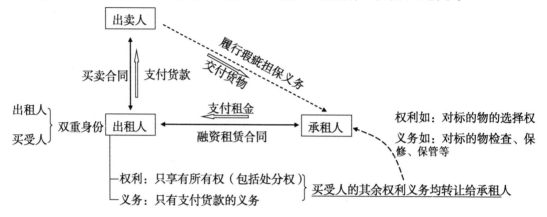

注：1. 承租人破产，租赁物不属于破产财产（因为承租人不享有所有权，只享有占用、使用权）。
2. 租赁期满，租赁物归出租人所有（有约定和补充协议时除外）。

图5-8　融资租赁合同的三方主体关系

七、运输合同

（1）运输合同是诺成合同（承运人同意托运人的运输要约，合同即成立）。

（2）承运人对货物有留置权。

（3）因不可抗力灭失货物不得要求支付运费的义务。

（4）托运人有任意变更解除权（此条与承揽合同相同）。

【例28】甲建筑公司与乙供货商签订设备采购合同，约定设备抵达甲公司后一个月内支付设备款，并约定乙供应商交由丙运输公司运输设备。在实际运输途中，发生罕见泥石流，导致设备完全报废。试分析本案例中的运输费、设备采购费应如何处理。

【答案】（1）运输公司不应索要运输费，因为《中华人民共和国合同法》规定："货物在运输过程中因不可抗力灭失，未收取运费的，承运人不得要求支付运费；已收取运费的，托运人可以要求返还。"

（2）建筑公司应自己承担设备损坏的风险，无权向乙公司或丙公司索赔。《中华人民共和国合同法》规定："出卖人出卖交由承租人运输的在途标的物，除当事人另有约定的以外，毁损、灭失的风险自合同成立时起由买受人承担。"

（3）乙供应商可以要求建筑公司支付设备款。根据《中华人民共和国合同法》规定，自将设备交运输公司起，设备损毁、灭失风险由买受人承担。

【例29】根据《中华人民共和国劳动合同法》，用人单位与劳动者已建立劳动关系，未同时订立书面劳动合同的，应当自用工之日起（　　）内订立书面劳动合同。（2014年真题）

　　A.1个月　　　　　B.2个月　　　　　C.3个月　　　　　D.半年

【解析】《中华人民共和国劳动合同法》规定，建立劳动关系，应当订立书面劳动合同。已建立劳动关系，未同时订立书面劳动合同的，应当自用工之日起1个月内订立书面劳动合同。

【答案】A

【例30】关于建设工程共同承包的说法，正确的是（   ）。（2014年真题）

A. 中小型工程但技术复杂的，可以采取联合共同承包

B. 两个不同

C. 联合体各方应当与建设单位分别签订合同，就承包工程中各自负责的部分承担责任

D. 共同承担的各方就承包合同的履行对建设单位承担连带责任

【解析】各承包方就承包合同的履行对建设单位承担连带责任。

【答案】D

＊＊练习题＊＊

77. 某工程项目建设过程中，发包人与机械厂签订了加工非标准的大型管道叉管的合同，并提供了制作叉管的钢板。根据《中华人民共和国合同法》，该合同属于（   ）合同。（2010年真题）

A. 施工承包　　　　　B. 承揽　　　　　C. 信托　　　　　D. 委托

78. 甲公司向乙公司定做一批预制板，乙开工不久，甲需要将预制板加厚，遂要求乙停止制作。关于甲权利义务的说法，正确的是（   ）。（2011年真题）

A. 甲应支付相应部分报酬　　　　　　B. 甲不得中途要求乙停止制作

C. 甲应支付全部约定报酬　　　　　　D. 甲不用赔偿乙的损失

79. 某施工单位的工人张某向李某借款，则下列关于该借款合同的说法，错误的有（   ）。

A. 应以书面方式订立

B. 如果未约定利息，应按银行同类贷款利率计算

C. 利率不得低于银行同类贷款利率

D. 利率最高不得超过银行同类贷款利率的4倍

E. 除非利率低于银行同类贷款利率，否则不得按复利计算

80. 关于租赁合同的说法，正确的有（   ）。（2011年真题）

A. 租赁必须转让所有权

B. 租赁期限超过20年的部分无效

C. 租赁期限6个月以上的，应当采用书面形式

D. 交付租赁物是租赁合同的成立要件

E. 当事人未采用书面形式的，视为不定期租赁

81. 某工程需租用钢管，双方约定租赁期限为8个月，则下列关于该租赁合同的说法，错误的是（   ）。

A. 应以书面方式订立

B. 若以口头方式订立，则租赁期视为6个月

C. 若以口头方式订立，出租人可随时解除合同

D. 若以口头方式订立，承租人可随时解除合同

第六章 建设工程环境保护、节约能源和文物保护制度

考点 27 "三同时"制度

根据《中华人民共和国环境保护法》《中华人民共和国安全生产法》《中华人民共和国劳动法》建设项目需要配套建设的环境保护设施（包括噪声控制、废水处理、固废处理等的设施）、安全设施、劳动安全卫生设施，必须与主体工程同时设计、同时施工、同时投产使用。

【注】所谓的"同时"不是指"设计"与"施工""投产"同时，而是指相应配套设施与主体工程同时设计、同时施工、同时投产。

【常见错误选项】

× "同时运营"

× "同时验收"

* * 练习题 * *

1. 建设项目中防治污染的设施，必须与主体工程同时（   ）。（2011年真题）

A. 立项　　　　B. 竣工　　　　C. 设计　　　　D. 施工　　　　E. 投入使用

2. 根据《中华人民共和国环境保护法》，建设项目中防治污染的设施与主体工程应当（   ）。（2010年真题）

A. 同时招标　　B. 同时设计　　C. 同时竣工　　D. 同时施工

E. 同时投产使用

3. 建设单位拟修建一座造纸厂，为了尽量减少对环境的污染，应当采取的措施是（   ）。

A. 污水处理设施要设计、施工、生产同时进行

B. 造纸厂投入运营后3个月内必须建设污水处理设施

C. 建设单位对造纸厂污染环境进行检测后决定何时修建污水处理设施

D. 污水处理设施与造纸厂主体工程同时设计、同时施工、同时投产使用

4. 环境保护设施验收，应当与主体工程竣工验收（   ）进行。

A. 分别　　　　B. 同时　　　　C. 交叉　　　　D. 顺序

5. 安全生产"三同时"制度是指建设项目的安全设施，必须与主体工程（   ）。

A. 同时设计，同时施工，同时竣工验收

B. 同时设计，同时施工，同时投入使用

C. 同时论证，同时评价，同时投资

D. 同时投资，同时施工，同时评价

考点 28　施工现场噪声污染防治的规定

一、施工现场环境保护制度

（1）施工现场环境噪声污染的防治。

1）在城市市区范围内向周围生活环境排放建筑施工噪声的，应当符合国家规定的建筑施工场界环境噪声排放标准：昼间限值 70dB，夜间限值 55dB（见表 6-1）；夜间噪声最大声级超过限值的幅度不得高于 15dB。

表 6-1　建筑施工场界环境噪声排放标准　　　　　　单位：dB

昼间噪声	夜间噪声
70	55

2）在城市市区范围内，建筑施工过程中使用机械设备，可能产生环境噪声污染的，施工单位必须在工程开工 15 日以前向工程所在地县级以上地方人民政府环境保护行政主管部门申报该工程的项目名称、施工场所和期限、可能产生的环境噪声值以及所采取的环境噪声污染防治措施的情况。

3）在城市市区噪声敏感建筑物（医院、学校、机关、科研单位、住宅等）集中区域（医疗区、文教科研区和以机关或者居民住宅为主的区域）内，禁止夜间进行产生环境噪声污染的建筑施工作业，但抢修、抢险作业和因生产工艺上要求或者特殊需要必须连续作业的除外。

（2）建设项目环境噪声污染的防治。

1）建设项目可能产生环境噪声污染的，建设单位应当提出环境影响报告书，并报环境行政主管部门批准。环境影响报告书中，应当有该建设项目所在地单位和居民的意见。

2）建设项目的环境污染防治设施必须与主体工程同时设计、同时施工、同时投产使用（"三同时"）。

3）建设项目在投入生产或者使用前，其环境噪声污染防治设施必须经原审批环境影响报告书的环境保护行政主管部门验收；达不到国家规定要求的，不得投入生产或使用。

（3）交通运输噪声污染的防治。在执行非紧急任务时，禁止使用警报器。

（4）对产生环境噪声污染企业事业单位的规定。拆除或者闲置环境噪声污染防治设施的，必须事先报经所在地的县级以上地方人民政府环境保护主管部门批准。

二、环境噪声污染的申报及夜间噪声作业的相关规定

环境噪声污染的申报及夜间噪声作业的相关规定见表 6-2。

表 6-2　环境噪声污染的申报及夜间噪声作业的相关规定

关键词	内容要点
申报	城市市区内可能产生噪声污染的工程项目,施工单位应当在工程开工前 15 天,向环境保护行政主管部门申报
夜间作业	在城市市区噪声敏感建筑物集中区域内,禁止夜间进行产生环境噪声污染的建筑施工作业,但抢修、抢险作业和因生产工艺上要求或者特殊需要必须连续作业的情况除外。 因特殊需要必须连续作业的,必须有县级以上人民政府或者其有关主管部门的证明。凡确需夜间作业的,还必须公告附近居民。 所谓夜间是指:晚 22 点至次日早 6 点
噪声敏感区	"噪声敏感建筑物"是指医院、学校、机关、科研单位、住宅等需要保持安静的建筑物。 "噪声敏感建筑物集中区域"是指医疗区、文教科研区和以机关或者居民住宅为主的区域
排污费	产生环境噪声污染的单位,应当采取措施进行治理,并按照国家规定缴纳超标准排污费。征收的超标准排污费必须用于污染的防治,不得挪作他用
设备	国家对环境噪声污染严重的落后设备实行淘汰制度。国务院经济综合主管部门应当会同国务院有关部门公布限期禁止生产、禁止销售、禁止进口的环境噪声污染严重的设备名录

【例 1】关于环境保护设施竣工验收的说法,正确的是(　　)。(2014 年真题)

A. 环境保护设施未经竣工验收,主体工程投入使用的,由环境保护行政主管部门责令停止使用

B. 需要进行试生产的建设项目,环境保护设施应当在投入试生产前申请竣工验收

C. 分期建设、分期投入生产或者使用的建设项目,其相应的环境保护设施应当同时验收

D. 建设项目投入试生产超过三个月,建设单位为申请环境保护设施竣工验收的,应当处 10 万元以下的罚款

【解析】建设项目需要配套建设的环境保护设施未建成、未经验收或者经验收不合格,主体工程正式投入生产或者使用的,由审批该建设项目环境影响报告书、环境影响报告表或者环境影响登记表的环境保护行政主管部门责令停止生产或者使用,可以处 10 万元以下的罚款。

【答案】A

【例 2】根据《绿色施工导则》水源利用中,应当优先采用(　　)。(2014 年真题)

A. 地下水作为混凝土搅拌用水

B. 市政自来水作为混凝土冲洗用水

C. 中水搅拌

D. 中水饮用

E. 收集雨水养护

【解析】非传统水源利用:

(1)优先采用中水搅拌、中水养护,有条件的地区和工程应收集雨水养护。

(2)处于基坑降水阶段的工地,宜优先采用地下水作为混凝土搅拌用水、养护用水、冲洗用水和部分生活用水。

(3)现场机具、设备、车辆冲洗,喷洒路面,绿化浇灌等用水,优先采用非传统水源,尽量不使用市政自来水。

(4)大型施工现场,尤其是雨量充沛地区的大型施工现场建立雨水收集利用系统,充

分收集自然降水用于施工和生活中适宜的部位。

（5）力争施工中非传统水源和循环水的再利用量大于30%。

【答案】ACE

＊＊练习题＊＊

6. 关于施工现场环境噪声污染防治的说法，正确的是（　　）。（2011年真题）

A. 国家对环境噪声污染严重的落后设备实行淘汰制度

B. 土石方施工阶段，噪声限值是昼间70分贝，夜间55分贝

C. 打桩施工阶段，噪声限值是昼间80分贝，夜间禁止施工

D. 在城市市区噪声敏感建筑物集中区域内，禁止夜间进行任何产生环境噪声污染的建筑施工作业

7. 在城市市区范围内，建筑施工过程中使用机械设备，可能产生噪声污染的，施工单位必须在该工程开工（　　）日以前向工程所在地县级以上地方人民政府环境保护部门申报。（2010年真题）

A. 7　　　　　　B. 10　　　　　　C. 15　　　　　　D. 3

8. 城市市区内可能产生噪声污染的工程项目，施工单位应当在工程开工前（　　）天，向环境保护行政主管部门申报。

A. 5　　　　　　B. 7　　　　　　C. 10　　　　　　D. 15

9. 在城市市区噪声敏感区域内，禁止夜间进行产生噪声污染的施工作业，因特殊需要必须连续作业的，必须（　　）。

A. 经附近居民所在单位的同意　　B. 在居民小区代表监视下施工

C. 公告附近居民　　　　　　　　D. 经居民小区业主委员会同意

10. 在市区施工产生环境噪声污染的下列情形中，可以在夜间进行施工作业而不需要有关主管部门证明的是（　　）。

A. 混凝土连续浇筑　　　　　　　B. 特殊需要必须连续作业

C. 自来水管道爆裂抢修　　　　　D. 由于施工单位计划向国庆献礼而抢进度的施工

E. 路面塌陷抢修

考点29　废气、废水、固体废弃物（"三废"）的污染防治

废气、废水、固体废弃物被称为"三废"，其污染防治见表6-3。

表6-3　"三废"的污染防治

类别	关键词	具体内容
大气污染	扬尘	（1）防止或控制扬尘。 （2）保证车辆清洁，施工现场出口应设置洗车槽

类别	关键词	具体内容
水污染	水源保护	（1）禁止在饮用水水源二级保护区内新建、改建、扩建排放污染物的建设项目；已建成的排放污染物的建设项目，由县级以上人民政府责令拆除或者关闭。 （2）禁止在饮用水水源准保护区内新建、扩建对水体污染严重的建设项目；改建建设项目，不得增加排污量
	禁止排放	（1）禁止向水体排放油类、酸液、碱液或者剧毒废液，禁止向水体排放、倾倒工业废渣、城镇垃圾。 （2）禁止利用渗井、渗坑、裂隙和溶洞排放、倾倒有害有毒废水
固体废弃污染	填埋	在自然保护区、风景名胜区、饮用水水源保护区、基本农田保护区等需要特别保护的区域内，禁止建设工业固体废物集中贮存、处置的设施、场所和生活垃圾填埋场。 以填埋方式处置危险废物不符合国务院环境保护行政主管部门规定的，应当缴纳危险废物排污费
	固体废物转移	固体废物转移出省的，需向固体废物移出地环境主管部门申请，并需要接受地的环境主管部门同意后方可移出
	废物标志	对危险废物的容器和包装物以及收集、贮存、运输、处置危险废物的设施、场所，必须设置危险废物识别标志
	应急预案	产生、收集、贮存、运输、利用、处置危险废物的单位，应当制定意外事故的防范措施和应急预案，并向所在地县级以上地方人民政府环境保护行政主管部门备案

＊＊练习题＊＊

11. 下列各项中，《中华人民共和国水污染防治法》未作禁止规定的是（　　）。

A. 向水体排放和倾倒工业废渣、城市垃圾和其他废弃物

B. 向水体排放油类、酸液、碱液或者剧毒废物

C. 向水体排放热水

D. 向水体排放、倾倒放射性固体废物

12. 施工单位的下列做法中，违反国家有关环境保护法律规定的有（　　）。

A. 在施工现场附近的河流中清洗油桶

B. 将施工垃圾处理后倒入附近河流

C. 转运施工废弃物时未对其进行遮盖

D. 居民区附近的高架桥施工时未设置声屏障

E. 工程抢修工作一直持续到 22 时

13. 施工单位处置施工过程中产生的废水、废物的下列做法中，符合环境保护相关法律法规规定的是（　　）。

A. 工业废水处理达标后排入河流

B. 经当地环境部门许可，将废物用于外省工地

C. 将清洗设备的废水回灌补给地下水

D. 将施工中产生的危险废弃材料堆放到住宅小区临近垃圾场

考点 30　施工节约能源制度

一、节约能源的一般规定

建筑节能是解决建设项目建成后使用过程中的节能问题；施工节能则是要解决施工过

程中的节约能源问题。《绿色施工导则》规定："绿色施工是指工程建设中，在保证质量、安全等基本要求的前提下，通过科学管理和技术进步，最大限度地节约资源与减少对环境负面影响的施工活动，实现四节一环保（节能、节地、节水、节材和环境保护）。"

用能单位应当建立节能目标责任制，对节能工作取得成绩的集体、个人给予奖励。用能单位应当定期开展节能教育和岗位节能培训。

用能单位应当加强能源计量管理，按照规定配备和使用经依法鉴定合格的能源计量器具。各单位的节能义务见表 6-4。

表 6-4　各单位的节能义务

单　位	节能义务要点
施工图审查机构	应按照民用建筑节能强制性标准对施工图设计文件进行审查；经审查不合格的，县级以上地方人民政府建设主管部门不得颁发施工许可证
建设单位	建设单位不得明示或暗示设计单位、施工单位违反民用建筑节能强制性标准的要求。组织竣工验收时，应当对民用建筑是否符合民用建筑节能强制性标准进行查验；对于不符合强制性标准的，不得出具竣工验收合格报告
设计单位	应当按照民用建筑节能强制性标准进行设计
施工单位	对进场的墙体材料、保温材料、门窗、采暖制冷系统和照明设备进行查验；不符合施工图设计文件要求的，不得使用
监理单位	对不按民用建筑节能强制性标准施工的，应要求施工单位改正；施工单位拒不改正的，应当及时报告建设单位，并向有关部门报告。墙体、屋面的保温工程施工时，应按监理规范要求，采取旁站、巡视和平行检验等形式

二、施工节能的规定

施工节能的要求见表 6-5。

表 6-5　施工节能的要求

序号	项目	内容举例
1	节材	(1) 材料损耗率比定额损耗率降低 30%。 (2) 施工现场 500 千米以内生产的建材用量占建材总重量的 70% 以上。 (3) 推广使用预拌混凝土和商品砂浆、高强钢筋和高性能混凝土
2	节水	(1) 现场搅拌用水、养护用水应采取有效的节水措施，严禁无措施浇水养护混凝土。 (2) 施工现场分别对生活用水与工程用水确定用水定额指标，并分别计量管理。 (3) 力争施工中非传统水源和循环水的再利用量大于 30%
3	节能	(1) 临时设施宜采用节能材料，墙体、屋面使用隔热性能好的材料，减少夏天空调、冬天取暖设备的使用时间及耗能量。 (2) 临时用电优先选用节能电线和节能灯具，照明设计以满足最低照度为原则，照度不应超过最低照度的 20%
4	节地	(1) 临时设施占地面积有效利用率大于 90%。 (2) 减少土地占用

＊＊练习题＊＊

14. 下列行为中，违反国家有关节能管理规定的有（　　　）。

A. 设计单位对改建工程的设计中未考虑节能改造

B. 施工图设计文件审查机构对节能设计进行了重点审查

C. 项目开工后，建设单位以节约投资为由要求设计单位降低建筑节能标准

D. 监理单位将建筑节能标准纳入了工程监理依据

E. 施工单位为赶工期，未对其施工人员进行建筑节能标准培训

15. 某建设单位分别与设计、施工和监理等单位签订工程合同，根据我国《民用建筑节能管理规定》，各单位在工程实施中负有应当执行建筑节能强制性标准的职责。下面对各单位执行建筑节能强制性标准的表述，正确的是（　　　　）。

A. 监理单位对节能工程实施监理时，不得违反有关法律、法规和标准

B. 建设单位不得以任何理由要求施工单位修改经审查合格的节能设计文件

C. 民用建筑工程在改建、扩建时，设计单位不得对原建筑进行节能改造

D. 施工单位进行施工时，不得违反审查合格的设计文件和建筑节能施工标准

E. 在竣工验收中，建设单位有违反强制性标准的，应当重新组织验收

考点 31　施工文物保护制度

一、国家保护的文物范围

中华人民共和国境内地下、内水和领海中遗存的一切文物，属于国家所有。国家文物的所有权受法律保护，不容侵犯。

（1）国有不可移动文物的所有权不因其所依附的土地所有权或者使用权的改变而改变。

（2）属于国家所有的可移动文物的所有权不因其保管、收藏单位的终止或变更而改变。

《中华人民共和国文物保护法》规定，属于集体所有和私人所有的纪念建筑物、古建筑和祖传文物以及依法取得的其他文物，其所有权受法律保护。

二、文物保护单位保护范围和建设控制地带施工的规定

（1）承担文物保护单位的修缮、迁移、重建工程的单位应当具有相应的资质证书；

（2）文物保护单位的相关规定（见表 6-6）。

表 6-6　文物保护单位的相关规定

关键词	具体内容
申领资质证书条件	（1）有取得文物博物专业技术职务的人员。 （2）有从事文物保护工程所需的技术设备。 （3）法律、行政法规规定的其他条件
历史文化名城名镇内禁止的活动	（1）开山、采石、开矿等破坏传统格局和历史风貌的活动。 （2）占用保护规划确定保留的园林绿地、河湖水系、道路等。 （3）修建生产、储存爆炸性、易燃性、放射性、毒害性、腐蚀性物品的工厂、仓库等。 （4）在历史建筑上刻画、涂污

关键词	具体内容
保护要求	（1）在历史文化街区、名镇、名村核心保护范围内，不得进行新建、扩建活动。但是，新建、扩建必要的基础设施和公共服务设施除外。 （2）在历史文化街区、名镇、名村核心保护范围内，拆除历史建筑以外的建筑物、构筑物或者其他设施的，应当经城市、县人民政府城乡规划主管部门会同同级文物主管部门批准。 （3）因特殊情况需要在文物保护单位的保护范围内进行其他建设工程或者爆破、钻探、挖掘作业的，必须保证文物保护单位的安全，并经核定公布该文物保护单位的人民政府批准，在批准前应当征得上一级人民政府文物行政管理部门同意。 （4）在全国重点文物保护单位的保护范围内进行其他建设工程或者爆破、钻探、挖掘等作业的，**必须经省、自治区、直辖市人民政府批准**，在批准前应当征得国务院文物行政部门同意。 （5）在文物保护单位的建设控制地带内进行建设工程，不得破坏文物保护单位的历史风貌；工程设计方案应当根据文物保护单位的级别，经相应的文物行政部门同意后，报城乡建设规划部门批准

三、施工发现文物报告和保护的规定

施工发现文物报告和保护的规定见表 6-7。

表 6-7　施工发现文物报告和保护的规定

关键字	具体内容
办	确因建设工期紧迫或者有自然破坏的危险，对文物古迹急需进行抢救发掘的，由省、自治区、直辖市人民政府文物行政部门组织发掘，并同时补办审批手续
护	在进行建设工程或农业生产中，任何单位或者个人发现文物，应当保护现场
报	任何单位或者个人应该立即报告当地文物行政部门，文物主管部门接到报告后，如无特殊情况，应当在 24 小时内赶赴现场，并在 7 日内提出处理意见
禁	依照规定发现的文物属于国家所有，任何单位或者个人不得哄抢、私分、藏匿
配	在配合建设工程进行的考古发掘工作中，建设单位、施工单位应当配合考古发掘单位，保护出土文物或者遗迹的安全

【例 3】根据《中华人民共和国文物保护法》，关于保护文物的说法，正确的是（　　）。（2014 年真题）

A. 拆除文物所需的费用应当列入建设工程预算

B. 建设工程选址应当是尽可能避开一切文物

C. 建设单位对于实施原址保护的文物应当到行政部门备案

D. 在文物保护单位的保护范围内不得进行建筑活动

【解析】《中华人民共和国文物保护法》规定文物的原址保护、迁移、拆除所需的费用，由建设单位列入建设工程预算。

【答案】A

＊＊练习题＊＊

16. 在全国重点文物保护单位的保护范围内进行爆破、钻探、挖掘作业的，必须经（　　）批准。（2011 年真题）

A. 县级人民政府　　　　　　B. 省级人民政府

C. 国务院　　　　　　　　　D. 省级文物行政部门

第七章　建设工程安全生产法律制度

考点 32　施工安全生产许可证制度

一、安全生产许可证的申请

施工安全生产许可证内容要点见表 7-1，其申请的条件见表 7-2。

表 7-1　施工安全生产许可证

	内容要点
什么行业 需要申请	国家对矿山企业、建筑施工企业和危险化学品、烟花爆竹、民用爆破器材生产企业实行安全生产许可制度，企业未取得安全生产许可证的，不得从事生产活动
谁来申请	施工企业及其他危险性生产企业
向谁申请	建筑施工企业从事建筑施工活动前，应当依照本规定向省级以上建设主管部门申请领取安全生产许可证。 中央管理的建筑施工企业应当向国务院建设主管部门申请领取安全生产许可证
申请的资料	申请安全生产许可证时应当向建设主管部门提供下列资料： （1）建筑施工企业安全生产许可证申请表。 （2）企业法人营业执照。 （3）与申请安全生产许可证应当具备的安全生产条件相关的文件、资料
申请的条件	详见表 7-2

表 7-2　安全生产许可证申请的条件

关键词	具体内容
制度	建立、健全安全生产责任制，制定完备的安全生产规章制度和操作规程
资金	保证本单位安全生产条件所需资金的投入
机构	设置安全生产管理机构，按照国家有关规定配备专职安全生产管理人员
考核	详见表 7-7
保险	依法参加工伤保险，依法为施工现场从事危险作业的人员办理意外伤害保险，为从业人员交纳保险费
器具	（1）施工现场的办公、生活区及作业场所和安全防护用具、机械设备、施工机具及配件符合有关安全生产法律、法规、标准和规程的要求。 （2）有职业危害防治措施，并为作业人员配备符合国家标准或者行业标准的安全防护用具和安全防护服装。 （3）有生产安全事故应急救援预案、应急救援组织或者应急救援人员，配备必要的应急救援器材、设备
预案	有对危险性较大的分部分项工程及施工现场易发生重大事故的部位、环节的预防、监控措施和应急预案

二、安全生产许可证的有效期、变更及实施管理

安全生产许可证的有效期、变更及实施管理见表 7-3。

表 7-3　安全生产许可证的有效期、变更及实施管理

	内容要点
有效期	安全生产许可证的有效期为 3 年。安全生产许可证有效期满需要延期的，企业应当于期满前 3 个月向原安全生产许可证颁发管理机关办理延期手续。 企业在安全生产许可证有效期内，严格遵守有关安全生产的法律法规，未发生死亡事故的，安全生产许可证有效期届满时，经原安全生产许可证颁发管理机关同意，不再审查，安全生产许可证有效期延期 3 年
变更与注销	建筑施工企业变更名称、地址、法定代表人等，应当在变更后 10 日内，到原安全生产许可证颁发管理机关办理安全生产许可证变更手续。 建筑施工企业破产、倒闭、撤销的，应当将安全生产许可证交回原安全生产许可证颁发管理机关予以注销。 建筑施工企业遗失安全生产许可证，应当立即向原安全生产许可证颁发管理机关报告，并在公众媒体上声明作废后，方可申请补办
实施中管理	根据《安全生产许可证条例》和《建筑施工企业安全生产许可证管理规定》，建筑施工企业应当遵守如下强制性规定。 （1）未取得安全生产许可证的，不得从事建筑施工活动。建设主管部门在审核发放施工许可证时，应当对已经确定的建筑施工企业是否有安全生产许可证进行审查，对没有取得安全生产许可证的，不得颁发施工许可证。 （2）企业不得转让、冒用安全生产许可证或者使用伪造的安全生产许可证。 （3）企业取得安全生产许可证后，不得降低安全生产条件，并应当加强日常安全生产管理，接受安全生产许可证颁发管理机关的监督检查

【例 1】下列安全生产条件中，属于取得建筑施工企业安全生产许可证条件的是（　　）。（2014 年真题）

A. 制定完备的安全生产规章制度和操作流程

B. 配备兼职安全生产管理人员

C. 各分部分项工程有应急预案

D. 管理人员每年至少进行 2 次安全生产教育培训

【解析】选项 A 是建筑施工企业取得安全生产许可证应具备的条件之一。

【答案】A

【例 2】关于申请领取施工许可证的说法，正确的有（　　）。（2014 年真题）

A. 应当委托监理的工程已委托监理后才能申请领取施工许可证

B. 领取施工许可证是确定建筑施工企业的前提条件

C. 法律、行政法规和省、自治区、直辖市人民政府规章可以规定申请施工许可证的其他条件

D. 在申请领取施工许可证之前需要楼市建设资金

E. 在城市、镇规划区的建筑工程，需要同时取得建设用地规划许可证和建设工程规划许可证后，才能申请办理施工许可

【解析】选项 B 已经确定建筑施工企业是领取施工许可证的前提条件。选项 C 需要说明的是，只有全国人大及其常委会制定的法律和国务院制定的行政法规，才有权增加施工许可证新的申领条件，其他如部门规章、地方性法规、地方规章等都不得规定增加施工许

可证的申领条件。

【答案】ADE

＊＊练习题＊＊

1. 根据《安全生产许可证条例》，企业取得安全生产许可证应当具备的安全生产条件有（   ）。（2011 年真题）

A. 管理人员和作业人员每年至少进行 1 次安全生产教育培训并考核合格

B. 依法为施工现场从事危险作业人员办理意外伤害保险，为从业人员缴纳保险费

C. 保证本单位安全生产条件所需资金的投入

D. 有职业危害防治措施，并为作业人员配备符合国家标准或行业标准的安全防护用具和安全防护服装

E. 依法办理了建筑工程一切险及第三者责任险

2. 安全生产许可证的有效期为（   ）年。（2011 年真题）

A. 1   B. 2   C. 3   D. 5

3. 建筑施工安全生产许可证有效期满需要延期的，应当于期满前（   ）个月向原安全生产许可证颁发管理机关办理延期手续。（2010 年真题）

A. 6   B. 2   C. 3   D. 4

4. 根据《安全生产许可证条例》规定，企业在安全生产许可证有效期内，严格遵守有关安全生产的法律法规，未发生（   ）事故的，安全生产许可证有效期届满时，经原发证管理机关同意，不再审查，安全生产许可证有效期延期 3 年。

A. 安全   B. 重大死亡   C. 死亡   D. 重伤

5. 下列关于安全生产许可证申请与管理制度的说法，正确的是（   ）。

A. 原颁证机关的审查是办理安全生产许可证延期的必经程序

B. 原颁证机关发现施工单位不再具备相应条件的，应暂扣或吊销安全生产许可证

C. 施工单位遗失安全生产许可证后，应于补办后立即登报声明原证作废

D. 未取得施工许可证的，不得颁发安全生产许可证

考点 33 施工安全生产责任

一、各类安全生产管理负责人/机构的安全生产责任

各类安全生产管理负责人/机构的安全生产责任见表 7-4。

表 7-4 各类安全生产管理负责人/机构的安全生产责任

负责人/机构	安全生产责任
施工企业 主要负责人	对本单位的安全生产工作全面负责（主要负责人是对施工单位全面负责，有生产经营决策权的人，既可以是董事长，也可以是总经理或总裁，这意味着"主要负责人"并不局限于法定代表人）

负责人/机构	安全生产责任
项目负责人	（1）对建设工程项目的安全施工负责。 （2）落实安全生产责任制度、安全生产规章制度和操作规程。 （3）确保安全生产费用的有效使用。 （4）根据工程的特点组织制定安全**施工措施**，消除安全事故隐患。 （5）及时、如实报告生产安全事故
专职安全生产 管理人员	对安全生产进行现场**监督检查**；发现安全事故隐患，应当及时向项目负责人和安全生产管理机构**报告**；对于违章指挥、违章操作的，应当**立即制止**（监督检查、报告、违章制止）
施工单位安全 生产管理机构	**落实国家有关安全生产法律法规和标准、编制并适时更新安全生产管理制度、组织开展全员安全教育培训及安全检查等活动（编、组）**
总包单位	（1）总承包的工程由总承包单位统一组织编制建设工程生产安全事故应急救援预案。 （2）施工总承包单位负有及时报告的义务
分包单位	（1）分包单位要服从总包单位对施工现场的安全生产管理，包括遵守安全生产责任制度及相关规章制度、岗位操作要求等。如果分包单位不服从总承包单位的管理，一旦发生事故，分包单位就要承担主要责任。 （2）分包根据总包单位编制的预案情况，建立救援组织、配备救援人员、救援设备、并定期演练

二、专职安全生产管理人员的配备办法

专职安全生产管理人员的配备办法见表 7-5。

表 7-5　专职安全生产管理人员的配备

资　　质	专职安全员配置
总承包资质	特级资质≥6 人；一级资质≥4 人；二级及二级以下≥3 人
专业承包资质	一级资质≥3 人；二级及二级以下≥2 人
劳务分包资质	≥2 人
分公司、较大的分支机构	≥2 人

【归纳与助记】

助记：**总包的医师（一 4）特牛[2]，二话不说[3]，擅（3）分肿业[1]**

①以 "≥3 人" 为总承包和专业承包的分界点（即总包的最低级和专业承包的最高级都是≥3 人）。[**擅（3）分肿业**]

②总承包资质特别记住 "一 4、特 6"（**总包的医师特牛**）。

③剩下的都是≥2 人（**二话不说**，此外还有总包不可能只配置 2 名专职安全员之意）。

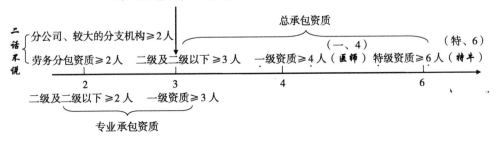

三、施工人员安全生产的权利和义务

施工人员安全生产的权利见图 7-1,安全生产的义务见表 7-6。

作业人员安全生产的权利

⇩

1. **知情权和建议权** ———————— 对工作现场危险因素、防范措施、应急措施的了解和建议权
2. **获得劳动防护用品的权利** ———— 如防护鞋、防护服装、防尘口罩等
3. **批评权、检举、控告权和拒绝权** — 有权拒绝违章指挥和强令冒险作业
4. **紧急避险权** ———————————— 紧急情况下有权停止作业或采取应急措施后撤离作业场所
5. **获得意外伤害保险赔偿权** ——— 除依法享有工商保险外,还有权提出赔偿要求
6. **请求民事赔偿权**

图 7-1 施工人员安全生产的权利

表 7-6 从业人员安全生产的义务

关键词	具体内容
守章程	遵守安全生产规章制度的义务(应当严格遵守本单位的安全生产规章制度和操作规程,服从管理,正确佩戴和使用劳动防护用品)
受教育	接受安全生产教育培训的义务(掌握本职工作所需的安全生产知识,提高安全生产技能,增强事故预防和应急处理能力)
报隐患	事故隐患报告义务

【总结】义务可总结为:守章程、受教育、报隐患

＊＊练习题＊＊

6. 某建设工程项目分包工程发生生产安全事故,负责向安全生产监督管理部门、建设行政主管部门或其他有关部门上报的是( )。(2011 年真题)

A. 现场施工人员　　B. 分包单位　　C. 建设单位　　D. 总承包单位

7. 施工单位依法对本企业的安全生产工作负全面责任的是( )。(2010 年真题)

A. 技术负责人　　B. 法定代表人　　C. 安全管理部门负责人

D. 项目负责人

8. 根据《建设工程安全生产管理条例》,施工项目经理的安全职责有( )。

A. 应当制定安全生产规章制度　　　　B. 落实安全生产责任制

C. 确保安全生产费用的有效使用　　　D. 保证安全生产条件所需资金的投入

E. 及时、如实报告生产安全事故

9. 下列关于施工单位安全生产责任制度的说法,正确的是( )。

A. 施工单位主要负责人是指施工单位法定代表人

B. 专职安全生产管理人员对项目的安全施工负责

C. 专职安全生产管理人员应常驻现场对安全生产进行监督检查

D. 装修工程应按照工程总造价配备相应数量的专职安全生产管理人员

10. 下列情形中,属于施工作业人员的安全生产义务是( )。(2011 年真题)

A. 对本单位的安全生产工作提出建议

B. 接受安全生产教育和培训

C. 发现直接危及人身安全的紧急情况时停止作业

D. 拒绝违章指挥和强令冒险作业

11. 王某发现吊装预制构件欲脱落，拒绝继续作业并迅速躲避。王某的行为是行使法律赋予的（　　）。

A. 正当防卫权　　　　B. 紧急避险权　　C. 拒绝权　　　　　D. 知情权

12. 根据《中华人民共和国安全生产法》的规定，下列关于施工单位从业人员应承担的安全生产义务的说法中，正确的是（　　）。

A. 遵守安全操作规程　　B. 支付安全培训费用　　　C. 提高安全生产技能

D. 购买劳保用品　　　　E. 报告事故隐患

13. 安全生产监督检查人员的职权之一是（　　）。

A. 财务报表审查权　　　　　　　　　　B. 责令紧急避险权

C. 现场调解裁决权　　　　　　　　　　D. 设备物资检验权

14. 从业人员在安全生产活动中的义务包括（　　）。

A. 正确佩戴和使用劳动防护用品　　　B. 掌握本岗位工作所需的安全生产知识

C. 制定安全生产事故的处理程序　　　D. 绝对服从作业指挥

E. 发现事故隐患立即向新闻媒体披露

15. 劳务分包单位作业人员发现本班组作业现场钢管堆放过高且无防护措施时，应立即向（　　）报告。

A. 兼职安全巡查员　　　　　　　　　　B. 专业监理工程师

C. 发包人代表　　　　　　　　　　　　D. 建设工程安全生产监督站

考点 34　安全生产教育

安全生产教育的类别及具体内容见表 7-7。

表 7-7　安全生产教育

类别		具体内容
考核要求		（1）施工单位的主要负责人、项目负责人、专职安全生产管理人员应当经建设行政主管部门或者其他部门**考核合格**后方可任职。 （2）特种作业人员经有关业务主管部门考核合格，取得特种作业操作资格证书。 （3）管理人员和作业人员每年至少进行 1 次安全生产教育培训并考核合格（企业考核）
教育培训	采用"四新"前	施工单位在采用新技术、新工艺、新设备、新材料时，应当对作业人员进行相应的安全生产教育培训
	岗位调换或者工作变换	作业人员岗位调换或者工种变换时，或因长假离岗 1 年以上重新上岗的情况，企业必须进行相应的安全技术培训和教育，以使其掌握现岗位安全生产特点和要求
特种人员		必须按照国家有关规定经过专门的安全作业培训，并取得特种作业操作资格证书后，方可上岗作业
日常培训		施工单位应当对管理人员和作业人员每年至少进行 1 次安全生产教育培训，其教育培训情况记入个人工作档案。安全生产教育培训考核不合格的人员，不得上岗
消防教育		消防安全教育、消防安全挂图和警示标志、明火作业人员的经常性消防安全教育、灭火和应急疏散演练

注：经常性安全教育（安全活动日、安全生产会议、张贴安全生产招贴画等）

【助记】四新、两换、重上岗，教育培训做在前

16. 根据《建设工程安全生产管理规定》，施工企业对作业人员进行安全生产教育培训，应在（　　）之前。（2011年真题）

A. 作业人员进入新的岗位　　　　　B. 作业人员进入新的施工现场

C. 企业采用新技术　　　　　　　　D. 企业采用新工艺

E. 企业申请办理资质延续手续

17. 下列施工单位人员中不必经建设主管部门考核合格即可任职的是（　　）。（2010年真题）

A. 项目安全生产管理人员　　B. 项目技术员　　C. 企业主要负责人　　D. 项目经理

18. 某施工单位申领建筑施工企业安全生产许可证时，根据我国《建筑施工企业安全生产许可证管理规定》，应具备经建设行政主管或其他有关部门考核合格的人员包括（　　）。

A. 应急救援人员　　　　　　　　　B. 单位主要负责人

C. 从业人员　　　　　　　　　　　D. 安全生产管理人员

E. 特种作业人员

19. 建筑施工企业的管理人员和作业人员每（　　）应至少进行一次安全生产教育培训并考核合格。（2011年真题）

A. 半年　　　　　B. 二年　　　　　C. 一年　　　　　D. 三年

20. 施工单位应当对管理人员和作业人员每年至少进行（　　）安全生产教育培训，其教育培训情况记入个人工作档案。

A. 1次　　　　　B. 2次　　　　　C. 3次　　　　　D. 4次

考点 35　施工现场安全防护制度

一、编制安全技术措施、专项施工方案的规定

《中华人民共和国建筑法》规定，建筑施工企业在编制施工组织设计时，应当根据建筑工程的特点制定相应的安全技术措施；对专业性较强的工程项目，应当编制专项安全施工组织设计，并采取安全技术措施（见表7-8）。

表 7-8　安全技术措施、施工现场临时用电方案和安全专项施工方案的编制

编制方案	相关要点
安全技术措施	（1）防止事故发生的措施：消除危险源、限制能量或危险物质、隔离、故障—安全设计、减少故障和失误等。 （2）常用的减少事故的措施：有隔离、个体防护、设置薄弱环节、避难与救援等

编制方案	相关要点
施工现场临时用电方案	(1) 施工现场临时用电设备在 5 台以上或设备总容量在 50kW 以上需编制。 (2) 由电气工程技术人员编制，经相关部门审核及具有法人资格企业的技术负责人批准后实施。 (3) 经相关部门审核及具有法人资格企业的技术负责人批准后实施
安全专项施工方案	(1) 对达到一定规模的危险性较大的分部分项工程编制。^① (2) 对于超过一定规模的危险性较大的分部分项工程，施工单位应当组织专家对专项方案进行论证（实行总承包的，由总承包单位组织）。 (3) 实行总承包的，由施工总承包单位编制（其中，机械安装拆卸工程、深基坑工程、附着式升降脚手架等专业工程实行分包的，可由分包单位编制） 谁组织编写？谁组织论证？——施工单位 哪 3 类工程需论证？——深基坑、地下暗挖工程、高大模板工程 哪两个人签字？——施工单位技术负责人、总监理工程师 谁进行现场监督——专职安全生产管理人员

①下列达到一定规模的危险性较大的分部分项工程应编制专项施工方案：基坑支护与降水工程；土方开挖工程；模板工程；起重吊装工程；脚手架工程；拆除、爆破工程；国务院建设行政主管部门或者其他有关部门规定的其他危险性较大的工程。

对所列工程中涉及高大模板工程、地下暗挖工程、深基坑的专项施工方案，施工单位还应当组织专家进行论证、审查。

【助记小故事】过去，土财主黄世仁在做土方开挖及基坑支护与降水时，习惯将脚手架起重吊装，在拆除模板及其他危险性较大的工程时，总是搞危险爆破。现在时代不同了，这些工程都应双专、双签，而且涉及"高模、暗、深"的还要找专家进行论证、审查。（双专——编制专项施工方案、由专职安全生产管理人员进行现场监督）

二、安全交底

（1）工程开工前，项目管理的技术负责人要将工程概况、施工方法、安全技术措施等向作业班组、作业人员进行交底，并由双方签字确认。

（2）安全交底确认的方式是填写安全技术措施交底单。

（3）安全技术交底通常包括：施工工作安全技术交底、分部分项工程施工安全技术交底、大型特殊工程单项安全技术交底、设备安装工程技术交底以及使用新工艺、新技术、新材料施工的安全技术交底。

三、施工现场安全防护规定

施工现场安全防护规定见表 7-9。

表 7-9　施工现场安全防护规定

项　　目	要　　点
安全警示标志	现场入口、施工起重机械、临时用电设施、脚手架、出入通道口、楼梯口、电梯井口、孔洞口、桥梁口、隧道口、基坑边沿、爆破物及有害危险气体和液体存放处等危险部位设置
安全措施	施工现场暂时停止工作的，施工单位应当做好现场保护，所需费用由责任方承担

项 目	要 点
临建安全卫生	（1）施工现场办公区、生活区应当与作业区分开设置，并保持安全距离。 （2）未竣工的建筑物内不得设置员工**集体**宿舍
周边安全防护	施工单位对因建设工程施工可能造成损害的毗邻建筑物、构筑物和地下管线等，应当采取专项保护措施。在城区市区内的建设工程，施工单位应当对施工现场实行封闭围栏
设备机械	施工单位采购、租赁的安全防护用具、机械设备、施工机具及配件，应当具有生产（制造）许可证、产品合格证，并在进入施工现场前进行查验。 施工现场的安全防护用具、机械设备、施工机具及配件必须由**专人管理，定期进行检查、维修和保养**，建立相应的**资料档案**，并按照国家有关规定**及时报废**
施工起重机	施工单位在使用施工起重机械和整体提升脚手架、模板等自升式架设设施前，应当组织有关单位进行验收，也可以委托具有相应资质的检验检测机构进行验收

四、安全生产设备的相关证件

安全生产设备的相关证件见图 7-2。

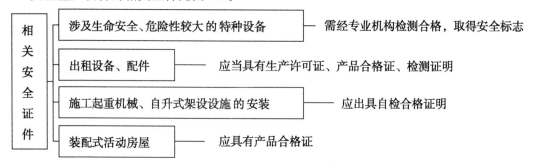

图 7-2 安全生产设备的相关证件

＊＊练习题＊＊

21. 对于土方开挖工程，施工企业编制专项施工方案后，经（ ）签字后实施。（2011 年真题）

A. 施工企业项目经理、现场监理工程师

B. 施工企业技术负责人、建设单位负责人

C. 施工企业技术负责人、总监理工程师

D. 建设单位负责人、总监理工程师

22. 对于涉及（ ）工程的专项施工方案，施工单位依法应当组织专家进行论证、审查。

A. 地下暗挖   B. 降水   C. 脚手架   D. 起重吊装

23. 根据《建设工程安全生产管理条例》，建设工程施工前，应当对有关安全施工的技术要求向施工作业班组、作业人员作出详细说明的是施工企业的（ ）。（2011 年真题）

A. 负责项目管理的技术人员   B. 项目负责人

C. 技术负责人   D. 安全员

24. 建设安全监督机构在检查施工现场时，发现某施工单位在没有竣工的建筑物内设置员工集体宿舍。该施工单位员工集体宿舍（ ）。

A. 经工程所在地建设安全监督机构同意，可以继续使用

B. 经工程所在地建设行政主管部门同意，可以继续使用

C. 所住员工必须无条件迁出

D. 经工程所在地质量监督机构同意，可以继续使用

25.《建设工程安全生产管理条例》规定，施工单位应当将施工现场的（　　）分开设置，并保持安全距离。

A. 办公区与生活区　　　　　　　　B. 备料区与作业区

C. 办公、生活区与备料区　　　　　D. 办公、生活区与作业区

26.《建设工程安全生产管理条例》规定，施工现场的安全防护用具、机械设备、施工机具及配件必须（　　）。

A. 由专人管理　　　　　　　　　　B. 堆放在特定位置

C. 定期检查、维修和保养　　　　　D. 建立相应的资料档案

E. 按照国家规定及时报废

27. 生产经营单位使用涉及生命安全、危险性较大的特种设备，必须按照国家有关规定，由专业生产单位生产，（　　），方可投入使用。

A. 专业检测机构检测合格，取得安全标志

B. 专业检测机构检测合格，报安全生产监督管理部门批准

C. 专业检验机构检验合格，申请安全使用证

D. 建立专门安全管理制度，定期检测评估

28.《建设工程安全生产管理条例》规定，施工单位采购的施工机具及配件，应当具有（　　），并在进入施工现场前进行查验。

A. 使用许可证和产品合格证　　　　B. 产品许可证

C. 生产许可证　　　　　　　　　　D. 生产许可证和产品合格证

29. 某工程设备安装阶段，需要使用起吊能力为10t的吊车进行大型永久设备的吊装。承包商与设备租赁公司签订施工机械租赁合同时，应依据《建设工程安全生产管理条例》，要求该设备租赁公司提供（　　）。

A. 生产厂家的吊车制造许可证

B. 吊车出厂的产品合格证明

C. 机械燃油消耗定额证明

D. 租赁公司自行测试的安全性能检测记录

E. 具有资质检验检测机构出具的安全性能检测合格证明

考点 36　施工现场消防安全与意外伤害保险办理

一、机关、团体、企业、事业单位的消防安全职责

机关、团体、企业、事业单位的消防安全职责项目及要点见表7-10。

表 7-10　机关、团体、企业、事业单位的消防安全职责

序号	项　目	要　点
1	制度预案	落实消防安全责任制，制定本单位的消防安全制度、消防安全操作规程，制定灭火和应急疏散预案
2	器材设施	按照国家标准、行业标准配置消防设施、器材，设置消防安全标志，并定期组织检验、维修，确保完好有效
3	消防检测	对建筑消防设施每年至少一次全面检测，确保完好有效，检测记录应当完整准确，存档备查
4	疏散道、防火分区	保障疏散通道、安全出口、消防车通道畅通，保证防火防烟分区、防火间距符合消防技术标准
5	防火检查	组织防火检查，及时消除火灾隐患
6	消防演练	组织进行有针对性的消防演练

二、施工现场消防责任制

施工单位的主要负责人是本单位的消防安全责任人；项目负责人则应是本项目施工现场的消防安全责任人。同时，要在施工现场实行和落实逐级防火责任制、岗位防火责任制。重点工程的施工现场多为消防安全重点单位。消防安全重点单位除应履行表7-10所示的职责外，还应当履行表7-11中的职责。

表 7-11　消防安全重点单位的消防安全职责

关键词	具体内容
管理	确定消防安全管理人，组织实施本单位的消防安全管理工作
档案	建立消防档案，确定消防安全重点部位，设置防火标志，实行严格管理
巡查	实行每日防火巡查，并建立巡查记录
培训	对职工进行岗前消防安全培训，定期组织消防安全培训和消防演练

三、施工现场消防安全措施

施工现场消防安全措施见表7-12。

表 7-12　施工现场消防安全措施

序号	项　目	要　点
1	明火安全	禁止在具有火灾、爆炸危险的场所使用明火 【理解】此处禁止的明火应在有火灾危险的场所，而非其他场所，[例3]的D选项
2	易燃易爆品	必须制定严格的安全管理制度和操作规程，作业人员严格按照安全管理制度和操作规程的要求进行作业，保证施工安全
3	消防设施消防器材	消防器材和消防设施应当定期组织检验、维修，确保其完好、有效，以发挥预防火灾和扑灭初期火灾的作用
4	消防安全标志	在施工现场入口处设置明显标志
5	消防通道	消防通道应保证道路的宽度、限高和道路的设置，满足消防车通行和灭火作业需要的基本要求
6	消防供水设施	消防供水设施应当保证设施数量、水量、水压等满足灭火需要，保证消防车到达火场后能够就近利用消防供水设施，及时扑救火灾，控制火势蔓延的基本要求

【例 3】施工单位的下列行为中，违反《中华人民共和国消防法》规定的是（   ）。

A. 为节约资金，未购买公安消防机构指定的灭火器材

B. 施工人员从附近消防栓取水用于混凝土养护

C. 为材料周转方便，将少量水泥堆放在现场通道附近

D. 在道路两旁施工时使用明火作业

【解析】公安机关消防机构及其工作人员不得利用职务为用户、建设单位指定或者变相指定消防产品的品牌、销售单位或者消防技术服务机构、消防设施施工单位，故选项 A 不符题意。选项 B 属占用消防设施的违法行为。

【答案】B

【例 4】《中华人民共和国消防法》未作禁止性规定的是（   ）。

A. 携带火种进入生产、储存易燃易爆危险物品的场所

B. 使用明火作业

C. 销售未经合法检验机构检验的消防产品

D. 使用不符合标准的消防器材

【答案】B

四、办理工程意外伤害保险

工程意外伤害保险的项目及具体内容见表 7-13。

表 7-13   工程意外伤害保险

项　目	具体内容
谁支付保险费（支付主体）	新建筑法规定：建筑施工企业应当依法为职工参加工伤保险缴纳工伤保险费。鼓励企业为从事危险作业的职工办理意外伤害保险，支付保险费。意外伤害保险费由施工单位支付。实行总承包的，由总承包单位支付意外伤害保险费
危险作业人员	施工现场从事危险作业的人员，是指施工现场从事如高处作业、深基坑作业、爆破作业等危险性较大的作业人员。 【助记】搞爆破还要在高、深之处，你说不危险那你上呀！ 【对比】深基坑、地下暗挖工程、高大模板工程这三项工程需专家论证
保险期限	意外伤害保险期限自建设工程开工之日至竣工验收合格止（提前竣工的，保险自行终止。延长工期的，应当办理保险顺延手续）

注：未投保的工程项目，不予发放施工许可证。

五、工伤保险

《中华人民共和国建筑法》规定，建筑施工企业应当依法为职工参加工伤保险缴纳工伤保险费。鼓励企业为从事危险作业的职工办理意外伤害保险，支付保险费。实行施工总承包的，由总承包单位支付意外伤害保险费。意外伤害保险期限自建设工程开工之日起至竣工验收合格止。

＊＊练习题＊＊

30. 关于工程建设中，施工单位应采取的消防安全措施，下列说法正确的有（   ）。

A. 实行防火安全责任制，确定各岗位的消防安全责任人

B. 施工过程中，禁止在具有火灾、爆炸危险的场所使用明火作业

C. 要求施工现场消防产品的质量必须符合国家标准或行业标准

D. 要对职工进行消防安全培训，有火灾危险作业的人员必须持证上岗

E. 在设有车间或仓库的建筑物内设置员工宿舍的，应当立即拆除

31. 根据《建设工程安全生产管理条例》，分包单位从事危险作业人员的意外伤害保险费应由（   ）支付。（2010 年真题）

A. 总承包单位和分包单位按一定比例共同　　　B. 分包单位

C. 总承包单位　　　　　　　　　　　　　　　D. 建设单位

32. 根据《建设工程安全生产管理条例》的规定，建设工程意外伤害保险的期限（   ）。

A. 自保险合同生效之日起至保险合同解除止

B. 自施工合同订立之日起至施工合同履行完毕止

C. 自实际施工之日起至竣工结算完毕止

D. 自工程开工之日起至竣工验收合格止

考点 37　施工安全事故的应急救援与调查处理

一、事故等级的划分

1. 事故等级的划分要素

（1）人员伤亡的数量（人身要素）；

（2）直接经济损失的数额（经济要素）；

（3）社会影响（社会要素）。

2. 事故等级划分

生产事故的等级划分见表 7-14，事故等级划分的助记方法见图 7-3、图 7-4。

表 7-14　生产事故等级划分

	一般事故	较大事故	重大事故	特别重大事故
死亡人数	<3 人	≥3 且 <10 人	≥10 且 <30 人	≥30 人
受伤人数	<10 人	≥10 且 <50 人	≥50 且 <100 人	≥100 人
直接经济损失	<1000 万元	≥1000 万元且 <5000 万元	≥5000 万元且 <1 亿元	≥1 亿元
上报至	市级安全生产监督管理部门和负有安全生产监督管理职责的有关部门	省级安全生产监督管理部门和负有安全生产监督管理职责的有关部门	国务院安全生产监督管理部门和负有安全生产监督管理职责的有关部门	

注：1. 各区间都包括其下限，不包括其上限——"就严不就宽"原则。

　　2. 若经济损失或死伤人数不在同一级别，则取级别较高者。

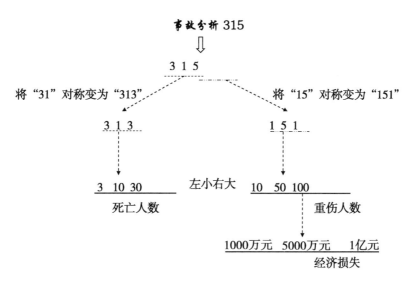

图 7-3　事故等级划分的助记方法（一）

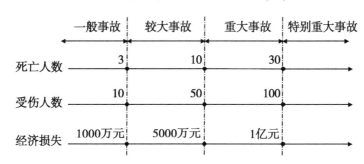

图 7-4　事故等级划分的助记方法（二）

二、施工生产安全事故应急救援预案

施工生产安全事故应急救援预案见表 7-15。

表 7-15　施工生产安全事故应急救援预案

项目	内容要点
作用	事故预防、应急处理、抢险救援
分类	①综合应急预案；②专项应急预案；③现场处置方案
程序	编制——由施工总承包单位统一组织编制 评审——施工单位组织专家评审,经评审后由施工单位主要负责人签署公布 （评审应当形成书面纪要并附有专家签名） 备案 培训——应急预案的要点和程序应当张贴在应急地点和应急指挥场所，并设有明显的标志 演练——综合、专项（1次／年）;现场处置方案（1次／半年） 【助记】编审还要备陪练?
修订	应急预案应当每 3 年修订一次
应急器材	危险物品的生产、经营、储存单位以及矿山、建筑施工单位应当配备必要的应急救援器材、设备，并进行**经常性维护、保养**，保证正常运转

三、施工生产安全事故报告及相应的措施

安全施工的报告及应急措施的程序见图 7-5。

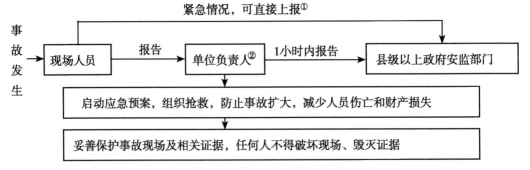

①事故报告后出现新情况的，应当及时补报。自事故发生之日起 30 日内，事故造成的伤亡人数发生变化的，应当及时补报。道路交通事故、火灾事故自发生之日起 7 日内，事故造成的伤亡人数变化的，应当及时补报。

②单位负责人可以是事故发生单位的主要负责人，也可以是其他分管安全生产工作的副职领导或其他负责人。

图 7-5　安全施工的报告及应急措施的程序

四、事故的调查及处理

事故的调查及处理程序见图 7-6。

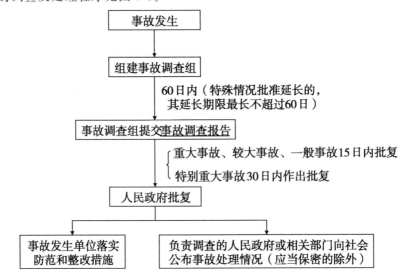

图 7-6　事故的调查及处理程序

事故调查处理的"四不放过"原则：事故原因未查清楚不放过，事故责任者未受处理不放过，事故责任人和周围群众未受到教育不放过，防范措施未落实不放过。

＊＊练习题＊＊

33. 根据《生产安全事故报告和调查处理条例》，下列生产安全事故中，属于较大生产安全事故的有（　　　）。（2011 年真题）

A. 2 人死亡事故　　　B. 10 人死亡事故　　　C. 3 人死亡事故　　　D. 20 人重伤事故

E. 1000 万元经济损失事故

34. 生产经营单位制定的应急预案应当至少每（ ）年修订一次。（2011年真题）

A. 1   B. 2   C. 4   D. 3

35. 安全生产监督部门对某大型施工单位应进行紧急救援工作情况检查时，提出了以下要求，其中符合《中华人民共和国安全生产法》有关规定的是（ ）。

A. 应建立应急救援资金专款专用制度

B. 可不建立应急救援组织，但应指定兼职应急救援人员

C. 应对应急救援器材进行经常性维护保养

D. 各级负责人员兼任应急救援人员

36. 事故处理必须遵循一定的程序，做到"三不放过"，其中选项不属于的是（ ）。

A. 事故原因不清不放过 B. 没有防范措施不放过

C. 没有找出责任人不放过 D. 事故责任者和群众没有受到教育不放过

考点 38 建设单位和相关单位的建设工程安全责任制度

建设单位和相关单位的建设工程安全责任见表7-16。

表 7-16 建设单位和相关单位的安全责任

单　位	主要安全责任
建设单位	提供资料、提供费用、办理有关手续、不得推销劣质材料、不得随意压缩工期
勘察单位	确保勘察文件质量、勘察时确保周围建筑物安全
设计单位	按强制标准进行设计、提出安全方面意见、承担相应后果
监理单位	审查"施组"中的安全技术措施或专项施工方案、施工监督、安全隐患报告；**监督、报告、只审不编**——对施工措施、方案而言
设备检验单位	对检测合格的施工起重机械和整体提升脚手架、模板等自升式架设施设，应当出具安全合格证明文件，并对检测结果负责
机械设备等单位	相应的设备机械应当具有生产（制造）许可证、产品合格证。出租单位应当对出租的机械设备和施工机具及配件的安全性能进行检测，在签订租赁合同之前应当出具检测合格证明
设备安装拆卸单位	此处主要指施工起重机械和自升式架设施设的安装、拆卸单位： （1）应具有相应资质。 （2）应编制拆装方案、制定安全措施并现场监督。 （3）出具自检合格证明、进行安全使用说明、办理验收手续等。 （4）依法对施工起重机械和自升式架设施设进行检测

【例5】某工程项目工期为12个月，其中合同价款中安全防护、文明施工措施费用为100万元。在合同没有约定或约定不明情况下，建设单位预付该部分费用最低应为（ ）万元。（2014年真题）

A.10 B.20 C.30 D.50

【解析】合同工期在一年以上的（含一年），预付安全防护、文明施工措施费用不得低于该费用总额的30%。

【答案】C

【例6】根据国家有关消防法规和建设工程安全生产法规，施工单位应当建立施工现场消防组织并且至少每（　　）组织一次演练。（2014年真题）

　　A. 一季度　　　　B. 半年　　　　C. 一年　　　　D. 两年

【解析】本题考查的是施工现场消防安全职责和应采取的消防安全措施。施工单位应当根据国家有关消防法规和建设工程安全生产法规的规定，建立施工现场消防组织，制定灭火和应急疏散预案，并至少每半年组织一次演练，提高施工人员及时报警、扑灭初期火灾和自救逃生能力。

【答案】B

【例7】安全生产许可证颁发管理机关或者其上级行政机关可以撤销已经颁发的安全生产许可证的情形有（　　）。（2014年真题）

　　A. 取得安全生产许可证的建筑施工企业发生较大安全事故的

　　B. 安全生产许可证颁发管理机关工作人员滥用职权颁发安全生产许可证的

　　C. 超越法定职权颁发安全生产许可证颁发的

　　D. 违反法定程序颁发安全生产许可证颁发的

　　E. 对不具备安全成产条件的建筑施工企业颁发安全生产许可证的

【解析】安全生产许可证颁发管理机关或者其上级行政机关发现有下列情形之一的，可以撤销已经颁发的安全生产许可证：①安全生产许可证颁发管理机关工作人员滥用职权、玩忽职守颁发安全生产许可证的；②超越法定职权颁发安全生产许可证的；③违反法定程序颁发安全生产许可证的；④对不具备安全生产条件的建筑施工企业颁发安全生产许可证的；⑤依法可以撤销已经颁发的安全生产许可证的其他情形。

【答案】BCDE

＊＊练习题＊＊

37. 某机械设备租赁公司拟在施工现场安装施工起重机械。根据《建设工程安全生产管理条例》，该公司应（　　）。（2010年真题）

　　A. 编制安装方案　　　　　　　　　　B. 出具自检合格证明

　　C. 具有起重设备安装工程专业承包资质　　D. 派出本单位专业技术人员现场监督

　　E. 自行验收

38. 以下各项中，属于监理单位主要安全责任的是（　　）。

　　A. 组织专家论证、审查深基坑专项施工方案

　　B. 施工单位拒不整改安全隐患时，及时向有关主管部门报告

　　C. 申领施工许可证时，提供建设工程有关安全施工措施的资料

　　D. 提出保障施工作业人员安全和预防生产安全事故的措施建议

39. 按照《建设工程安全生产管理条例》的规定，（　　）不属于建设单位安全责任范围。

　　A. 向建设行政主管部门提供安全施工措施资料

　　B. 向施工单位提供准确的地下管理线资料

　　C. 对拆除工程进行备案

D. 为施工现场从事特种作业的施工人员提供安全保障

40. 根据《建设工程安全生产管理条例》的规定，属于施工单位安全责任的是（   ）。

A. 提供相邻构筑物的有关资料　　　　B. 编制安全技术措施及专项施工方案

C. 办理施工许可证时报送安全施工措施　　D. 提供安全施工措施费用

41.《建设工程安全生产管理条例》规定，不属于监理单位安全生产管理责任和义务的是（   ）。

A. 编制安全技术措施及专项施工方案　　B. 审查安全技术措施及专项施工方案

C. 报告安全生产事故隐患　　　　　　D. 承担建设工程安全生产监理责任

第八章 建设工程质量法律制度

考点39 工程建设标准

一、工程建设标准的分级

《中华人民共和国标准化法》规定：保障人体健康，人身、财产安全的标准和法律、行政法规规定强制执行的标准是强制性标准，其他标准是推荐性标准（见图8-1）。

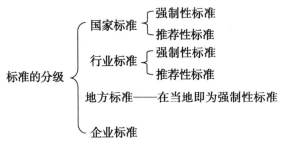

图8-1 标准的等级划分

强制性标准，必须执行；推荐性标准，国家鼓励企业自愿采用。违反了关于强制性标准的规定，即为违法，要承担相应的民事、行政乃至刑事法律责任。对于推荐性标准，虽然不是国家强制执行的，但是一经约定采用，即在当事人之间将产生法律约束力。

工程建设地方标准中，对直接涉及人民生命财产安全、人体健康、环境保护和公共利益的条文，经国务院建设行政主管部门确定后，可作为强制性条文。

国家标准、行业标准的复审一般是5年一次。

二、国家强制性标准和行业强制性标准

国家强制性标准和行业强制性标准见表8-1。

表8-1 国家强制性标准与行业强制性标准

国家强制性标准	行业强制性标准
（1）工程勘察、规划、设计、施工（包括安装）及验收等通用的综合性标准和重要的通用质量标准。	（1）工程勘察、规划、设计、施工（包括安装）及验收等专用的综合性标准和重要的行业专用的质量标准。
（2）工程建设通用的有关安全、卫生、环境保护的标准。	（2）工程建设行业专用的有关安全、卫生和环境保护的标准。
（3）工程建设重要的通用的术语、符号、代号、量与单位、建筑模数和制图方法标准。	（3）工程建设重要的行业专用的术语、符号、代号、量与单位和制图方法标准。
（4）工程建设重要的通用的试验、检验和评定等方法。	（4）工程建设重要的专用的试验、检验和评定方法等标准。
（5）工程建设重要的通用的信息技术标准。	（5）工程建设重要的专用的信息技术要求。
（6）国家需要控制的其他工程建设通用标准	（6）行业需要控制的其他工程建设标准
国家的为"通用标准"	行业的为"专用标准"
本表强制标准除第2条、第6条外，都有三个关键字"重要的"	

【例1】甲供应商向同一项目中的乙、丙两家专业分包单位供应同一型号材料，两份供货合同对材料质量标准均未约定。乙主张参照其他企业标准，丙主张执行总承包单位关于该类材料的质量标准，甲提出以降低价格为条件，要求执行行业标准，乙、丙表示同意。则该材料质量标准应达到（　　）。

A. 国家标准　　B. 行业标准　　C. 总承包单位确定的标准　　D. 其他企业标准

【解析】就标准的严格程度来说，一般为：企业标准严于行业标准，行业标准严于国家标准。本题中有执行行业标准的约定，故该材料质量应达到行业标准，但不能低于国家标准。

【答案】B

三、工程建设企业标准

工程建设企业标准见表8-2。

表 8-2　工程建设企业标准

序号	企业标准	定　义
1	技术标准	对本企业范围内需要协调和统一的技术要求所制定的标准（如施工质量、方法或工艺的要求，试验、检验和评定方法的规定等）
2	管理标准	指对本企业范围内需要协调统一的管理要求所制定的标准（如企业的组织管理、计划管理、技术管理、质量管理和财务管理等）
3	工作标准	指对本企业范围内需要协调统一的工作事项所制定的标准（主要对企业各个工作岗位的任务、职责、权限、技能、方法等作出规定）

四、工程建设强制性标准的监督

工程建设强制性标准的监督机构与职责见表8-3。

表 8-3　工程建设强制性标准的监督

监督机构	职　责
建设项目规划审查机关	对工程建设规划阶段执行强制性标准的情况实施监督
施工图设计审查机构	对工程建设勘察、设计阶段执行强制性标准的情况实施监督
建筑安全监督管理机构	对工程建设施工阶段执行施工安全强制性标准的情况实施监督
工程质量监督机构	对工程建设施工、监理、验收等阶段执行强制性标准的情况实施监督
工程建设标准批准部门	对工程项目执行强制性标准情况进行监督检查，监督检查可以采取重点检查、抽查和专项检查的方式

＊＊练习题＊＊

1. 下列工程建设地方标准条文中，经国务院行政主管部门确定后，可作为强制性条文的有（　　）。（2011年真题）

A. 直接涉及国家主权的条文　　　　B. 直接涉及人民生命财产安全的条文

C. 直接涉及人体健康的条文　　　　D. 直接涉及环境保护的条文

E. 直接涉及公共利益的条文

2. 涉及保障人体健康、人身财产安全的标准应当是（　　）。

A. 国家标准　　B. 行业标准　　C. 强制性标准　　D. 推荐性标准

3. 关于推荐性标准，下面说法正确的是（　　）。

A. 不管是在什么级别的推荐性标准，都可以不执行

B. 如果是推荐性地方标准，也必须要执行

C. 如果是推荐性行业标准，也必须要执行

D. 如果是推荐性国家标准，也必须要执行

4. 下列对工程建设标准有关内容的理解，正确的是（　　）。

A. 推荐性标准在任何情况下，都没有法律约束力

B. 概算定额不属于工程建设标准范围

C. 违反工程建设强制性标准，但没有造成严重后果，不属于违法行为

D. 建设行政主管部门可依据《工程建设强制性条文》对责任者进行处罚

5. 下列工程建设标准，属于强制性标准的是（　　）。

A. 工程建设通用的综合标准

B. 工程建设通用的安全标准

C. 工程建设通用的制图方法标准

D. 工程建设行业专用的试验标准

E. 工程建设行业专用的信息技术标准

6. 根据《实施工程建设强制性标准监督规定》，下列监督检查内容中，不属于强制性标准监督检查的内容是（　　）。（2010年真题）

A. 工程项目采用的材料、设备

B. 工程项目技术人员的劳动合同

C. 工程项目的规划、勘察、设计、施工等环节

D. 工程项目的安全、质量

7. 根据《工程建设国家标准管理办法》，下列标准中，属于强制性标准的有（　　）。（2010年真题）

A. 工程建设行业专用的有关安全、卫生和环境保护的标准

B. 工程建设重要的行业专用的信息技术标准

C. 工程建设勘察、规划、设计、施工等行业定额标准

D. 工程建设重要的行业专用的试验、检验和评定方法等标准

E. 工程建设重要的行业专用的术语、符号和制图方法等标准

考点 40　施工单位质量责任和义务

施工单位的质量责任和义务见表 8-4。

表 8-4　施工单位的质量责任和义务

项　　目	内容要点
按图施工、按标准施工	（1）建筑施工企业必须按照工程设计图纸和施工技术标准施工，不得偷工减料。 （2）工程设计的修改由原设计单位负责，建筑施工企业不得擅自修改工程设计。 （3）施工单位在施工过程中发现设计文件和图纸有差错的，应当及时提出意见和建议（这是施工单位的基本道德，也是应尽的合同义务）

项　目	内容要点
对建筑材料、设备的检验检测	（1）谁提供的材料、设备，谁承担其质量责任（包括检验通过后的问题）。 （2）无论是谁提供的材料、设备，承包人都有送检的义务，相关费用由提供材料、设备方承担。 （3）对于建设单位提供的材料、设备不合格的，承包人有权拒绝使用。 （4）施工单位必须按照**工程设计要求、施工技术标准和合同约定**，对建筑材料、建筑构配件、设备和商品混凝土进行检验，检验应当有书面记录和专人签字
见证取样	（1）施工人员对涉及结构安全的试块、试件以及有关材料，应当在建设单位或者工程监理单位监督下现场取样，并送具有相应资质等级的质量检测单位检测。见证人员应由建设单位或该工程监理单位中具备施工试验知识的专业技术人员担任，并由建设单位或该工程的监理单位书面通知施工单位、检测单位和负责该项工程的质量监督机构。 （2）工程质量检测机构是具有**独立法人资格**的**中介结构**，按照其承担的检测业务内容分为**专项检测机构资质**和**见证取样检测机构资质**，检测机构不得转包检测业务。 （3）检测人员不得同时受聘于两个或者两个以上的检测机构。检测机构和检测人员不得推荐或者监制建筑材料、构配件和设备。检测机构不得与行政机关，法律、法规授权的具有管理公共事务职能的组织以及所检测工程项目相关的**设计单位、施工单位、监理单位**有隶属关系或者其他利害关系
隐蔽工程验收	隐蔽工程隐蔽前，施工单位应当通知建设单位（实行监理的工程为监理单位）和建设工程质量监督机构，以接受政府监督和向建设单位提供质量保证。 　　工程具备隐蔽条件或达到专用条款约定的中间验收部位，施工单位进行自检，并在隐蔽或中间验收前48小时以书面形式通知监理工程师验收。验收不合格的，施工单位在监理工程师限定的时间内修改并重新验收，如果工程质量符合标准规范和设计图纸等要求，验收24小时后，监理工程师不在验收记录上签字的，视为已经批准，施工单位可继续进行隐蔽或施工
建设工程的返修	施工单位对施工中出现质量问题的建设工程或者竣工验收不合格的建设工程，应当负责返修。 　　返修作为施工单位的法定义务，其返修包括施工过程中出现质量问题的建设工程和竣工验收不合格的建设工程两种情况。 　　对于非施工单位原因造成的质量问题，施工单位也应当负责返修，但是因此而造成的损失及返修费用由责任方负责

＊＊练习题＊＊

8．施工企业对建筑材料、建筑构配件和设备进行检验，通常应当按照（　　）进行，不合格的不得使用。（2011年真题）

A．工程设计要求　　　B．企业标准　　　C．施工技术标准　　　D．通行惯例

E．合同约定

9．下列关于建筑材料检验的说法，正确的是（　　）。

A．对于建设单位提供的建筑材料，施工单位不必进行检验

B．检验合格的建筑材料未经总监理工程师签字，不得在工程上使用

C．施工单位应当按合同约定对建筑材料进行检验

D．设计单位应当对推荐的建筑材料负责检验

10．施工单位必须按照工程设计要求、施工技术标准和合同约定，对（　　）进行检验，未经检验或检验不合格的，不得使用。

A．建筑材料　　　B．周转材料　　　C．建筑构配件

D．设备　　　　　E．商品混凝土

11．施工人员对涉及结构安全的试块、试件以及有关材料，应当在（　　）的监督下现场取样，并送具有相应资质等级的质量检测单位进行检测。（2011年真题）

A. 建设单位或工程监理单位　　　　　B. 施工项目技术负责人

C. 施工企业质量管理人员　　　　　　D. 质量监督部门

12. 关于工程质量检测的说法，正确的有（　　　）。（2011年真题）

A. 检测人员、检测机构法定代表人或其授权签字人都必须在检测报告上签字

B. 工程质量检测机构是具有独立法人资格的非营利性中介机构

C. 检测机构不得与建设单位有隶属关系

D. 检测人员不得同时受聘于两个或两个以上的检测机构

E. 检测机构应当对其检测数据和检测报告的真实性和准确性负责

13. 施工人员对涉及结构安全的试块、试件以及有关材料应当在（　　　）的监督下现场取样并送检。（2009年真题）

A. 设计单位　　　　　　　　　　　B. 工程质量监督机构

C. 监理单位　　　　　　　　　　　D. 施工企业质量管理部门

14. 对涉及结构安全的试块、试件及有关材料，应当在监理人员监督下现场取样并送（　　　）的质量检测单位进行检测。（2006年真题）

A. 具有相应资质等级　　　　　　　B. 建设单位许可

C. 建设行业协会认可　　　　　　　D. 监理协会认可

考点 41　建设单位的质量责任和义务

除上文已归纳的相关知识外，还应掌握以下几个要点（见表8-5）。

表 8-5　建设单位的质量责任

项目	内容要点
办手续	建设单位在领取施工许可证或开工报告前，应当按照国家有关规定办理工程质量监督手续
报、批	建设单位应当将施工图设计文件报县级以上人民政府建设行政主管部门或者其他有关部门审查
提供资料	建设单位必须向勘察、设计、施工、监理等单位提供与建设工程有关的原始资料，并保证这些资料的真实、准确、齐全
不压工期不降低质量	建设工程发包单位不得迫使承包单位以低于成本价格竞标，不得任意压缩合理工期，不得明示或暗示设计单位或者施工单位违反工程建设强制标准，降低建设工程质量
不指定	由建设单位采购的材料，建筑构配件和设备的，建设单位应保证其满足合同要求；由施工单位采购的材料，建设单位不得明示或暗示在工程上使用不合格的材料、设备
让设计出方案	涉及建筑主体和承重结构变动的装修工程，建设单位应当在施工前委托原设计单位或者具有相应资质的设计单位提出设计方案

＊＊练习题＊＊

15. 根据《建设工程质量管理条例》，建设单位最迟应当在（　　　）之前办理工程质量监督手续。（2011年真题）

A. 竣工验收　　　B. 签订施工合同　　　C. 进场开工　　　D. 领取施工许可证

16. 某施工单位为避免破坏施工现场区域内原有地下管线，欲查明相关情况，应由（　　　）负责向其提供施工现场区域内地下管线资料。（2010年真题）

A. 城建档案管理部门　　　　　　　　B. 相关管线产权部门

C. 市政管理部门　　　　　　　　　　D. 建设单位

17. 下列关于建设单位的质量责任和义务的表述中，错误的是（　　　）。

A. 建设单位不得暗示施工单位违反工程建设强制性标准，降低建设工程质量

B. 建设单位不得任意压缩合同工期

C. 建设单位进行装修时不得变动建筑主体和承重结构

D. 建设工程发包单位不得迫使承包方以低于成本价格竞标

18. 下列建设单位向施工单位作出的意思表示中，为法律、行政法规所禁止的是（　　　）。

A. 明示报名参加投标的各施工单位低价竞标

B. 明示施工单位在施工中应优化工期

C. 暗示施工单位不采用《建设工程施工合同（示范文本）》签订合同

D. 暗示施工单位在非承重结构部位使用不合格的水泥

考点 42　勘察、设计单位的质量责任和政府质量监督管理

一、勘察、设计单位的质量责任义务

（1）勘察、设计单位承揽义务应在其资质范围内，禁止勘察、设计单位允许其他单位或者个人以本单位的名义承揽工程。勘察、设计单位不得违法转包或者违法分包所承揽的工程。

（2）设计单位应当根据勘察成果文件进行建设工程设计。设计文件应当符合国家规定的设计深度要求，注明工程合理使用年限。

（3）所选设备应注明规格、型号、性能等技术指标；除特殊要求的材料设备外，不得指定生产厂、供应商。

（4）设计单位应当参与建设工程质量事故分析，并对因设计造成的质量事故，提出相应的技术处理方案。

二、政府部门工程质量的监督管理的相关规定

建设工程质量必须实行政府监督管理。国务院建设行政主管部门对全国的建设工程质量实施统一监督管理。国务院铁路、交通、水利等有关部门按照国务院规定的职责分工，负责对全国的有关专业建设工程质量的监督管理。

建设工程发生质量事故，有关单位应当在 24 小时内向当地建设行政主管部门和其他有关部门报告。对重大质量事故，事故发生地的建设行政主管部门和其他有关部门应当按照事故类别和等级向当地人民政府和上级建设行政主管部门和其他有关部门报告。

【例题练习】设计单位的安全责任包括（　　　）。（2014 年真题）

A. 按照法律、法规和工程建设强制性标准进行设计

B. 提出防范安全生产事故的指导意见和措施建议

C. 对安全技术措施或专项施工方案进行审查

D. 依法对施工安全事故隐患进行处理

E. 对设计成果承担责任

【解析】设计单位的安全责任包括按照法律、法规和工程建设强制性标准进行设计；提出防范安全生产事故的指导意见和措施建议；对设计成果承担责任。

【答案】ABE

＊＊练习题＊＊

19. 关于设计单位的权利的说法，正确的是（　　　）。（2011年真题）

A. 为节约投资成本，设计单位可不依据勘察成果文件进行设计

B. 有特殊要求的专用设备，设计单位可以指定生产厂商或供应商

C. 设计单位有权将所承揽的工程交由资质等级更高的设计单位完成

D. 设计深度由设计单位酌定

20. 根据《建设工程质量管理条例》的规定，设计单位应当参与建设工程（　　　）分析，并提出相应的技术处理方案。

A. 工期延误　　　B. 投资失控　　　C. 质量事故　　　D. 施工组织

21. 设计单位应当就（　　　）向施工单位作出详细的说明。

A. 审查合格的施工图设计文件　　　　B. 完成后的设计方案

C. 设计方案中的技术术语　　　　　　D. 设计图

22. 下列关于设计单位质量责任和义务的说法，正确的有（　　　）。

A. 为了保证工程质量，设计单位必须在设计文件中指定建筑设备的生产厂家

B. 为保证设计进度，设计单位将部分任务转包给其他设计单位

C. 设计单位在设计文件中选用的建筑设备，应当注明规格、型号，并推荐生产厂家

D. 有特殊要求的设备，设计单位可以指定生产厂家

E. 设计单位应当就审查合格的施工图向施工单位说明

23. 对于工程质量的监督管理，我国实行（　　　）统一监督管理。

A. 国务院　　　　　　　　　　　　B. 国务院国家发改委

C. 国务院建设行政主管部门　　　　D. 国务院质量技术监督部门

24. 建设工程质量，（　　　）实行政府监督管理。

A. 可以　　　　B. 必须　　　　C. 不必要　　　　D. 不需要

考点 43　监理单位的质量责任

一、相关规定

建筑法规定：实施建筑工程监理前，建设单位应当将委托的工程监理单位、监理的内容及监理权限，书面通知被监理的建筑施工企业。

《建设工程质量管理条例》规定：建设单位应当委托具有相应资质等级的工程监理单位进行监理，也可以委托具有工程监理相应资质等级并与被监理工程的施工承包单位没有隶属关系或者其他利害关系的该工程的设计单位进行监理。

（工程监理单位与被监理工程的施工承包单位以及建筑材料、建筑构配件和设备供应

单位不得有隶属关系或其他利害关系。)

特别注意的是：此处无建设单位、设计单位、咨询单位。甚至在资质达到要求的前提下，设计单位与施工阶段监理单位可以为同一家单位。

二、施工监理的依据

（1）设计文件，施工图设计。（**设**）

（2）法律、法规。（**法**）

（3）建设工程承包合同。——（"**核**"）

（4）有关的技术标准。（**标**）

【助记】*监理依据要设法核（合）标*

三、监理人员的权限

监理人员的权限及具体内容见表8-6。

表 8-6　监理人员的权限

情　况	具体内容
不符合设计时	工程监理人员认为工程施工不符合工程设计要求、施工技术标准和合同约定的，有权要求建筑施工企业改正
不符合标准时	工程监理人员发现工程设计不符合建筑工程质量标准或者合同约定的质量要求的，应当报告建设单位要求设计单位改正
发现隐患时	发现存在安全事故隐患，应当要求施工单位整改；情况严重的，应当要求施工单位暂时停止施工，并及时报告建设单位
检查权	未经监理工程师签字，建筑材料、建筑构配件和设备以及每道施工工序的检查权，对检查不合格的，有权决定是否允许在工程上使用或进行下一道工序的施工
签字拨款	未经总监理工程师签字，建设单位不拨付工程款，不进行竣工验收

四、工程监理的形式

监理工程师应当按照工程监理规划的要求，采取旁站、巡视和平行检验等形式，对建设工程实施监理。

＊＊练习题＊＊

25．工程监理单位和被监理工程的（　　）有隶属关系或其他利害关系的，不得承担该项建设工程的监理业务。（2011年真题）

A．建设单位　　　B．造价咨询单位　　　C．施工企业

D．建筑材料、构配件供应单位　　　　E．设备供应单位

26．建设工程实施监理前，（　　）应当将委托的工程监理单位、监理权限等事项，书面通知被监理的建筑施工企业。

A．建设行政主管部门　　　　　　B．行业协会

C．监理单位　　　　　　　　　　D．建设单位

27．根据《建设工程质量管理条例》，下列文件中，不属于工程监理单位对施工质量实施监理依据的是（　　）。（2010年真题）

A．监理合同　　　　　　　　　　B．法律、法规

C．施工合同中约定采用的推荐性标准　　　D．工程施工图纸

28. 某工程监理公司是施工项目的监理单位，其监理的依据包括（　　）。

A. 该项目施工单位与建设单位签订的施工承包合同

B. 《建设工程质量管理条例》

C. 《建设工程安全生产管理条例》

D. 该项目设计单位与建设单位签订的设计承包合同

E. 《工程建设标准强制性条文》

29. 王某取得监理工程师执业资格后，受总监理工程师委派，进驻某建设工程项目履行监理职责，其实施监理的依据包括（　　）。

A. 法律、法规及有关技术标准　　　　B. 建设工程施工合同

C. 劳动用工合同　　　　　　　　　　D. 工程设计文件

E. 招标公告

30. 监理工程师李某在对某工程施工的监理过程中，发现该工程设计存在瑕疵，则李某（　　）。

A. 可以要求施工单位修改设计

B. 应当报告建设单位要求施工单位修改设计

C. 应当报告建设单位要求设计单位修改设计

D. 应当要求设计单位修改设计

31. 下列各项，符合《中华人民共和国建筑法》建设工程监理规定的是（　　）。

A. 工程监理单位代理建设单位利益执行监理任务

B. 工程监理人员发现工程施工不符合工程建设强制性标准的，有权要求施工单位整改

C. 工程监理人员发现工程设计不符合工程建设强制性标准的，有权要求设计单位整改

D. 工程监理单位可以转让工程监理业务

32. 依据《建设工程质量管理条例》的规定，以下工作中，应由总监理工程师签字认可的是（　　）。

A. 建设单位拨付工程款　　　　　　B. 施工单位实施隐蔽工程

C. 商品混凝土用于基础工程　　　　D. 大型非标构件进行吊装

33. 工程监理单位在实施监理过程中，发现存在安全事故隐患，情况严重的，应当要求施工单位（　　）。（2010年真题）

A. 暂时停止施工，并及时报告建设单位　　B. 整改，并及时报告建设单位

C. 暂时停止施工，并及时报告有关主管部门　D. 整改，并及时报告有关主管部门

考点 44　建设工程竣工验收制度

一、工程竣工验收的条件

建设单位收到建设工程竣工报告后，应当组织设计、施工、工程监理等有关单位进行竣工验收。建设工程竣工验收应当具备表 8-7 中所述的 5 个条件。

表 8-7 建设工程竣工验收条件

序号	关键词	具体内容
1	"实体硬件"	完成建设工程设计和合同约定的各项内容
2	"软件"	有完整的技术档案和施工管理资料
3	试验报告	有工程使用的主要建筑材料、建筑构配件和设备的进场试验报告（备、料、件的试验报告——**试验报告料备件**）
4	质量合格文件	有勘察、设计、施工、工程监理等单位分别签署的质量合格文件
5	保修书	有施工单位签署的工程保修书

【归纳助记】竣工条件"三完"：内容完成、资料完整、书件签完
竣工条件不难缩，合计内容都做完。（"合"——合同；"计"——设计）
资料档案要完全，修书必备乙方签。（"修书"——质量保修书）
质量合格分别签。（质量合格文件需分别签署）

二、竣工验收相关备案

竣工验收相关备案工作见表 8-8，规划、消防、节能、环保等验收的规定见表 8-9。

表 8-8　竣工验收相关备案工作

竣工验收合格后	备案内容	助　记
5 日内	应向委托部门报送建设工程质量监督报告	【助记】为了督备档案， 我要我伞 ∕ ∖∕ ∖ 5 日　15 日　3 月
15 日内	竣工验收报告和规划、公安消防、环保等部门出具的认可文件或者准许使用文件报建设行政主管部门或者其他有关部门备案	
3 个月内	向城建档案馆报送一套符合规定的建设工程档案	

【例 2】在工程建设过程中，建设单位的下列行为符合相关法律、法规规定的是（　　）。

A. 将施工图 2 套送审，其余 4 套交付施工

B. 会同设计单位进行基础工程验收

C. 组织相关各方进行竣工验收

D. 工程竣工验收合格后第 30 天，去办理竣工备案手续

【解析】施工图文件必须经过审查批准后才能使用，选项 A 错误；基础工程验收应与设计、施工、监理、勘察等单位共同进行，选项 B 错误；选项 D 的时间有错，应为 15 天。

【答案】C

【例 3】对于非施工单位原因造成的质量问题，施工单位也应负责返修，造成的损失及返修费用最终由（　　）负责。（2014 年真题）

A. 监理单位　B. 责任方　 C. 建设单位　 D. 施工单位

【解析】本题考查的是竣工结算、质量争议的规定。对于非施工单位原因造成的质量问题，施工单位也应当负责返修，但是因此而造成的损失及返修费用由责任方负责。

【答案】B

【例 4】工程建设单位组织验收合格后投入使用，2 年后外墙出现裂缝，经查是由于设

计缺陷造成的，则下列说法正确的是（　　）。（2014年真题）

A. 施工单位维修，建设单位直接承担费用

B. 建设单位维修并承担费用

C. 施工单位维修并承担费用

D. 施工单位维修，设计单位直接承担费用

【解析】建设工程竣工时发现的质量问题或者质量缺陷，无论是建设单位的责任还是施工单位的责任，施工单位都有义务进行修复或返修。但是，对于非施工单位原因出现的质量问题或质量缺陷，其返修的费用和造成的损失是应由责任方承担的。

【答案】A

【例5】在正常使用条件下，基础设施工程、房屋建筑的地基基础工程和主题结构工程的最低保修期限为（　　）。（2014年真题）

A. 设计文件规定的该工程的合理使用年限

B. 5年　　　C. 2年　　　D. 2个采暖期、供冷期

【解析】基础设施工程、房屋建筑的地基基础工程和主体结构工程，为设计文件规定的该工程的合理使用年限。

【答案】A

表8-9　规划、消防、节能、环保等验收的规定

验收方向	相关要点
备案	建设单位应当自建设工程竣工验收合格之日起 **15 日**内，将建设工程竣工验收报告和规划、公安消防、环保等部门出具的认可文件或者准许使用文件报建设行政主管部门或者其他有关部门备案
消防验收	公安机关消防机构应当自受理消防验收申请之日 20 日内组织消防验收，并出具消防验收意见
规划验收	竣工验收合格后 6 个月内向城乡规划主管部门报送有关竣工验收资料
环保验收	（1）环境保护设施竣工验收，应当与主体工程竣工验收同时进行。 （2）需要进行试生产的建设项目，建设单位应当自建设项目投入设生产之日起 3 个月内，向审批该建设项目环境影响报告书、环境影响报告表或环境影响登记表的环境保护行政主管部门，申请该建设项目需要配套建设的环境保护设施竣工验收
节能验收	建设单位组织竣工验收，应当对民用建筑是否符合民用建筑节能强制性标准进行查验

【助记】竣工验收要抓"小（消）鬼（规）环节"，还都须出认可文件

三、竣工结算、质量争议的规定

发包人根据确认的竣工结算报告向承包人支付工程竣工结算价款，保留 5% 左右的质量保证（保修）金，待工程交付使用 1 年质保期到期后清算（合同另有约定的，从其约定），质保期内如有返修，发生费用应在质量保证（保修）金内扣除。

发包人对工程质量有异议，已竣工验收或已竣工未验收但实际投入使用的工程，其质量争议按该工程保修合同执行；已竣工未验收且未实际投入使用的工程以及停工、停建工程的质量争议，应当就争议部分的竣工结算暂缓办理，双方可就有争议的工程委托有资质的检测鉴定机构进行检测，根据检测结果确定解决方案，或按工程质量监督机构的处理决定执行，其余部分的竣工结算依照约定办理。

建设工程未经竣工验收，发包人擅自使用后，又以使用部分质量不符合约定为由主张

权利的，不予支持；但是承包人应当在建设工程的合理使用年限内对地基基础工程和主体结构质量承担民事责任。

发包人进行竣工结算期限因结算款不同而不同，如表 8-10 所示。

表 8-10　竣工结算的审查期限

竣工价款	竣工结算期限（从接到竣工结算报告和完整的竣工结算资料之日起）
500 万元以下	20 天
500 万～2000 万元	30 天
2000 万～5000 万元	45 天
5000 万元以上	60 天

【助记】

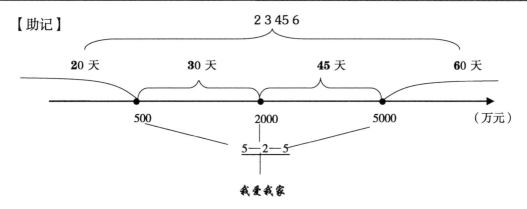

建设项目竣工总结算在最后一个单项工程竣工结算审查确认后 15 天内汇总，送发包人后 30 天内审查完成。

＊＊练习题＊＊

34. 某施工合同约定以《建设工程价款结算暂行办法》作为结算依据，该工程结算价约 4000 万元，发包人应从接到承包人竣工结算报告和完整的竣工结算资料之日起（　　）天内核对（审查）完毕并提出审查意见。（2011 年真题）

A. 20　　　　　B. 30　　　　　C. 60　　　　　D. 45

35. 根据《建设工程质量管理条例》，建设工程竣工验收应当具备的条件不包括（　　）。（2011 年真题）

A. 完成建设工程设计和合同约定的各项内容

B. 有完整的技术档案和施工管理资料

C. 建设单位和施工企业已签署工程结算文件

D. 勘察、设计、施工、工程监理等单位已分别签署质量合格文件

36. 按照《建设工程质量管理条例》，工程竣工验收应当具备的条件有（　　）。

A. 有完整的技术档案和施工管理资料

B. 分部工程的质量必须优良

C. 有施工单位签署的工程保修书

D. 有勘察、设计、监理单位共同签署的质量合格文件

E. 主要功能项目的抽查结果应符合《中华人民共和国产品质量法》的规定

37. 根据《建设工程质量管理条例》，建设单位应当自建设工程竣工验收合格之日起
（　　）日内，将建设工程验收报告和规划、公安消防、环保等部门出具的认可文件或者
准许使用文件报建设行政主管部门或者其他有关部门备案。（2011年真题）

A. 5　　　　　　　B. 15　　　　　　　C. 10　　　　　　　D. 30

38. 建设单位应自建设项目投入试生产之日起（　　）个月内，向有关部门申请该建
设项目需要配套建设的环境保护设施竣工验收。（2011年真题）

A. 3　　　　　　　B. 1　　　　　　　C. 2　　　　　　　D. 5

考点 45　建设工程质量保修制度

一、质量保修书的内容

建设工程质量保修的内容要点见表8-11，其助记示意图见图8-2。

表8-11　建设工程质量保修的内容要点

项　目	内容要点
提交时间	建设工程承包单位在向建设单位提交工程竣工验收报告时，应当向建设单位出具质量保修书
质量保修书的内容	质量保修书的主要内容包括保修范围、保修期限、保修责任3部分。实践证明除以上3个基本内容以外还应有保修金的相关约定
保修期限	保修期的起算时间是"竣工验收合格之日"（重新验收合格的，以重新验收合格之日为保修期起算期）
责任	建设工程在保修范围和保修期内发生质量问题的，施工单位应当履行保修义务，并对造成的损失承担赔偿责任
最低保修期限	保修期由双方约定，但不应低于最低保修期限，如图8-2所示

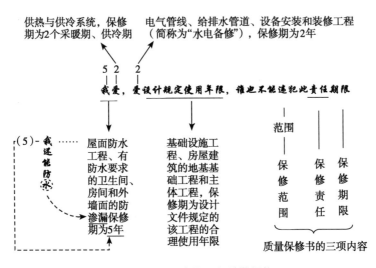

图8-2　建设工程质量保修

【例6】某工程已具备竣工条件，承包人在提交竣工验收报告的同时，向发包人递交竣工结算报告及完整的结算资料。关于该工程竣工验收和质量责任等的说法，正确的有（　　）。（2014年真题）

A. 工程质量保证金应在保修期满后返还

B. 发包人要求承包人完成合同以外零星项目，承包人未在规定时间内向发包人提出施工签证的，施工后可向发包人申请费用索赔

C. 建设工程竣工时发现的质量问题或者质量缺陷，无论是建设单位的责任还是施工单位的责任，施工单位都有义务进行修复或返修

D. 当事人对工程造价发生合同纠纷时，应当向仲裁机构申请仲裁或向人民法院起诉

E. 承包人应当在建设工程的合理使用寿命内对地基基础工程和主体结构质量承担民事责任

【解析】选项A发包人在接到承包人返还保证金申请后，应于14日内会同承包人按照合同约定的内容进行核实。如无异议，发包人应当在核实后14日内将保证金返还给承包人；选项B中承包人没有向发包人提出施工签证，不能向发包人提出索赔。

【答案】CE

【例7】关于工程质量检测机构职责的说法，正确的有（　　）。（2014年真题）

A. 检测机构出具的检测报告应由检测机构法定代表人或其授权的签字人签署

B. 检测机构对涉及结构安全的所有检测结果应及时报告建设主管部门

C. 检测机构对发现的违反强制性标准的情况应及时报告建设主管部门

D. 检测机构应当对检测结果不合格的项目建立单独的项目台账

E. 检测机构对发现的项目参与方的违规行为应及时报告建设单位

【解析】检测机构完成检测业务后，应当及时出具检测报告。检测报告经检测人员签字、检测机构法定代表人或者其授权的签字人签署，并加盖检测机构公章或者检测专用章后方可生效。

检测机构应当将检测过程中发现的建设单位、监理单位、施工单位违反有关法律、法规和工程建设强制性标准的情况，以及涉及结构安全检测结果的不合格情况，及时报告工程所在地建设主管部门。检测机构应当建立档案管理制度，并应当单独建立检测结果不合格项目台账。

【答案】ACD

【例8】关于工程建设缺陷责任期确定的说法，正确的有（　　）。（2014年真题）

A. 发包人导致竣工迟延的，在承包人提交竣工验收报告后进入缺陷责任期

B. 缺陷责任期一般为6个月，12个月或24个月

C. 发包人导致竣工延迟的，在承包人提交竣工报告后60天后，自动进入缺陷责任期

D. 缺陷责任期一般从工程通过竣（交）工验收之日起计

E. 承包人导致竣工延迟的，缺陷责任期从实际通过竣工验收之日起计

【解析】所谓缺陷，是指建设工程质量不符合工程建设强制性标准、设计文件，以及承包合同的约定。缺陷责任期一般为6个月、12个月或24个月，具体可由发承包双方在合同中约定。

缺陷责任期从工程通过竣（交）工验收之日起计。由于承包人原因导致工程无法按规

定期限进行竣（交）工验收的，缺陷责任期从实际通过竣（交）工验收之日起计。由于发包人原因导致工程无法按规定期限进行竣（交）工验收的，在承包人提交竣（交）工验收报告90天后，工程自动进入缺陷责任期。

【答案】BDE

练习题

39. 根据相关法律规定，建设工程总承包单位完工后向建设单位出具质量保修书的时间为（　　）。（2011年真题）

A. 竣工验收合格后　　B. 提交竣工验收报告时　　C. 竣工验收时　　D. 交付使用时

40. 建设工程承包单位在向建设单位提交竣工验收报告时，应当向建设单位出具（　　）。

A. 质量保证书　　　　B. 咨询评估书　　　　C. 使用说明书　　　　D. 质量保修书

41. 某场馆工程的质量保修书的保修期限中，符合行政法规强制性规定的是（　　）。（2011年真题）

A. 主体结构工程为10年　　　　　　B. 供热与供冷系统为3年

C. 屋面防水工程为3年　　　　　　　D. 有防渗漏要求的房间和内外墙为2年

42. 根据《建设工程质量管理条例》，具有法定最低保修期限的有（　　）。（2011年真题）

A. 基础设施工程　　　　　　　　　B. 设备安装、装修工程

C. 门禁监控系统　　　　　　　　　D. 电气管线、给排水管道工程

E. 供热与供冷系统

43. 《建设工程质量管理条例》规定，建设工程质量保修期限应当由（　　）。

A. 法律直接规定　　　　　　　　　B. 发包人与承包人自主决定

C. 法律规定和发承包人双方约定　　D. 发包人规定

44. 施工单位所承建的某办公楼，没有经过验收建设单位就提前使用。3年后，办公楼主体结构出现质量问题，下面说法正确的是（　　）。

A. 主体结构的最低保修期限应是50年，施工单位需要承担保修责任

B. 主体结构的最低保修期限是设计的合理使用年限，施工单位应当承担保修责任

C. 施工单位是否承担保修责任，取决于建设单位是否已经足额支付工程款

D. 由于建设单位提前使用，施工单位不需要承担保修责任

45. 下面关于施工单位对建设工程质量最低保修期限说法正确的是（　　）。

A. 有防水要求的卫生间为2年　　B. 给排水管道为5年

C. 电气设备安装工程为2年　　　　D. 供热与供冷系统，为2个采暖期、供冷期

E. 装修工程为2年

46. 建设单位因急于投产，擅自使用了未经竣工验收的工程。使用过程中，建设单位发现了一些质量缺陷，遂以质量不符合约定为由将施工单位诉到人民法院，则下列情形中，能够获得人民法院支持的有（　　）。

A. 有防水要求的卫生间发生渗漏　　B. 基础底板断裂

C. 电气管线不通路　　　　　　　　D. 给水管道接口漏水

E. 主体结构明显倾斜

47. 屋面防水工程、有防水要求的卫生间、房间和外墙面的防渗漏保修范围和正常使用条件下的最低保修期限为（   ）。

A. 2 年　　　　　B. 3 年　　　　　C. 5 年　　　　　D. 6 年

48.《建设工程质量管理条例》规定，装修工程和主体结构工程的最低保修期限为（   ）。

A. 2 年和 3 年　　　　　　　　　　B. 5 年和合理使用年限

C. 2 年和 5 年　　　　　　　　　　D. 2 年和合理使用年限

49. 某工程已具备竣工条件，2005 年 3 月 2 日施工单位向建设单位提交竣工验收报告，3 月 7 日经验收不合格，施工单位返修后于 3 月 20 日再次验收合格，3 月 31 日，建设单位将有关资料报送建设行政主管部门备案，则该工程质量保修期自（   ）开始。

A. 2005 年 3 月 2 日　　　　　　　B. 2005 年 3 月 7 日

C. 2005 年 3 月 20 日　　　　　　D. 2005 年 3 月 31 日

50. 建设工程的保修期，自（   ）之日起计算。

A. 开工建设　　　　　　　　　　　B. 竣工验收合格

C. 竣工验收时　　　　　　　　　　D. 由发包方与承包方约

51. 下列质量问题中，不属于施工单位在保修期内承担保修责任的有（   ）。（2010年真题）

A. 因使用不当造成的质量问题

B. 质量监督机构没有发现的质量问题

C. 第三方造成的质量问题

D. 监理单位没有发现的质量问题

E. 不可抗力造成的质量问题

第九章 解决建设工程纠纷法律制度

考点 46 建设工程纠纷的主要种类和法律解决途径

仲裁、诉讼、行政复议的流程如图 9-1 所示。

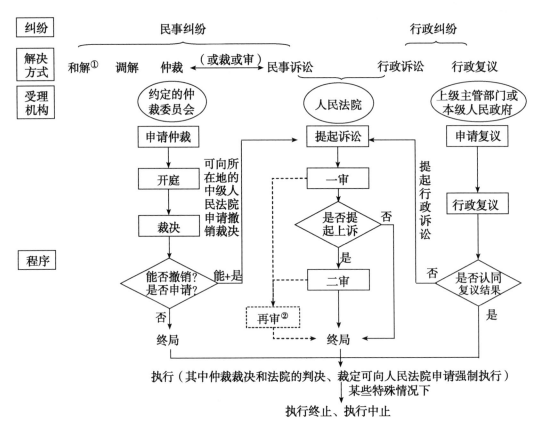

①和解的应用很灵活，可在诉讼前和解（仲裁前和解）、诉讼中和解（仲裁中和解）、执行中和解等。

②再审程序（审判监督程序）是由有审判监督权的法定机关和人员提起，或由当事人申请，人民法院对已发生效力的判决、裁定、调解书再次审理的程序。

图 9-1 仲裁、诉讼、行政复议的流程

一、建设工程纠纷的主要种类
建设工程纠纷的分类见图 9-2。

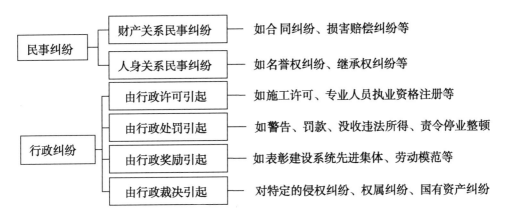

注：1. 还有第三类纠纷——刑事纠纷。

　　2. 发包人和承包人就有关工期、质量、造价等产生的建设工程合同争议，是建设工程领域最常见的民事纠纷。

图 9-2　建设工程纠纷的分类

二、民事纠纷的法律解决途径

建设工程民事纠纷的处理方式主要有四种，分别是和解、调解、仲裁、诉讼（见表 9-1）。其中和解应是首要考虑的方式（*和谐社会——以和为贵*），即使在仲裁和诉讼过程中，当事人双方也可以进行和解和调解。

表 9-1　民事纠纷的主要解决方式

类别	特　点	法律效力	强制力
和解	简单，操作容易，对双方都最有利。无论是否已经进入诉讼或仲裁程序，只要终审裁判未生效或者仲裁裁决未作出，当事人都可以进行和解（调解也如此）	和解达成的协议在性质上属于当事人之间的约定。如果一方当事人不按照和解协议执行，另一方当事人不可以请求法院强制执行，但可要求对方就不执行该和解协议承担违约责任。当事人对和解结果不服，或在签收前反悔的可以申请仲裁、诉讼、恢复法律判决	不具有强制执行力
调解	程序简单，灵活性较大；节约时间、精力和费用；双方关系仍比较友好，不伤感情	当事人对调解结果不服，或在签收前反悔的可以申请仲裁、诉讼、恢复法律判决	均具有强制执行力，即：可请求法院执行[①]
仲裁	自愿性、专业性、独立性、保密性、快捷性——*快独自专（门）保密*	一裁终局（除非仲裁过程有违规情况）	
诉讼	公权性、程序性、强制性	两审终审（除非诉讼过程有违法情况）	

①调解需由人民法院或者仲裁委员会制作调解书，经双方签收后才具有强制执行力。

＊＊练习题＊＊

1. 施工单位与物资供应单位因采购的防水材料质量问题发生争议，经过多次协商，但没有达成和解，则关于此争议的处理，下列说法中，正确的是（　　）。

A. 双方依仲裁协议申请仲裁后，仍可以和解

B. 如果双方在申请仲裁后达成了和解协议，该和解协议即只有法律强制执行力

C. 如果双方通过诉讼方式解决争议，不能再和解

D. 如果在人民法院执行中，双方当事人达成和解协议，则原判决书终止执行

2. 建设工程发生纠纷时，当事人应优先考虑通过（　　）解决纠纷。

A. 调解　　　　B. 诉讼　　　　C. 仲裁　　　　D. 和解

3. 在工程建设过程中，绝大多数纠纷都可以通过一定途径解决。建设工程纠纷处理的基本形式不包括（　　　）。

A. 仲裁　　　　B. 诉讼　　　　C. 和谈　　　　D. 调解

4. 下列关于仲裁与诉讼特点的表述，正确的有（　　　）。

A. 仲裁的程序相对灵活，诉讼的程序较严格

B. 仲裁以不公开审理为原则，诉讼则以不公开审理为例外

C. 仲裁实行一裁终局制，诉讼实行两审终审制

D. 仲裁机构由双方协商确定，管辖人民法院则不能由双方约定

E. 仲裁和诉讼是两种独立的争议解决方式

5. 甲、乙两公司建设工程合同纠纷一案，经某仲裁委员会作出裁决，甲、乙两公司对裁决结果均不满意。下列选项正确的是（　　　）。

A. 双方可就此纠纷再次向该仲裁委员会申请仲裁

B. 双方可就此纠纷重新达成仲裁协议后向另外的仲裁委员会申请仲裁

C. 双方可就此纠纷向人民法院起诉

D. 双方可向人民法院申请撤销仲裁裁决

6. 下列关于解决合同纠纷方式的说法中，正确的是（　　　）。

A. 对仲裁裁决不服可以再向人民法院起诉

B. 协商是解决纠纷的重要方式，和解协议具有强制执行的效力

C. 当事人可以经调解程序解决合同争议

D. 对法院一审判决不服，可向仲裁机构申请仲裁

7. 裁决和判决执行中，当事人自行达成和解协议时，一方当事人不履行和解协议的，人民法院（　　　）。

A. 告知当事人重新起诉

B. 告知另一方当事人重新申请执行

C. 可以根据对方当事人的申请，恢复对原生效法律文书的执行

D. 终止执行

考点 47　民事诉讼的管辖

一、民事诉讼的法院管辖

1. 诉讼管辖

诉讼管辖的分类情况见图 9-3，题目审题思路见图 9-4。

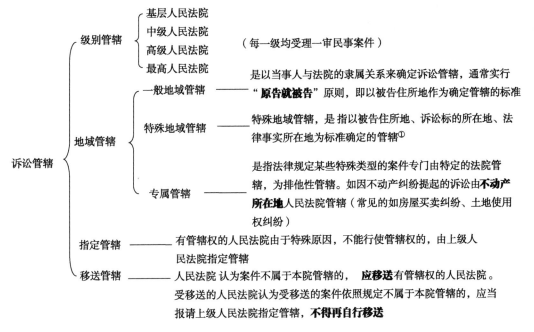

① 特殊地域管辖如："因合同纠纷提起的诉讼，由被告住所地或者合同履行地人民法院管辖"。又如："当事人在合同中未明确约定履行地点的，以约定的交货地点为合同履行地。合同中约定的货物到达地、到站地、验收地、安装调试地等，均不应视为合同履行地"。其中，建设工程施工合同纠纷以**施工行为**地为合同履行地。

图 9-3　诉讼管辖的分类情况

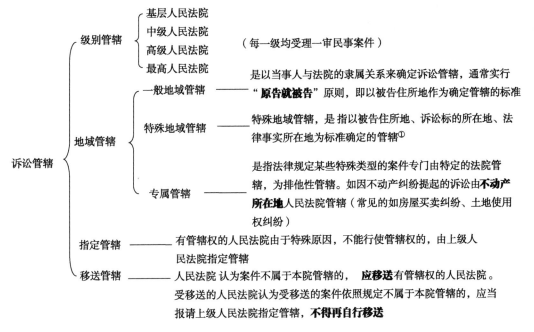

图 9-4　诉讼管辖类题目审题思路（流程）

2. 管辖权异议

当事人对管辖权有异议的，<u>应当在提交答辩状期间提出</u>。人民法院对当事人提出的异议，应当审查。异议成立的，裁定将案件移交有管辖权的人民法院；异议不成立的，裁定驳回。

受诉人民法院应当在受理异议之日起 15 日内作出裁定；对人民法院就级别管辖异议

作出的裁定，当事人不服提起上诉的，第二审人民法院应当依法审理并作出裁定。

当事人对执行程序中执行判决、裁决的法院有管辖权异议的，应当自收到执行通知书之日起 10 日内提出。

二、诉讼代理人

与代理分为法定代理、委托代理和指定代理相一致，诉讼代理人通常也可分为法定诉讼代理人，委托诉讼代理人和指定诉讼代理人。

当事人、法定代理人可以委托1人或2人作为诉讼代理人（近亲属、经法院许可的公民均可）。

诉讼代理人承认、放弃、变更诉讼请求，进行和解，提起反诉或者上诉，必须有委托人的特别授权。最高法院还特别认定，在委托书上仅写"全权代理"而无具体授权情况的情形，不能认定诉讼代理人已获得特别授权，即诉讼代理人在无特别授权情况下，无权承认、放弃、变更诉讼请求，进行和解，提起反诉或者上诉。

【助记】**两诉便（变）器（弃）还须 特别授权 ？成（承）何（和）体统！**

【例1】严某在某市 A 区新购一套住房，并请位于该市 B 区的装修公司进行装修；装修人员不慎将水管弄破，导致该楼下住户家具被淹毁；严某交涉未果，遂向该市 B 区法院起诉装修公司，B 区法院裁定将案件移送至 A 区法院，A 区法院又将案件退回 B 区法院；关于本案管辖，说法正确的有（   ）。（2011 年真题）

A. A 区法院对该案有管辖权　　　　B. 严某有权向 B 区法院起诉

C. B 区法院的移送管辖是错误的　　D. A、B 区法院均无管辖权

E. A 区法院不接受移送，将案件退回 B 区法院是错误的

【解析】本例是装修中引起的纠纷而非房屋买卖的纠纷，因此不适用专属管辖，只适用特殊地域管辖（此例为合同纠纷）。合同纠纷由被告住所地或合同履行地法院管辖，故选项 ABC 正确，选项 D 错误。移送案件后，受移送的法院认为也不属于本院管辖的，应当报请其上级法院指定管辖，不得再自行移送，选项 E 正确。

【答案】ABCE

＊＊练习题＊＊

8. 甲市的王先生购买了位于乙市的商品房一套，该住房的开发商为丙市的某房地产开发公司，工程由丁市的某建筑企业施工建设。王先生入住不到一年，发现该房屋承重墙已出现严重开裂。王先生欲对此提起诉讼，则本案就由（   ）人民法院管辖。

A. 甲市　　　B. 乙市　　　C. 丙市　　　D. 丁市

9. 张某因与某施工企业发生合同纠纷，委托李律师全权代理诉讼，但未作具体的授权。则李律师在诉讼中有权实施的行为是（   ）。（2011 年真题）

A. 提起反诉　　B. 提出和解　　C. 提出管辖权异议　　D. 部分变更诉讼请求

10. 某施工单位在一起工程质量诉讼中，委托其法务部负责人李某为诉讼代理人，其向人民法院出具的授权委托中注明李某为全权代理，未列举具体权限，则李某有权（   ）。

A. 进行辩论　　B. 进行和解　　C. 提起反诉　　D. 提起上诉

考点48　证　　据

一、民事诉讼证据的种类

【理解】证据的定义——指在诉讼中能够证明案件真实情况的各种资料。

> 书证——如合同文件、信函、会议纪要、电报、电子邮件、图纸等
>
> 物证——书证、物证都要求优先提供原件；确有困难的，可以提供复印件、复制品、副本
>
> 视听资料——由于视听资料易被篡改，故**有疑点的试听资料不得单独作为证据**
>
> 证人证言——与一方当事人（代理人）有利害关系或无故不出庭的证人的证言不得单独作为证据
>
> 当事人的陈述——当事人的陈述应当结合本案的其他证据，审查确定能否作为认定事实的根据①
>
> 鉴定结论——鉴定程序违法、鉴定人员资质不具备、结论依据不足等不得作为证据（**当事人申请鉴定，**
>
> 勘察笔录　**应当注意在举证期限内提出**）

①当事人对自己的主张，只有本人陈述而不能提出其他相关证据的，其主张不予支持。但对方当事人认可的除外。

证据的常见干扰选项：

×　律师代理意见、答辩状之类（都不是证据）。

×　偷录的录音、录像（有争议，最好不认作证据，如本章练习题第11题）。

另外要特别注意的是鉴定结论一定是法院或仲裁机构委托具有相应资质的专业鉴定机构进行鉴定的结论。当事人对鉴定结论有异议申请重新鉴定，且提出证据证明存在下列情况之一的，人民法院应予准许：

（1）鉴定机构或鉴定人员不具备相关鉴定资格的。

（2）鉴定程序严重违法的。

（3）鉴定结论明显依据不足的。

（4）经过质证认定不能作为证据使用的其他情形。

【例2】在一起钢材购销合同纠纷的诉讼过程中，作为买方的施工企业将钢材供应商在其网站上发布的价目表下载打印，并在法庭上作为证据出示，则该证据种类属于（　　）。

A. 物证　　B. 勘验笔录　　C. 书证　　D. 视听资料

【解析】网络及电子资料的应用越来越普及，也越来越广泛地作为证据。要特别注意的是电子资料中有的可以作为书证，有的则是视听资料。

【答案】C

二、证据保全

证据保全的项目及内容要点见表9-2。

表 9-2　证据保全

项　目	内容要点
概念	证据保全是指证据可能灭失或以后难以取得的情况下，法院根据申请人的申请或依职权，对证据加以固定和保护的制度
时限要求	当事人依法向人民法院**申请证据保全，不得迟于举证期限届满前 7 日** 【助记】**证据保全绝不可小气**（提前≥7 日）
措施	人民法院进行证据保全，可以根据具体情况，采取查封（可封不可"收"①）、扣押、拍照、录音、录像、复制、鉴定、勘检、制作、笔录等方法

①证据保全的目的是加以"固定"或"保护"，证据的所有权未发生转移，因此其措施不能是查收、没收、提存之类的。

三、证据的应用

1. 举证与证据交换

举证与证据交换流程示意见图 9-5。

图 9-5　举证与证据交换

2. 举证时限

举证时限相关内容见表 9-3。

表 9-3　举证时限

项　目	举证时限
在适用一审普通程序 审理民事案件时	举证时限（期限）≥30 日（具体由法院指定）。 征得双方当事人同意后，指定的举证期限可少于 30 日
上述规定的举证期限届满后	人民法院可以根据案件的具体情况，酌情指定当事人提供证据或者反证的期限（具体由法院指定）
适用简易程序审理的案件	人民法院指定的举证期限可以少于 30 日
法院组织当事人交换证据的	交换证据之日举证期限届满

举证时限相关要点：
- 当事人在举证期限内提交证据材料确有困难的，应**在举证期限内申请延期举证**。
- 当事人增加、变更诉讼请求或者提起反诉的，也应当**在举证期限届满前**提出。
- 当事人在举证期限内不提交证据的，视为放弃举证权利。
- 对于当事人逾期提交的证据材料，法院审理时不组织质证（不作为认定案件事实的依据），但对方当事人同意质证的除外

3. 证据交换、质证、认证

证据交换、质证、认证相关内容见表 9-4。

表 9-4　证据交换、质证、认证

类别	内容要点
证据交换	法院对于证据较多或者复杂疑难的案件，应当组织当事人在答辩期届满后、开庭审理前交换证据。 法院组织当事人交换证据的，交换证据之日举证期限届满

类别	内容要点
质证	(1) 证据应当在法庭上出示，由当事人质证。未经质证的证据，不能作为认定案件事实的依据。 (2) 关于证人、鉴定人和勘察人的质证： 审判人员和当事人可以对证人进行询问；**证人不得旁听法庭审理**（防止证人针对庭上情况而变更说辞）；**询问证人时，其他证人不得在场**（防止证人间串通勾结）；人民法院认为有必要的，**可以让证人进行对质**
认证	认证，即证据的审核认定，是指法院对经过质证或当事人在证据交换中认可的各种证据材料作出审查判断，确认其能否作为认定案件事实的根据。认证是正确认定案件事实的前提和基础，其具体内容是对证据有无证明力和证明力大小进行审查确认。（有关证据是否能作为认定案件的依据，详见表9-5）

（1）确认证据能否作为认定案件事实的依据（重点，见表9-5）。

表 9-5　证据是否能作为认定案件事实的依据——分三种情况

类别	内容要点
不得作为认定案件事实的依据	(1) **未经质证的证据，不能作为认定案件事实的依据。** (2) 在诉讼中，当事人为达成调解协议或者和解目的作出妥协所涉及的对案件事实的认可，不得在其后的诉讼中作为对其不利的证据。 (3) 以侵害他人合法利益或者违反法律禁止性规定的方法取得的证据，不能作为认定案件事实的依据（如在他人未知的情况下拍摄的涉及他人隐私的电子资料）。 (4) 当事人对自己的主张，只有本人陈述而不能提出其他相关证据的（对方当事人认可的情况除外）
不能**单独**作为认定案件事实的证据	(1) 未成年人所作的与其年龄和智力状况不相当的证言。 (2) 与一方当事人或者其代理人有利害关系的证人出具的证言。 (3) 存有疑点的视听资料。 (4) 无法与原件、原物核对的复印件、复制品。 (5) 无正当理由未出庭作证的证人证言
可以作为认定案件事实依据的证据	除常见的能作为证据的情况外，还应注意以下两点： (1) 诉讼过程中，当事人在起诉状、答辩状、陈述及其委托代理人的代理词中承认的对己方不利的事实和认可的证据，法院应当予以确认，但当事人反悔并有相反证据足以推翻的除外。 (2) 有证据证明一方当事人持有证据无正当理由拒不提供，如果对方当事人主张该证据的内容不利于证据持有人，可以推定该主张成立

（2）数个证据对同一事实的证明力：

1）国家机关、社会团体依据职权制作的公文书证的证明力一般大于其他书证。

2）物证、档案、鉴定结论、勘验笔录或者经过公证、登记的书证，其证明力一般大于其他书证、视听资料和证人证言。

3）证人提供的对与其有亲属或者其他密切关系的当事人有利的证言，其证明力一般小于其他证人证言。（此条说明亲属也可以作为证人。）

【例3】在一次开庭审理中，原告提供了某工商行政管理机关开具的公文证书，以及与被告的合同文件，有关证人的书面证言及原告家属的书面证言。请将这些证据的证明力大小排序。

【答案】工商行政管理机关的公文证书＞原告与被告的合同＞证人的书面证言＞原告家属的书面证言。

＊＊**练习题**＊＊

11. 根据《中华人民共和国民事诉讼法》及相关规定，下列在建设工程施工合同纠纷

的诉讼中，能够作为证据的有（　　　）。（2010年真题）

A. 工程设计图纸　　　　B. 施工单位偷录的谈判录音

C. 工程质量鉴定报告　　D. 被告法定代表人的陈述　　　E. 律师代理意见

12. 下列材料不属于《中华人民共和国民事诉讼法》中规定的证据种类的是（　　）。

A. 书证　　　　B. 证人证言　　　C. 律师代理意见　　　D. 鉴定结论

13. 建设单位以工程质量不合格为由，拒绝支付工程款，施工单位起诉至人民法院。向人民法院提交的下列资料中，不属于证据的是（　　　）。

A. 工程质量检测机构出具的鉴定报告

B. 建设单位职工的书面证明材料

C. 建设单位与施工单位签订的施工合同

D. 建设单位提交的答辩状

14. 当事人在诉讼中提交的证据，在下列表述中，正确的有（　　）。

A. 书证应当提交原件　　　　　　B. 书证原件遗失不可以提交副本

C. 物证应当提交原物　　　　　　D. 物证原物遗失不可以用复制品代替

E. 提交外文书证，不必附有中文译本

15. 建设单位因施工单位在履行施工合同中存在违约行为对其提起诉讼，并准备申请对工程进行质量鉴定，则鉴定申请应在（　　　）提出。

A. 开庭审理前　　　B. 法庭辩论前　　　C. 法院判决前　　　D. 举证期限内

16. 施工单位诉建设单位拖欠工程款案件中，施工单位对人民法院委托的鉴定机构作出的鉴定结论有异议申请重新鉴定时，人民法院应予准许的情形有（　　）。（2010年真题）

A. 鉴定人员不具备相关的鉴定资格　　B. 鉴定程序严重违法

C. 鉴定结论明显依据不足　　　　　　D. 建设单位也不同意鉴定结论

E. 经过质证认定鉴定结论不能作为证据使用

17. 当事人对人民法院委托的鉴定部门作出的鉴定结论有异议，不能作为申请重新鉴定理由的是（　　　）。

A. 鉴定机构或者鉴定人员不具备相应鉴定资格的

B. 鉴定程序严重违法的

C. 鉴定结论经过质证认定的

D. 鉴定结论明显依据不足的

18. 人民法院可以根据具体情况对不同的证据采用不同的保全方法，下列行为不是证据保全方法的是（　　　）。

A. 没收　　　B. 扣押　　　　C. 查封　　　　　D. 勘验

19. 民事活动中，在证据可能灭失或者以后难以取得情况下，（　　　）可以向人民法院申请保全证据。

A. 原告　　　B. 证人　　　C. 被告　　　　　D. 鉴定人

E. 有利害关系的第三人

20. 为制止侵权行为，权利人在起诉前向人民法院申请保全证据。保全方法正确的有（　　　）。

A. 对文书、物品等进行录像、拍照、抄写

B. 对文书、物品等进行复制

C. 向证人进行询问调查、记录证人证言

D. 对证据进行鉴定或勘验

E. 将获取的证据材料交给当事人保管

21. 商品混凝土供应商甲作为证人，欲证明施工单位乙用于承包工程的商品混凝土数量及价款等事实。以下说法不符合《关于民事诉讼证据的若干规定》的是（　　）。

A. 询问证人甲时，其他证人不得在场

B. 审判人员和当事人可以对甲进行询问

C. 甲应当出庭作证

D. 甲可以旁听法院审理

22. 关于开庭质证，下列说法中不正确的是（　　）。

A. 证据应当在开庭时出示，并由当事人互相质证

B. 经过法定程序公证证明的法律行为、法律事实和文书，人民法院或者仲裁机构应当作为认定事实的根据

C. 书证应当提交原件，也可以是复印件

D. 物证应当提交原物

考点 49　诉讼时效

诉讼时效，是指权利人未在法定的时效期间内向法院提起诉讼请求保护其权利时，依法律规定消灭其胜诉权的制度。

一、诉讼时效期间的种类

根据《中华人民共和国民法通则》及有关法律的规定，诉讼时效期间通常可划分为四类（见表 9-6）。

表 9-6　诉讼时效期间的种类

序号	分　类	要　　点
1	普通诉讼时效	向人民法院请求保护民事权利的期间。**普通诉讼时效期间通常为 2 年**
2	短期诉讼时效	下列诉讼时效期间为 1 年：身体受到伤害要求赔偿的；延付或拒付租金的；出售质量不合格的商品未声明的（"质量不合格"和"未声明"两个条件必须同时满足）；寄存财物被丢失或损毁的 【助记】身有租金，售而未申明，时致减害，一（1 年）声叹息
3	特殊诉讼时效	特殊诉讼时效不是由民法规定的，而是由特别法规定的。例如，《中华人民共和国合同法》第 129 条规定涉外合同时效期间为 4 年。《中华人民共和国海商法》第 257 条规定，就海上货物运输向承运人要求赔偿的请求权，时效期间为 1 年
4	权利的最长保护期限	诉讼时效期间**从知道或应当知道权利被侵害时起计算**。但是，从权利被侵害之日起超过 **20 年**的，人民法院不予保护

注：在工程建设领域，追索工程款的诉讼时效属于普通诉讼时效，即为 2 年。

二、超过诉讼时效期间的有关法律规定

【例4】 王某因工受伤，在医院疗养1年半后，由于家庭经济困难，于是向人民法院起诉，要求所在工厂进行赔偿。在审理过程中，由于工厂未对"已超过诉讼时效的事实"提出争议，故法院也未进行释明。在审理过程中双方达成有关赔偿协议，工厂先行支付20万元医疗费，并承诺以后的医疗费全部由工厂承担。后来王某病情加重，所需医疗费增加，工厂又以起诉时超过诉讼时效为由拒绝。（注：人身伤害要求赔偿的为短期诉讼时效，时间为1年。）

问：王某的起诉是否有效？法院的受理及审理过程是否得当？工厂后来的反悔是否能得到法院的支持？

【答案】（1）超过诉讼时效期间，在法律上发生的效力是权利人的胜诉权消灭，但对于权利人的起诉，法院仍应依法受理（换而言之，超过诉讼时效，胜诉权消失，但起诉权仍有）。所以该起诉有效，若经法院受理后查明无中止、中断、延长事由的，驳回诉讼请求。

（2）有关法律规定："当事人未提出诉讼时效抗辩，法院不应对诉讼时效问题进行释明及主动适用诉讼时效的规定进行判决。"本案例中工厂未对诉讼时效有争议，故法院也不应对此进行释明。

（3）有关法律规定："超过诉讼时效的，义务人履行义务后又以诉讼超过时效为由反悔的，不予支持。"所以本案例中工厂的反悔不能得到法院的支持。

三、诉讼时效期间的起算

《中华人民共和国民法通则》第137条规定，诉讼时效期间从知道或者应当知道权利被侵害时起计算。不同情况诉讼时效的起算见表9-7。

【例5】 2000年乙出国甲将乙在国内房屋烧毁，2002年乙回国才发现房屋被毁坏，但不知道是谁将房屋损坏。2005年乙经调查得知甲为纵火烧房屋人，问乙此时是否还有诉讼权？

【解析】 "知道权益被侵害"的认定应同时满足两个要点：①知道被侵害了什么；②知道是谁侵害的。2002年时，乙发现房屋被毁坏，但并不知道是谁将房屋损毁的。因此不能以2002年为诉讼时效起算点。在2005年后才知道纵火元凶，这时虽然事发过了5年，但由于乙是刚知道侵害者，所以其诉讼时效至2007年（按普通诉讼时效2年计）都有效；但如果乙是在2021年才发现，则已经超过最长保护期限（20年），乙将丧失胜诉权。

表9-7 不同情况诉讼时效的起算

序号	具体情况	诉讼时效期间的起算
1	因人身伤害而发生的损害赔偿请求权	伤害明显的，从受伤害之日起计算；伤害时未发现，后经检查确诊并能证明是由侵害引起的，从伤势确诊之日起计算
2	同一债务分期履行的	从最后一期履行期限届满之日起计算
3	未约定履行期限的合同	依法可以确定履行期限的，诉讼时效期间从履行期限届满之日起计算；不能确定履行期限的，诉讼时效期间从债权人要求债务人履行义务的宽限期届满之日起计算

四、诉讼时效中止与中断（考试重点）

诉讼时效中止与中断的条件及影响见表 9-8。

表 9-8 诉讼时效中止与中断

	条　件	影　响
中止	在诉讼时效期间的最后 6 个月内（条件之一），因不可抗力或者其他障碍不能行使请求权的（条件之二）	中止期间的时间，不计入诉讼时效期间。自中止时效的原因消除之日起，诉讼时效期间继续计算
中断	符合下列条件之一的，诉讼时效中止：①**提起诉讼**（包括口头起诉）、②**当事人一方提出要求**（包括主张权利）③**或者同意履行义务**。	**从中断时起**，诉讼时效期间**重新计算**

注：此外，诉讼时效因权利人主张权利或者义务人同意履行义务而中断后，权利人在新的诉讼时效期间内，再次主张权利或者义务人再次同意履行义务的，可以认定为诉讼时效再次中断。权利人向债务保证人、债务人的代理人或者财产代管人主张权利的，可以认定诉讼时效中断。

【归纳】可认定为诉讼时效中断的情形比较多，一般说来，只需当事人的行为能表明权利人主张了其权利，或义务人表示同意履行其义务即可（如［例 7］，当然需有相应的证据）。

【口诀】*最后 6 月内因不能行使诉讼请求而止*（诉讼时效中止），

　　　　因情况变化需重新计算而断（诉讼时效中断）。

【口诀】"断后重计、止后续计"（止续——联想"止血"）。

【例 6】某合同诉讼时效从 2008 年 1 月 1 日起，2009 年 3 月 1 日发生了不可抗力事件为期 6 个月，则本例诉讼时效期间应到何时为止？

【解析】不可抗力引起诉讼时效中止的情况必须是在诉讼时效期间的最后 6 个月内才有效，因此，虽然本例不可抗力事件为期 6 个月，但其中仅 7 月、8 月两个月属"诉讼时效期间的最后 6 个月内"，故本例诉讼时效期间只应续计两个月，到 2010 年 3 月 1 日为止。

【例 7】甲施工企业承建乙公司综合楼一幢。根据施工合同，乙应于 2004 年 4 月 10 日前支付剩余工程款 50 万元，乙届时未予支付。甲在索要余款过程中，依次经过以下环节，综合考虑各环节，其中可使诉讼时效中断的情形有（　　　）。

A. 2004 年 9 月，甲致函乙要求其给付工程款

B. 2005 年 1 月，乙公司负责人在酒席上向甲施工企业负责人表示宽限一年，年底一定付款

C. 2005 年 12 月，乙公司新任负责人称该债务系前任领导所欠，自己概不负责

D. 2006 年 5 月，乙公司承认该债务存在，但其已超过诉讼时效期间而拒绝支付

E. 2006 年 3 月，甲向人民法院起诉

【解析】选项 A 属债权人一方提出要求的情况，选项 B 属于债务人同意履行义务的情况，选项 E 为诉讼的情况，此三项均可为诉讼时效中断的情形，且选项 A 中的的函件可作为物证，选项 B 中存在人证，故选项 ABE 正确。选项 CD 均属于逃避义务的情况，不符合诉讼时效中断的条件。

【答案】ABE

＊＊练习题＊＊

23. 根据《中华人民共和国民法通则》，当事人向人民法院请求保护民事权利的普通诉讼时效是（   ）年。（2010年真题）

A. 1   B. 2   C. 4   D. 20

24. 按照合同的约定，2007年1月1日发包方应该向承包方支付工程款，但没有支付。2007年7月1日至8月1日之间，当地发生了特大洪水，导致承包方不能行使请求权。2007年12月3日，承包方向法院提起诉讼，请求发包方支付拖欠的工程款，2007年12月31日法院作出判决。则下面的说法正确的是（   ）。

A. 2007年7月1日至8月1日之间诉讼时效中止

B. 2007年12月31日起诉讼时效中止

C. 2007年12月3日诉讼时效中断

D. 2007年7月1日至8月1日之间诉讼时效中断

25. 某建设工程合同约定，建设单位应于工程验收合格交付后两个月内支付工程款。2005年9月1日，该工程经验收合格交付使用，但建设单位迟迟不予支付工程款。若施工单位通过诉讼解决此纠纷，则下列情形中，会导致诉讼时效中止的是（   ）。

A. 2006年8月，施工单位所在地突发洪灾，一个月后恢复生产

B. 2007年6月，施工单位所在地发生强烈地震，一个月后恢复生产

C. 2007年7月，施工单位法定代表人生病住院，一个月后痊愈出院

D. 2007年9月，施工单位向人民法院提起诉讼，但随后撤诉

26. 某建设单位支付工程最终结算款的时间应为2003年4月1日。由于建设单位逾期未予支付，故施工单位于2003年8月1日致函建设单位要求付款，但未得到任何答复。则施工单位请求人民法院保护其权利的诉讼时效期间届满的时间为（   ）。

A. 2003年4月1日   B. 2003年8月1日

C. 2005年4月1日   D. 2005年8月1日

27. 以下关于时效中止的正确表述是（   ）。

A. 因法定事由的出现，权利人不能行使请求权的，诉讼时效中止

B. 因原告起诉，诉讼时效中止

C. 因被告应诉，诉讼时效中止

D. 因证人要求，诉讼时效中止

考点50　民事诉讼的审判与执行程序

一、民事诉讼的审判程序概述

民事诉讼的审判程序概述见表9-9。

表 9-9　民事诉讼的审判程序概述

		对　象	概　述	备　注
三大诉讼阶段	一审程序	起诉书中诉求	第一审民事诉讼案件中通用的程序	分为普通程序和简易程序
	二审程序	尚未发生效力的一审结果	不服地方各级人民法院尚未生效的第一审判决，向上级人民法院提起上诉的程序	又称上诉程序、终审程序
	执行程序	发生效力的判决、裁定中的财产部分	由第一审人民法院或者与第一审人民法院同级的被执行的财产所在地人民法院执行	包括强制执行
审判监督程序		已发生效力且发现确有错误的判决、裁定、调解书	指由有审判监督权的法定机关和人员提起，或由当事人申请，人民法院对已发生效力的判决、裁定、调解书再次审理的程序	又称再审程序

二、起诉的条件

起诉的条件与申请仲裁的对比见图 9-6。

起诉的条件

（1）原告是与本案有直接利害关系的公民、法人和其他组织
（2）有明确的被告
（3）有具体的诉讼请求、事实和理由
（4）属于人民法院受理民事诉讼的范围和受诉讼人民法院管辖

申请仲裁的条件

（1）有仲裁协议
（2）有具体的仲裁请求和事实、理由
（3）属于仲裁委员会的受理范围内

图 9-6　起诉的条件与申请仲裁的条件对比

常见干扰项：未超过诉讼时效、有充分证据，都不是诉讼条件，见本章练习题第 29 题。

【例 8】根据《中华人民共和国民事诉讼法》的规定，起诉必须符合的条件有（　　）。

A. 有充分的证据

B. 有明确的被告

C. 属于人民法院受理民事诉讼的范围

D. 原告是与本案有间接利害关系的公民

E. 有书面的起诉书

【解析】没有证据同样也可以起诉，只不过可能会因证据不足而败诉，所以 A 选项错误；"起诉以书面起诉为原则，口头起诉为例外"，故 E 选项错误。

【答案】BC

三、起诉程序与仲裁申请程序

诉讼及仲裁的申请程序对比见图 9-7。

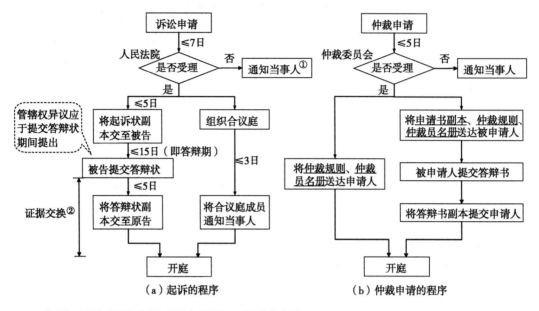

①原告对法院"不予受理"的裁定不服的，可以提起上诉。

②证据交换应在诉讼答辩期届满后、开庭审理前。

图9-7 诉讼及仲裁的申请程序对比

四、缺席判决

诉讼与仲裁均适用的缺席审判的具体情况及处理见表9-10。

表9-10 缺席审判（诉讼与仲裁均适用）

具体情况	如何处理
原告经传唤未出庭，或未经允许中途退庭	按撤诉处理
原告经传唤未出庭，或未经允许中途退庭，被告反诉	可缺席审判、缺席判决
被告经传唤未出庭，或未经允许中途退庭	可缺席审判、缺席判决

【总结】原告缺席→按撤诉处理；被告缺席→按缺席审判处理。（对反诉情形而言，原告转为被告，被告转为原告）

【例9】下列哪些情况（　　）可以按撤诉处理。

A. 原告经传票传唤，无正当理由拒不到庭的　　B. 被告反诉的

C. 被告经传票传唤，无正当理由拒不到庭的　　D. 原告未经仲裁庭许可中途退庭的

E. 原告未经法庭许可中途退庭的

【解析】选项D的情况为撤销仲裁申请，而非撤诉。

【答案】AE

五、二审程序

二审程序的内容要点见表9-11。

表 9-11　二审程序

项目	内容要点
概念	第二审程序（又称上诉程序或终审程序），是指由于民事诉讼当事人不服地方各级人民法院尚未生效的第一审判决或裁定，在法定上诉期间内，向上一级人民法院提起上诉而引起的诉讼程序。由于我国实行两审终审制，上诉案件经二审法院审理后作出的判决、裁定为终审的判决、裁定，诉讼程序即告终结
处理原则	(1) 原判决认定事实清楚，适用法律正确的，判决驳回上诉，维持原判决。 　　(2) **原判决适用法律错误的，依法改判。** 　　(3) 原判决认定事实错误，或者原判决认定事实不清，证据不足，裁定撤销原判决，发回原审人民法院重审，或者查清事实后改判。 　　(4) 原判决违反法定程序，可能影响案件正确判决的，裁定撤销原判决，发回原审人民法院重审
处理的法律后果	(1) **第二审法院作出的具有给付内容的判决，具有强制执行力。**如果有履行义务的当事人拒不履行，对方当事人有权向法院申请强制执行。 　　(2) 对于发回原审法院重审的案件，原审法院仍将按照一审程序进行审理。因此，**当事人对重审案件的判决、裁定，仍然可以上诉**

六、审判监督程序

审判监督程序的具体情况见表 9-12。

表 9-12　审判监督程序（再审程序）的提起

序号	提起方	有关程序
1	法院提起	(1) 认为本院的判决确有错误，需重审的，提交审判委员会讨论。 (2) 最高人民法院与上级法院发现确有错误时，有权指令下级人民法院再审
2	当事人申请	向上级人民法院申请再审，但**不停止判决、裁定的执行。** 当事人申请不一定引起审判监督程序，只有在**同时符合一定条件和时限（2 年内）**的前提下，由人民法院依法决定，才可以启动再审程序
3	检察院抗诉	(1) 最高人民检察院可对各级人民法院的判决、裁定提起抗诉。 (2) 上级检察院可对下级人民法院的判决、裁定提起抗诉。 (3) **同级检察院应当提请上级人民检察院向同级人民法院提出抗诉**

七、执行程序

执行程序流程图见图 9-8，执行程序中的一些要点见表 9-13，执行中止与终结见表 9-14。

表 9-13　执行程序中的一些要点

项　目	内容要点
执行的措施	(1) 查封、冻结、划拨被执行人的存款； (2) 扣留、提取被执行人的收入； (3) 查封、扣押、拍卖、变卖被执行人的财产； (4) 对被执行人及其住所或财产隐匿地进行搜查； (5) 强制被执行人交付法律文书指定的财物或票证； (6) 强制被执行人迁出房屋或退出土地； (7) 强制被执行人履行法律文书指定的行为； (8) 办理财产权证照转移手续； (9) 强制被执行人支付延迟履行期间的债务利息或延迟履行金； (10) 依申请执行人申请，通知对被执行人负有到期债务的第三人向申请执行人履行债务

项　目	内容要点
强制执行的机关	无论是诉讼还是仲裁，申请强制执行判决结果的，都必须向人民法院申请，由人民法院执行
案外人异议	执行过程中，案外人对执行标的提出书面异议的，人民法院应当自收到书面异议之日起 15 日内审查，理由成立的，裁定**中止**对该标的的执行；理由不成立的，裁定驳回。案外人、当事人对裁定不服，认为原判决、裁定错误的，依照**审判监督程序**办理；与原判决、裁定无关的，可以自裁定送达之日起 10 日内向人民法院**提起诉讼**

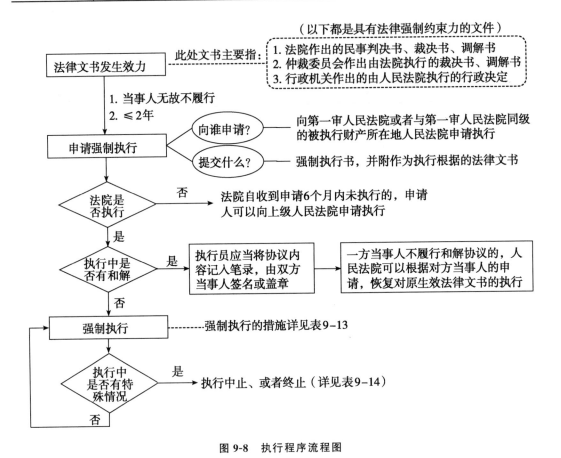

图 9-8　执行程序流程图

表 9-14　执行中止与终结

执行中止的情况	执行终结的情况
（1）申请人表示可以延期执行的。 （2）案外人对执行标的提出确有理由的异议的。 （3）作为一方当事人的公民死亡，需要等待继承人继承权利或承担义务的。 （4）作为一方当事人的法人或其他组织终止，尚未确定权利义务承受人的。 （5）人民法院认为应当中止执行的其他情形（如被执行人无财产可供执行等） 【归纳】多是有异议、待进一步确定的情形	（1）申请人撤销申请的。 （2）据以执行的法律文书被撤销的。 （3）作为被执行人的公民死亡，无遗产可供执行，又无义务承担人的。 （4）追索赡养费、扶养费、抚育费案件的权利人死亡的。 （5）作为被执行人的公民因生活困难无力偿还借款，又无收入来源，丧失劳动能力的。 （6）人民法院认为应当终结执行的其他情形

【例题练习1】根据《中华人民共和国民事诉讼法》，当事人申请司法确认调解协议，由双方当事人依法共同向（ ）基层人民法院提出。（2014年真题）

A. 当事人住所地   B. 调解协议履行地

C. 调解组织所在地   D. 调解协议签订地

【解析】经人民调解委员会调解达成调解协议后，双方当事人认为有必要的，可以按照《中华人民共和国民事诉讼法》的规定，自调解协议生效之日起30日内共同向调解组织所在地基层人民法院申请司法确认调解协议。

【答案】C

【例题练习2】关于民事诉讼正确的说法，正确的是（ ）。（2014年真题）

A. 在民事诉讼中，书证可以只提交复印件

B. 凡是知道案件情况的单位和个人，都有义务出庭作证

C. 未经过当事人同意私自录制的谈话资料不能作为证据使用

D. 当事人对鉴定结论有异议，鉴定人可以书面答复而不必出庭作证

【解析】《中华人民共和国民事诉讼法》规定，凡是知道案件情况的单位和个人，都有义务出庭作证。

【答案】B

＊＊练习题＊＊

28. 审判监督程序适用的对象是（ ）的判决、裁定。

A. 一审法院   B. 中级人民法院

C. 已经发生法律效力   D. 已经发生法律效力但发现确有错误

29. 建设单位因监理单位未按监理合同履行义务而受到损失，欲提起诉讼，则必须要满足的条件有（ ）。

A. 有具体的诉讼请求   B. 有事实和理由

C. 有充分的证据   D. 没有超过诉讼时效期限

E. 属于受诉法院管辖

30. 某施工单位诉建设单位施工合同纠纷案，由某人民法院开庭审理。建设单位经传票传唤，无正当理由拒不到庭，则人民法院可以（ ）。

A. 撤销案件   B. 中止审理   C. 终结审理   D. 缺席审判

31. 甲诉乙建设工程施工合同纠纷一案，人民法院立案审理，在庭审中，甲方未经法庭许可中途退庭，则人民法院对该起诉讼案件（ ）。

A. 移送二审法院裁决   B. 按撤诉处理   C. 按缺席判决   D. 进入再审程序

32. 被告经传票传唤，无正当理由拒不到庭的，或者未经法庭许可中途退庭的，可以（ ）。

A. 缺席判决   B. 按撤诉处理   C. 中止审理   D. 终止审理

33. 人民法院对二审案件的审理，在下列表述中，正确的有（ ）。

A. 一审判决认定事实基本清楚，引用法律并无不当，发回重判

B. 一审判决认定事实清楚，适用法律正确的，判决驳回上诉，维持原判

C. 一审判决认定事实不清，证据不足，发回一审法院重审

D. 一审判决适用法律错误的，依法改判

E. 当事人对第二审案件的判决，不可以上诉

34. 各级人民法院院长对本院已经发生法律效力的判决、裁定，发现确有错误，认为需要再审的，应当提交（　　）讨论决定。

A. 上级法院院长　　　B. 审判委员会　　　C. 首席仲裁员　　D. 高级法院审判委员会

35. 根据《中华人民共和国民事诉讼法》，申请仲裁裁决强制执行的期间（　　）。（2011年真题）

A. 6个月　　　　　　B. 1年　　　　　　C. 2年　　　　　　D. 3年

36. 某施工单位拒不履行法院生效判决，现查明该单位在银行账户存有一笔款项，则法院可采取的强制执行措施是（　　）。

A. 冻结　　　　　　B. 查封　　　　　　C. 拍卖　　　　　　D. 提存

37. 执行措施的下列说法中错误的是（　　）。

A. 查封、扣押、冻结并依照规定拍卖变卖被执行人应当履行义务部分的财产

B. 强制交付法律文书指定交付的财物或者票证

C. 不可以令被执行人强制迁出房屋或退出土地

D. 强制交付法律文书指定交付的财物或者票证

38. 仲裁裁决作出后，当事人应履行裁决。一方当事人不履行的，另一方当事人可以根据《中华人民共和国民事诉讼法》的有关规定，向（　　）申请执行。（2010年真题）

A. 人民法院　　　B. 公安机关　　　C. 政府主管部门　　　D. 仲裁委员会

39. 下列关于行政机关在实施行政强制措施所遵守的规定，正确的是（　　）。

A. 实施前须向行政机关负责人报告并经批准

B. 实施时可不通知当事人到场，但要邀请见证人到场

C. 实施时当场告知当事人具体采取的行政强制措施即可

D. 实施时必须制作现场笔录

E. 应告知当事人事后进行陈述和申辩

40. 合同一方当事人不履行仲裁裁决的，仲裁委员会（　　）。

A. 可以委托工商行政管理部门执行　　　B. 不可以强制执行

C. 授权人民法院强制执行　　　　　　　D. 移交检察机关强制执行

41. 甲公司拖欠乙公司工程款一案，经法院作出判决，现进入执行阶段。法院可根据乙的申请，对甲的银行存款采取的执行措施有（　　）。

A. 封存　　　B. 扣押　　　C. 冻结　　　D. 强制交付　　　E. 划拨

42. 案外人对执行标的提出确有理由的异议的，人民法院应当（　　）。

A. 中止执行　　　B. 终结执行　　　C. 不予执行　　　D. 继续执行

考点 51　仲裁制度

一、仲裁与诉讼的对比

仲裁与诉讼的对比见表9-15。

表 9-15 仲裁和诉讼的对比

项目	仲 裁	诉 讼
属性与特征	契约性、自愿性、独立性、保密性、快捷性（不能上诉）	公权性、强制性
特点	仲裁委员会独立于行政机关，其受理案件的管辖权来自双方的仲裁协议，没有协议就无权受理仲裁 但是，有效的仲裁协议可以排除法院的管辖权；纠纷发生后，一方当事人提起仲裁的，另一方必须接受仲裁	向法院起诉不需要双方当事人在诉讼前达成协议，只要一方当事人向有审判管辖权的法院起诉，经法院受理后，另一方必须应诉
公开性	仲裁以不公开审理为原则（除非双方协议公开）	诉讼则以不公开审理为例外①
终局	一裁终局	两审终审
监督/再审	由法院进行司法监督，经当事人申请后才对裁决进行审查（具体详见图 9-13）	对已发生效力且发现确有错误的判决、裁定、调解书，可提请再审

【口诀】或裁或审（诉），协议有效就应仲裁

①类似的口诀还有：

• 起诉以书面起诉为原则，口头起诉为例外。

• 行政行为以无偿为原则，以有偿为例外。

二、仲裁的基本制度

仲裁的三项基本制度见图 9-9。

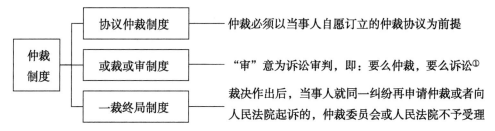

①仲裁协议有效的，一方当事人申请仲裁的，另一方必须仲裁。有效的仲裁协议可排除法院的管辖权。无仲裁协议或仲裁协议无效的，则不能通过仲裁解决纠纷。

图 9-9 仲裁的三项基本制度

三、仲裁协议的内容

（1）请求仲裁的意思。

（2）仲裁事项。　　【助记】仲裁协议三要素：意思、事项、委员会

（3）选定仲裁委员会。

以上三项内容必须同时具备，仲裁协议才有效。当事人选择仲裁委员会不受地点限制，但必须明确、具体。当事人不能就仲裁机构选择达成一致意见的，仲裁协议无效。

仲裁协议应当采用书面形式（能够有效地表现所载内容，并可以随时调取查用的数据电文，视为符合法律、法规要求的书面形式；可靠的电子签名与手写签名或者盖章具有同等的法律效力），口头方式达成的仲裁意思表示无效。仲裁协议可以表现为合同中的仲裁条款。

仲裁协议是仲裁委员会受理仲裁案件的基础，是仲裁庭审理和裁决仲裁案件的依据。

没有有效的仲裁协议，仲裁委员会将不能获得仲裁案件的管辖权。

四、仲裁协议的效力

仲裁协议效力的相关情况见图9-10。

都必须**以仲裁协议有效为基本前提**

⇓

- 1. 对当事人的法律效力 —— 有有效 仲裁协议的，当事人应通过仲裁的方式解决纠纷①
- 2. 对法院 的约束力 —— 只要在 开庭前 一方提交仲裁协议，法院就应驳回诉讼
- 3. 对仲裁机构的法律效力 —— 仲裁委员会只能在仲裁协议约定的范围内仲裁
- 4. 仲裁协议的独立性 —— 仲裁协议的效力不受合同变更、解除、终止、无效的影响

①当事人达成一致，同意不按仲裁协议执行的除外。

【口诀】或裁或审，协议有效才能裁，如已开庭就不能再裁。

图 9-10 仲裁协议的效力

五、仲裁程序

1. 仲裁申请

仲裁的申请条件见图9-6，诉讼申请及仲裁申请的程序对比见图9-7。

2. 仲裁庭

仲裁庭的裁决应以多数意见为主，但难以形成多数意见时，裁决应当按照首席仲裁员的意见作出。仲裁庭的组成形式见图9-11。

仲裁庭的组成形式
- 合议仲裁庭——3人，双方各指定一人。第三人为首席仲裁员，由双方共同选定或委托仲裁委员会主任指定
||
- 独任仲裁庭——1人，由双方共同选定或委托仲裁委员会主任指定

图 9-11 仲裁庭的组成形式

【例10】某工程质量纠纷经仲裁庭开庭审理后，在赔偿数额上形成两种意见，甲、乙、丙仲裁员分别认为应赔偿15万元、16万元、20万元，其中丙仲裁员是由当审人双方共同选定的。此案中，应当裁决赔偿（　　）万元。

A. 15　　　　　B. 16　　　　　C. 17　　　　　D. 20

【解析】本题未形成多数人意见，故应以首席仲裁员的决定为准。但若本题中甲和乙的意见统一，那么即使首席仲裁员丙与甲乙的共同意见不同，也应遵循甲乙的共同意见。（先应少数服从多数，无多数的情况下再看谁更有"分量"。）

【答案】D

3. 开庭、调解

（1）仲裁一般不公开进行，但应当开庭进行，当事人可以协议公开，也可以协议不开庭。

（2）当事人应当对自己的主张提供证据。

（3）仲裁中通过调解达成协议的，仲裁庭应当制作调解书或者根据协议的结果制作裁决书。

4. 申请撤销仲裁裁决

仲裁的本质属性为契约性；同时，在立法规范和司法实践中又具有司法性，人民法院

对仲裁进行司法监督（见图 9-12）（因此，撤销仲裁裁决应向法院申请）。

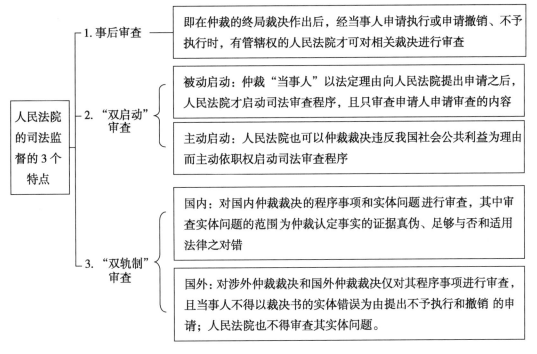

图 9-12　人民法院的司法监督的 3 个特点

当事人提出证据证明裁决有下列情形之一的，可以向仲裁委员会所在地的中级人民法院申请撤销裁决或申请裁定不予执行（见图 9-13）。

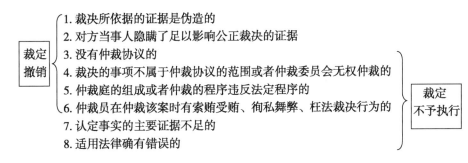

【归纳】仲裁的结果只会有三种：要么执行、要么不予执行、要么撤销。

图 9-13　可申请撤销裁决或申请不予执行的情况

【例 11】下列关于仲裁开庭的说法，正确的是（　　）。

A. 仲裁应当开庭进行，当事人也可以协议不开庭

B. 仲裁应当不开庭进行，当事人也可以协议开庭

C. 仲裁不公开进行，当事人协议公开的必须公开

D. 仲裁公开进行，当事人可以协议不公开

【解析】"不开庭"与"不公开开庭"是不同概念。"不开庭"指的是双方不在庭上照面，不质证不辩论，完全书面审理；"不公开"指的是不对社会、新闻媒体公开，不允许

旁听。仲裁应当开庭审理，当事人也可以协议不开庭；仲裁以不公开审理为原则，除非双方协议公开。

【答案】A

六、劳动争议仲裁与民事仲裁

劳动争议仲裁与民事仲裁的对比见表9-16。

表9-16　劳动争议仲裁与民事仲裁的对比

项目	劳动争议仲裁	民事仲裁
审/裁方式	先裁后审（也可以直接提起诉讼）	或裁或审
管辖机关	法定管辖（不由当事人意思自治）	约定管辖（必须双方共同选定）
时效	自发生争议起60日内提出仲裁申请，仲裁裁决一般在收到申请60日内作出	适用诉讼时效（详见考点49）

七、劳动仲裁与劳动调解

用人单位与劳动者发生劳动争议，当事人可以依法申请调解、仲裁、提起诉讼，也可以协商解决。调解原则适用于仲裁和诉讼程序。劳动调解与劳动争议的解决见表9-17。

表9-17　劳动调解与劳动争议的解决

分类	委员会组成	效力
劳动调解	当事人可以向本单位劳动争议调解委员会申请调解。劳动争议调解委员会由职工代表、用人单位代表和工会代表组成，劳动争议调解委员会主任由工会代表担任	不具有强制力，当事人不服可以申请仲裁，或提起诉讼
劳动仲裁	劳动争议仲裁委员会由劳动行政部门代表、同级工会代表、用人单位方面的代表组成。劳动争议仲裁委员会主任由劳动行政部门代表担任	不具有强制力，当事人不服可以提起诉讼

八、涉外仲裁的相关内容

涉外仲裁的相关内容见表9-18。

表9-18　涉外仲裁的相关内容

项目	内容要点
类型	（1）两当事人公司为："一中、一外"。 （2）两当事人公司为两家外国公司（"两外"）。 （3）港澳台的公司、企业
机构	涉外仲裁委员会可以由中国国际商会组织设立。设立的涉外仲裁机构是中国国际经济贸易仲裁委员会、中国海事仲裁委员会
证据、财产保全	当事人申请财产保全的，中华人民共和国的涉外仲裁机构应当将当事人的申请，提交被申请人住所地或财产所在地的中级人民法院裁定
执行	（1）被执行人或财产在国内的，由上文所提到的中级人民法院执行。 （2）被执行人或者其财产不在国内的，应当由当事人直接向有管辖权的外国法院申请承认和执行
国际公约	《承认和执行外国仲裁裁决公约》规定，成员国要保证和承认任何公约成员国作出的仲裁裁决（我国已加入）

【例12】下列仲裁协议约定的内容中，属于有效条款的是（　　）。（2014年真题）

A. 仲裁协议约定的两个仲裁机构，且当事人不能就仲裁机构选择达成一致

B. 当事人约定争议可以向仲裁机构申请仲裁也可以向人民法院起诉

C. 劳动合同约定发生劳动争议向北京仲裁委员会申请仲裁

D. 双方因履行合同发生纠纷向北京仲裁委员会申请仲裁

【解析】仲裁协议应当具备下列内容：①请求仲裁的意思表示；②仲裁事项；③选定的仲裁委员会。这三项内容必须同时具备，仲裁协议才能有效。

【答案】D

【例13】关于我国仲裁基本制度的说法，正确的是（　　）。

A. 当事人对仲裁不服的，可以提起公诉

B. 当事人达成有仲裁协议，一方向法院起诉的，人民法院不予受理

C. 当事人没有仲裁协议而申请仲裁的，仲裁委员会应当受理

D. 仲裁协议不能排除法院对案件的司法管辖权

【解析】本题考查的是仲裁协议的规定。当事人达成仲裁协议，一方向人民法院起诉的，人民法院不予受理，但仲裁协议无效的除外。因此，有效的仲裁协议可以排除法院对案件的司法管辖权，只有在没有仲裁协议或者仲裁协议无效的情况下，法院才可以对当事人的纠纷予以受理。

【答案】B

＊＊练习题＊＊

43. 建设单位与施工单位的合同中约定："双方在履行过程中发生的争议，由双方当事人协商解决；协商不成的，可以向有关仲裁委员会申请仲裁。"后双方发生纠纷，建设单位要求向甲仲裁委员会申请仲裁，施工单位要求向乙仲裁委员会申请仲裁，双方争执不下。关于纠纷解决方式选择的说法，正确的是（　　）。(2010年真题)

A. 只能向有管辖权的人民法院起诉

B. 只能向不动产所在地的仲裁委员会申请仲裁

C. 应由甲仲裁委员会进行仲裁

D. 建设单位与施工单位选择的仲裁委员会谁先收到仲裁申请，就由谁进行仲裁

44. 甲公司与乙公司因合同纠纷向某区基层法院起诉，乙应诉，经开庭审理，法院判决甲胜诉，乙对区法院的判决实体内容无异议，却以双方签订了仲裁协议为由向市中级法院提出上诉，要求据此撤销一审判决，市中级法院的正确处理应为（　　）。(2011年真题)

A. 查清事实后改判，驳回甲的诉讼请求

B. 仲裁协议如果有效，则裁定撤销一审判决，驳回甲的起诉

C. 裁定驳回乙的上诉，维持原判决

D. 裁定撤销一审判决，发回原法院重审

45. 甲方与乙方签订一项工程承揽合同并约定仲裁机构，后在合同履行期间产生纠纷，双方按照约定进行了仲裁，乙方不服仲裁裁决，根据《中华人民共和国仲裁法》规定，乙方可以向（　　）的中级人民法院提出撤销仲裁裁决的申请。

A. 仲裁委员会所在地　　　　　　　B. 合同签订地

C. 乙方所在地 D. 建设工程所在地

46. 关于仲裁裁决效力的说法，正确的是（　　）。（2011年真题）

A. 仲裁裁决具有强制执行力，一方当事人不履行，对方当事人可以向仲裁委员会申请强制执行

B. 仲裁裁决在所有《承认和执行外国仲裁裁决公约》缔约国或地区，不能直接承认和执行

C. 当事人向人民法院请求撤销裁决决定的，该裁决书不发生法律效力

D. 一裁终局，当事人就同一纠纷再申请仲裁或向人民法院起诉不予受理

47. 甲、乙两公司欲签订一份仲裁协议，仲裁协议的内容可以不包括（　　）。

A. 选定的仲裁委员会 B. 仲裁事项

C. 双方不到法院起诉的承诺 D. 请求仲裁的意思表示

48. 甲总承包单位将其承建的工程分包给乙承包单位，双方订立分包合同并约定因本合同发生的一切争议均由某仲裁委员会裁决。后双方因质量问题发生争议，同时发现该分包行为未经建设单位同意。下列关于本案中仲裁协议效力的说法，正确的是（　　）。

A. 分包合同无效，则仲裁协议无效

B. 分包合同有效，则仲裁协议有效

C. 分包合同效力待定，则仲裁协议效力待定

D. 分包合同效力与仲裁协议效力没有相关性

49. 甲与乙因施工合同纠纷诉至人民法院。在法庭调查时，乙出示了双方订立的有效仲裁协议，此时人民法院应当（　　）。

A. 驳回起诉 B. 继续审理

C. 终止诉讼 D. 将案件移交合同约定的仲裁机构

50. 仲裁委员会受理仲裁申请后下列说法中正确的是（　　）。

A. 仲裁委员会受理仲裁申请后，应当在仲裁规则规定的期限内将仲裁规则送达申请人

B. 仲裁委员会受理仲裁申请后，应将仲裁申请书副本和仲裁员名册送达被申请人

C. 仲裁委员会受理仲裁申请后，应将仲裁申请书副本和仲裁规则、仲裁员名册送达被申请人

D. 仲裁委员会受理仲裁申请后，应将仲裁申请书副本和仲裁规则、仲裁员名册送达申请人

E. 仲裁委员会受理仲裁申请后，应当在仲裁规则规定的期限内将仲裁规则和仲裁员名册送达申请人

51. 仲裁庭的组成形式有（　　）。

A. 一种 B. 二种 C. 三种 D. 四种

52. 仲裁庭的组成形式正确的是（　　）。

A. 仲裁庭可以由5名仲裁员组成 B. 仲裁庭可以由2名仲裁员组成

C. 仲裁庭可以由3名仲裁员组成 D. 仲裁庭可以由4名仲裁员组成

53. 以下关于仲裁庭组成的表述，正确的是（　　）。

A. 仲裁庭可以由三名仲裁员或一名仲裁员组成，由三名仲裁员组成的设首席仲裁员

B. 由若干名仲裁员组成仲裁庭的，不设首席仲裁员

C. 仲裁庭由两名仲裁员组成，当事人双方各选定一名

D. 仲裁庭由当事人各方选定的一名仲裁员组成

54. 仲裁过程中，如当事人双方达成了调解协议，则仲裁庭下述做法正确的有（　　）。

A. 制作调解书　　　B. 制作裁决书　　　C. 驳回申请

D. 撤销案件　　　　E. 要求当事人撤回申请

考点 52　调解、和解与争议评审制度

一、调解

调解的方式见表 9-19。

表 9-19　调解的方式

序号	调解方式	要　点
1	人民调解	人民调解的组织形式是人民调解委员会（人民调解委员会是村民委员会和居民委员会下设的调解民间纠纷的群众性自治组织）。 　　双方当事人认为有必要的，可以自调解协议生效之日起 30 日内共同向人民法院申请司法确认。经司法确认有效，方具有强制约束力（可申请法院强制执行）
2	行政调解	国家机关应当事人要求进行的调解（行政调解不具有强制约束力）
3	仲裁调解	仲裁机构在仲裁裁决之前进行的调解，调解书与裁决书具有同等法律效力，经双方签收后即发生法律效力
4	法院调解	即诉讼内调解，可由审判员一人主持，也可由合议庭主持。法院调解书经双方签收后，即具有法律效力，效力与判决书相同。调解未达成协议或调解书达到前一方反悔的，人民法院应当及时判决
5	专业机构调解	如中国国际商会调解中心和北京仲裁委员会等机构进行的调解

【例 14】甲乙双方因工程施工合同发生纠纷，甲公司向法院提起了民事诉讼。审理过程中，在法院的主持下，双方达成了调解协议，法院制作了调解书并送达了双方当事人。双方签收后乙公司又反悔，则下列说法正确的是（　　）。（2009 年真题）

A. 甲公司可以向人民法院申请强制执行

B. 人民法院应当根据调解书进行判决

C. 人民法院应当认定调解书无效并及时判决

D. 人民法院应当认定调解书无效并重新进行调解

【解析】既然双方已签收，即产生法律效力，不应再进行判决，故选项 BCD 都不正确。

【答案】A

二、和解

和解是当事人之间自愿协商、达成协议，没有第三人参加。而调解是在第三人支持下进行疏导、劝说，使之相互谅解，自愿达成协议。

和解的应用很灵活，可以在多种情形下进行和解。包括：诉讼前的和解、诉讼中的和解、执行中的和解、仲裁中的和解（见表9-20）。

和解达成的协议都不具有法律强制约束力。

表9-20 和解的类型

分 类	内容要点
诉讼前的和解	和解成立后，当事人争执的权利即归于确定（重大误解等情况除外）
诉讼中的和解	此和解没有法律效力，但可请求法院制作调解书，经双方签名盖章产生法律效力
执行中的和解	一方当事人不履行和解协议的，人民法院可以根据对方当事人的申请，**恢复对原生效法律文书的执行**
仲裁中的和解	和解后可请求仲裁委员会根据和解协议作出裁决书

三、和解与调解的区别

和解与调解的区别对比见表9-21。

表9-21 和解与调解的区别对比

项目	和 解	调 解
参与人	当事人之间自愿协商、达成协议，没有第三人参加	在第三人支持下进行疏导、劝说，使当事人相互谅解，自愿达成协议
适用情况	和解的应用最灵活，在执行中也可以和解	调解的几种情况如表9-19
效力	（1）和解达成的协议都不具有法律强制约束力（但违反协议的一方应承担违约责任）。 （2）诉讼阶段的和解虽没有法律效力，但当事人和解后，可请求法院制作调解书，经双方签章产生法律效力	（1）调解书经双方当事人签收后，即发生法律效力。 （2）仲裁调解书与裁决书具同等法律效力。法院制作的调解书与判决书也具有同等法律效力（可凭此向法院申请强制执行）
反悔的情况	达成和解协议，撤回仲裁申请后反悔的，仍可以根据仲裁协议申请仲裁。 对于执行中的和解，一方当事人不履行和解协议的，人民法院可以根据对方当事人的申请，**恢复对原生效法律文书的执行**	一方当事人不履行已发生效力的调解书时，另一方当事人可以申请法院执行

【归纳】

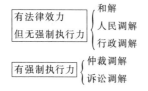

四、争议评审制度

争议评审制度项目及内容要点见表9-22。

表 9-22　争议评审制度

项　目	内容要点
专家独立评审	当事人选择**独立于任何一方**当事人的争议评审专家（通常是 3 人，小型工程 1 人）组成争议评审小组
不具有法律效力	当事人一方不接受评审意见，可按照合同约定，将争议提交仲裁或者起诉
何时发生法律效力	若经双方签字作为补充协议，即发生法律效力
不能因争议评审而等待	在争议评审期间、仲裁或诉讼结束前，应暂按总监理工程师的确定执行

五、几种法律文书的生效时间归纳

（1）仲裁调解书经双方签收后生效；仲裁裁决书自作出之日起生效。

（2）一审判决书，如未有上诉，则最早于送达之日起 15 日后生效（一审裁决书则为 10 日）。

（3）法院作出的调解书，自双方签收起生效。

（4）二审判决书，自作出之日起生效。

【例题练习 3】关于仲裁开庭和审理的说法，正确的是（　　）。（2014 年真题）

A. 仲裁开庭审理必须经当事人达成一致

B. 仲裁审理案件应当公开进行

C. 当事人可以协议仲裁不开庭审理

D. 仲裁庭不能做出缺席裁决

【解析】本题考查的是仲裁的开庭和裁决。选项 B 仲裁以不公开审理为原则。选项 C 仲裁应当开庭进行。当事人协议不开庭的，仲裁庭可以根据仲裁申请书、答辩书以及其他材料作出裁决。选项 D 仲裁庭可以依法缺席审理并做出裁决。

【答案】C

＊＊练习题＊＊

55. 关于和解的说法，错误的是（　　）。（2010 年真题）

A. 和解协议具有强制执行的效力

B. 当事人在申请仲裁或提起民事诉讼后仍然可以和解

C. 和解可以发生在民事诉讼的任何阶段

D. 当事人和解后可以请求法院调解，制作调解书

56. 法院终审判决甲公司向乙公司支付工程款及利息，甲到期没有付款，乙申请法院执行。在执行过程中，甲、乙双方达成分期付款协议，但甲没有履行该协议。下列关于执行的说法中正确的是（　　）。

A. 乙可以向法院另行起诉　　　　B. 乙可以申请法院恢复执行

C. 该执行已经终结　　　　　　　D. 乙可以提起审判监督程序

57. 仲裁裁决书自（　　）之日起发生法律效力。（2011 年真题）

A. 发出　　　B. 当事人收到　　　C. 申请撤销期限届满　　　D. 作出

58. 甲乙双方的合同纠纷于 2006 年 7 月 2 日开庭仲裁，7 月 4 日，经仲裁庭调解，双

方达成了调解协议，7月5日仲裁庭根据调解协议制定了调解书，7月6日调解书交由双方签收，根据《中华人民共和国仲裁法》有关规定，则下列说法正确的是（　　）。

A. 该调解书与仲裁裁决书具有同等法律效力

B. 该调解书自 2006 年 7 月 5 日产生法律效力

C. 若当事人签收调解书后反悔，则仲裁庭重新开庭仲裁

D. 申请人签收调解书后，申请人应撤回仲裁申请

E. 该调解书自 2006 年 7 月 6 日产生法律效力

59. 甲公司根据生效判决书向法院申请强制执行。执行中与乙公司达成和解协议。和解协议约定：将乙所欠 220 万元债务减少为 200 万元，乙自协议生效之日起 2 个月内还清。协议生效 2 个月后，乙并未履行协议的约定。下列说法中，正确的是（　　）。（2011 年真题）

A. 甲可向法院申请恢复原判决的执行　　B. 甲应向乙住所地法院提起民事诉讼

C. 由法院执行和解协议　　D. 由法院依职权恢复原判决的执行

考点 53　行政复议和行政诉讼制度

一、行政复议与行政诉讼的区别联系

两者都是因为行政纠纷而引起的，即当事人对行政机构的处罚不满而产生的抗辩。

两者之间的基本关系是：除法律、法规规定必须先申请行政复议的以外，行政纠纷当事人可以自由选择申请行政复议或行政诉讼，二者不能同时进行。

两者之间的区别见表 9-23。

表 9-23　行政复议和行政诉讼的区别

分类	处理机构	审查范围	案　　例
行政复议	上级主管部门或本级人民政府	合法性、适当性的审查	某施工单位被当地建设行政主管部门吊销其执照，施工单位对此不服，可以向上级主管部门提出行政复议
行政诉讼	人民法院	仅作合法性审查	某施工单位被当地建设行政主管部门责令停业整顿，施工单位对此不服，可以向人民法院可提起行政诉讼

二、行政复议及行政诉讼的范围

可以提请行政复议及行政诉讼的事项比较相似，总的来说包括：行政处罚（如警告、罚款、吊销执照等）、行政强制措施（限制人身自由、财产冻结等）、行政许可等。就本科目考试而言，我们应主要掌握几种不能提请的情况，如表 9-24 所示。

表 9-24 行政复议和行政诉讼中不受理的情况

情况	行政复议	行政诉讼（民告官）
不受理的情况	（1）行政机关的**行政处分**或者其他**人事处理**决定（应提起诉讼）。 （2）行政机构对民事纠纷作出的调解或者处理（应申请仲裁或提起民事诉讼）（如［例15］中A选项）	（1）国防、外交等国家行为。 （2）行政法规、规章或者行政机关制定、发布的具有普遍约束力的决定、命令（如［例15］中D选项）。 （3）行政机关对行政机关工作人员的奖惩、任免等决定（如［例15］中C选项）。 （4）法律规定由行政机关最终裁定的具体行政行为

【例15】施工单位对建设行政管理部门的下列行为提起行政诉讼，人民法院应当受理的是（　　）。

A. 对施工现场侵权赔偿纠纷进行的调解

B. 撤销施工单位资质证书的决定

C. 因工作人员违法颁发资质证书而给予的行政处分

D. 关于资质证书颁发的条件不符合法律规定

【解析】选项A的情况，法院不应受理因"对施工现场侵权赔偿纠纷进行的调解"而提起的行政诉讼，但可以受理因"施工现场侵权赔偿纠纷"而提起的民事诉讼。

【答案】B

三、行政复议及行政诉讼的有关程序

行政复议和行政诉讼的有关程序见表9-25。

表 9-25 行政复议和行政诉讼的有关程序

分类	行政复议	行政诉讼
申请或起诉	公民应当自知道该具体行政行为之日起60日内提出行政复议申请（法律规定及不可抗力或其他理由耽误的除外）	公民应当自知道该具体行政行为之日起3个月内提出诉讼。若为不服从行政复议的，应当自收到行政复议决定书15日内起诉
受理	行政复议机关在收到复议申请后，5日内决定是否受理	法院应在接到诉状7日内立案或者作出裁定不予受理
决定或判决	行政复议机关在收到复议申请60日内作出行政复议决定	适用两审终审制

注：此处说的"具体行政行为"可参见［例16］。

【归纳助记】——行政复议与行政诉讼

复议诉讼自由选，时效分别2、3月；

上级部门本级府，人事处理不复议；

不服复议要我（15日）诉。

四、行政复议的决定与行政诉讼的判决

行政复议的决定与行政诉讼的判决对比见表9-26。

表 9-26 行政复议的决定与行政诉讼的判决对比

分类	行政复议的决定	行政诉讼的判决
应维持"原行政行为"的情况	认定事实清楚，证据确凿，适用依据正确，程序合法的	

分类	行政复议的决定	行政诉讼的判决
应撤销、变更具体行政行为，或确认（判决）具体行政行为为违法（或合法）的情况	有以下情况之一的，行政复议机关所作行政复议决定，可撤销、**变更**①该具体行政行为，或确认该行政行为违法（对于撤销或确认该具体行政行为违法的，可责令被申请人在一定期限内重新作出具体行政行为）。 （1）主要事实不清、证据不足的； （2）适用依据错误的； （3）违反法定程序的； （4）超越或滥用职权的； （5）具体行为明显不当的	（1）有以下情形之一的，除可判决撤销或部分撤销外，还可以判决被告重新作出具体行政行为：① ①主要证据不足的； ②适用法律、法规错误的； ③违反法定程序的； ④超越或滥用职权的。 （2）认定行政处罚显失公正的，可以判决变更；② （3）通过审查，可作出确认被诉具体行政行为合法或违法的判决
不履行或拖延履行的情况	被申请人（或被告）不履行或拖延履行法定职责的，应责令（或判决）限期履行	

①法院对具体行政行为一般只作合法性审查，**不做合理性审查**。因此，行政诉讼中法院不能变更原具体行政行为的内容，只能判决被告重新作出具体行政行为。与此相反的是，行政复议则可以，如行政复议中上级行政机关可以对下级行政机关的具体行政行为进行变更。

②认定行政处罚显失公正（即同类型的行政处罚畸轻畸重，明显的不公正）的，可以判决变更，这是一种比较特殊的情况。（如［例17］）。

与此相反的是，行政复议则可以，如行政复议中上级行政机关可以对下级行政机关的具体行政行为进行变更。

此外，关于行政诉讼，还应注意以下两点：

• 行政诉讼中，认为被告的诉讼请求不能依法成立的，应直接判决否定原告的诉讼请求。

• 行政诉讼和民事诉讼一样，均实行二审终审制。

【例16】甲省人民政府作出了批准该省乙市人民政府在乙市某村征用土地的批复。其后，乙市规划建设局授予丙公司拆迁许可证，拆除该村一组住户的房屋。住户不服，欲请求法律救济。下列说法中，正确的是（　　）。（2011年真题）

A. 住户不得对乙市规划建设局授予拆迁许可证的行为提起诉讼

B. 住户对甲省人民政府征用土地的批复不服，应当先申请复议再提起诉讼

C. 住户可以对乙市人民政府征用补偿决定提起诉讼

D. 住户不得请求乙市人民政府撤销乙市规划建设局授予丙拆迁许可证的行为

【解析】住户认为具体相关行政行为侵犯了自己的权益，当然可以对此申请行政复议或提起行政诉讼。本题中的具体行政行为是指"乙市人民政府的征地行为"，因此行政诉讼只能针对乙市人民政府，而不能针对甲省人民政府的批复。

【答案】C

【例17】某施工单位认为工商行政管理部门对其罚款过重，向法院提起诉讼。法院经过审理，认为该行政处罚显失公平。关于法院对该案的处理，下列说法中正确的是（　　）。（2010年真题）

A. 由于该行政处罚并不违法，法院应当维持原判

B. 法院可以撤销该行政处罚，并判决将罚款改为警告

C. 法院应当判决行政机关重新作出行政处罚

D. 法院可以直接判决减少部分罚款金额

【解析】法院对具体行政行为一般只做合法性审查，不做合理性审查。对行政案件，一般只判决维持或判决违法，不做变更判决。但本题是针对显失公平的行政处罚，法院有权判决变更，这是一种比较特殊的情况。

【答案】D

【例18】根据《中华人民共和国行政复议法》，下列事项中，属于不可申请行政复议的情形是（   ）。（2014年真题）

A. 对建设主管部门责令施工企业停止施工的决定不服的

B. 对建设主管部门撤销施工企业资质证书的决定不服的

C. 对规划行政主管部门撤销建设工程规划许可证的决定不服的

D. 对建设行政主管部门就建设工程合同争议进行的调解结果不服的

【解析】本题考查的是行政复议范围和行政诉讼受案范围。下列事项应按规定的纠纷处理方式解决，不能提起行政复议：①不服行政机关作出的行政处分或者其他人事处理决定的，应当依照有关法律、行政法规的规定提起申诉；②不服行政机关对民事纠纷作出的调解或者其他处理，应当依法申请仲裁或者向法院提起诉讼。

【答案】D

＊＊练习题＊＊

60. 对某地级市建设行政主管部门作出的具体行政行为，当事人不服，可以向（   ）申请行政复议。

A. 市建设行政主管部门　　　B. 市人民政府　　　C. 省级建设行政主管部门

D. 省级人民政府　　　　　　E. 国务院建设行政主管部门

61. 下列选项中不能提起行政复议的行为是（   ）。

A. 某市建设行政主管部门将某施工企业的资质由一级降低为二级

B. 某市交通行政主管部门发布了禁止大型运输车辆超载的规定，并据此对某公司超载车辆进行扣押

C. 某市建设行政主管部门下达有关文件对内部工作人员予以警告处分

D. 某市民政部门对张某成立社团组织的申请不予批准

62. 建设行政管理部门对建设工程合同争议进行调解，施工单位不服。施工单位可以采取的行为是（   ）。

A. 申请行政复议或提起行政诉讼　　　B. 申请仲裁或提起民事诉讼

C. 申请行政复议后提起行政诉讼　　　D. 申请仲裁后提起民事诉讼

63. 某施工单位在参加投标中有违法行为，建设行政主管部门的处罚决定于5月20日作出，施工单位5月25日收到。如果施工单位申请行政复议，申请的最后期限为（   ）。

A. 6月4日　　　B. 6月9日　　　C. 7月19日　　　D. 7月24日

第十章 重要知识点归纳

一、应利用公平原则加以理解的一些情形

公平原则在工程建设活动中的体现示例见表 10-1。

表 10-1 公平原则在工程建设活动中的体现示例

项 目	具体情况
监理单位的选择	工程监理单位与被监理工程的施工承包单位以及建筑材料、建筑构配件和设备供应单位不得有隶属关系或其他利害关系。（特别注意：无设计单位）
检测机构及检测人员	检测机构和检测人员不得推荐或者监制建筑材料、构配件和设备。检测机构不得与行政机关、法律、法规授权的具有管理公共事务职能的组织以及所检测工程项目相关的设计单位、施工单位、监理单位有隶属关系或其他利害关系。（特别注意：无建设单位）
合同订立、撤销	在订立合同时显失公平的合同应归类为可变更、可撤销合同。 撤销权仅由重大误解人、显失公平的受害人、被欺诈方、被胁迫方、乘人之危受害方享有，对方当事人不享有撤销权。（法律公平性的体现）
买卖合同中	买卖合同中，逾期交货或者逾期提货的情况，其最终价款的确定原则就体现了对守约方的保护，对违约方的处罚，详见表 5-35
债权、债务转让	债权人转让债权，保证担保人应继续承担保证责任；经债权人许可，债务人转让债务的，还需经保证人书面同意后保证人才继续承担保证责任；债权人和债务人协议变更合同主体的，必须经保证人书面同意后才继续承担保证责任
代 理	关于代理的各项法律规定，一个基本的出发点，就是要公平。 如：表见代理是无权代理，但其代理行为却是有效的
招投标过程中	公平、公正原则是贯穿招投标活动的一条主要原则，如以下几点： （1）不得对潜在投标人实行歧视待遇，不得以不合理条件限制或排斥潜在投标人等。 （2）与投标人有利害关系的人不得进入相关项目的评标委员会。 （3）评标标准和评标方法应当合理，不得含有倾向或者排斥潜在投标人的内容，不得妨碍或者限制投标人之间的竞争。 （4）在评标过程中，不得改变招标文件中规定的评标标准、方法和中标条件。 （5）以串通投标、行贿等手段谋取中标、低于成本报价竞标等都是违法的。 （6）因违法行为而导致中标无效的情况下，应重新组织招标，而不是确定排名第二的中标候选人为中标人。（因为这样才能保证对所有投标人都公平，如第四章练习题 25）
诉讼、仲裁过程中	如证据的交换、明示；证人不得旁听（防止串供）；诉讼中将合议庭的组成告知被告与原告；仲裁委员会的组成应征求双方意见等都体现了法律公平公正的一面
无因管理之债	之所以产生无因管理之债，一方面是为了保护无因管理的管理人员，另一方面，受益人也应该对无因管理的服务支付报酬，这才对双方都公平；不当得利之债的情况也如此
诉讼时效	诉讼时效期间从知道或者应当知道权利被侵害时起计算。 ——如果不可能知道还要起算诉讼时效的时期，显然对当事人不公，但是，如果在应当知道但不知道（而且是否知道的真实情况有时候无法认定）的情况下，还不开始计算诉讼时效的时期，就会对其他人不公。（法律不保护行使权利的懒惰者）

二、有关"撤销"、"撤回"的归纳

有关"撤销"、"撤回"的归纳见表 10-2。

表 10-2　有关"撤销、撤回"的归纳

项　目	具体情况
可以单方面撤销	(1) 要约可撤销、撤回，承诺可撤回。 (2) 委托代理关系中双方都可以单方面撤销委托关系（签订委托合同的则应依合同约定）。 (3) 申请人撤回诉讼（仲裁）申请——无正当理由不到庭的，或未经许可中途退庭的也视为撤回诉讼（仲裁）申请。 (4) 行政部门对企业资质依法进行的撤销、撤回。 注：可撤销的合同不能单方面自主撤销，需向法院或仲裁机构申请后才能撤销
需通知后方可撤销	限制行为能力人订立的合同和无权代理人订立的合同，在被追认之前，善意相对人有撤销的权利，撤销应当以通知的方式作出
需对方同意后方可撤销	债权人转让权利的通知不得撤销，但经受让人同意的除外
不可撤销	(1) 中标通知书既不能撤回、也不能撤销（一旦发出就生效）。 (2) 承诺不可撤销（但在承诺到达对方之前可撤回）。 (3) 在招标文件要求的提交投标文件的截止时间前，投标文件可撤回；在此之后不可撤回，也不可撤销

注：有关判决、裁决、调解书的撤销不在此表的归纳之中。

三、有关"转让"的归纳

有关"转让"的归纳见表 10-3。

【理解】千万不要认为"可撤销"的也就"可转让"，因为撤销只涉及订立合同的双方当事人，而转让则必然涉及第三人，如果不考虑第三人的权利就会造成不公平。如中标人可以放弃中标（需接受没收投标保证金的惩罚），但是不能转让中标；又如委托代理关系，当事人可以单方面撤销（有合同约定限制条件的除外），但却不能在未经对方同意时单方面转委托。

表 10-3　有关"转让"的归纳

分　类		具体情况
通知即生效		债权人转让权利应当通知债务人，否则不发生效力（若有保证合同的，保证人在原保证担保的范围内继续承担保证责任）
需对方同意后转让才生效		(1) 受托人应亲自处理委托事务，不可以再转由他人代办，除非经过委托人的同意。 (2) 抵押人转让已办理登记的抵押物，应当通知抵押权人并告知受让人转让物已经抵押的情况；否则，该转让行为不发生效力。 (3) 财产保险合同中，保险合同的转让应当通知保险人，经保险人同意继续承保后，依法转让合同。 (4) 带有债务、义务转移性质的事项（包括权利、义务一并转移的情况），都须征得权利人同意，否则不发生效力。 (5) 在有保证担保的情况下转让债务或协议变更合同主体的，只有经保证人书面同意后保证人才继续承担保证责任
不可转让	根据合同性质不得转让	基于特定当事人的身份关系订立的合同，如果合同权利转让给第三人，会使合同的内容发生变化，违反当事人订立合同的目的，使当事人的合法利益得不到应有的保护，这类合同不得转让。例如： (1) 基于信任关系订立的委托代理合同。 (2) 基于特定技能的合同，如演出合同，如本年［例 2］
	约定不得转让	如本年［例 1］的 D 选项
	法律规定不得转让	(1) 安全生产许可证、企业资质证书等证书、证件均不得转让。 (2) 中标项目不可全部转让（本年［例 1］的 A 选项）。 (3) 承包的项目不得转让（视为转包）。 (4) 监理业务不得转让。 (5) 最高额抵押的主合同债权不得转让。 (6) 招标代理机构未经招标人同意，不得转让招标代理业务

【例 1】根据我国法律规定，下列合同转让行为无效的是（　　）。

A. 甲将中标的某项目全部转让给乙施工单位

B. 甲将自己对乙单位的一笔债务部分转让给丙公司，随后通知乙单位

C. 甲将中标的某项目的劳务作业全部分包给具有相应资质的丁企业

D. 甲不顾合同约定的不得转让债权条款，将自己对乙单位一笔债权转让给丙公司

E. 甲将自己对乙单位的一笔债权转让给丙公司，随后通知乙单位

【解析】选项 A 的情况有违《中华人民共和国招投标法》的相关规定，选项 B 应先征得乙单位同意，选项 D 属违反合同约定的情况。

【答案】ABD

【例 2】根据《中华人民共和国合同法》，下列合同转让合法生效的是（　　）。（2011年真题）

A. 某教授与施工企业约定培训一次，但因培训当天临时有急事，便让自己的博士生代为授课

B. 甲因急需用钱便将对乙享有的一万元债权转让给了第三人，便打电话通知了乙

C. 建设单位到期不能支付工程款，书面通知施工企业其已将债务转让给第三人，请施工企业向第三人主张债权

D. 监理单位将监理合同概括转让给其他具有相应监理资质的监理单位

【解析】A 项属基于特定技能而订立的委托合同，须经委托人同意才能由第三人代为履行。债务转移需征得债权人同意，故选项 C 错；监理合同属委托合同，依法不得转让，选项 D 错误。

【答案】B

四、生效的时机

某些法律文书、合同文件的生效，分别遵循到达生效、签收生效、知道或应当知道起生效（或开始起算）等原则，视具体情况而定，见表 10-4。

表 10-4　生效的时机的归纳

项目	分类	具体情况
到达生效	要约	要约到达受要约人时，要约生效
	承诺	承诺到达要约人时，承诺生效（合同也于此时成立）
	合同解除	合同以法定或约定方式解除的，合同自通知到达对方时解除
	代理终止	通知到对方时，代理权即行消灭
签收生效	调解书	法院调解书、仲裁调解书等自双方签收后生效
知道生效	撤销权	具有撤销权的当事人自知道或者应当知道撤销事由之日起一年内没有行使撤销权
	行政复议行政诉讼	详见表 9-24
	诉讼时效期间	诉讼时效期间从知道或应当知道权利被侵害时起计算
文件收到日起算		有关上报政府有关部门的审批文件，以及向法院、仲裁委员会提交的有关法律文书均遵循此原则——即收到之日起算，如： （1）主管部门应当自收到申请之日起 15 日内，对符合条件的申请颁发施工许可证。 （2）公安机关消防机构应当自受理消防验收申请之日 20 日内组织消防验收。 （3）对于行政诉讼，法院应在接到诉状 7 日内立案或者作出裁定不予受理

项目	分　类	具体情况
	立即生效	（1）二审判决书，仲裁裁决书，自作出之日起生效（不是知道、也不是送到才生效，而是一旦判决就生效）。 （2）中标通知书自发出起就具有法律效力，不能更改。（中标通知书自发出日起即生效，而不是到达才生效）
	其他情况	（1）不动产、动产的"物权生效"与"合同生效"时间（详见图2-7）。 （2）抵押权生效与抵押合同生效的时间（详见图2-11）

【例3】招标人于2014年4月1日发布招标公告，2014年4月20日发布资格预审公告，2014年5月10日发售招标文件，投标人于投标截止日2014年6月10日及时递交了投标文件，2014年7月20日招标人发出中标通知书，则要约生效的时间是（　　）。

A. 2014年4月1日　　　　　　　　　　B. 2014年5月10日

C. 2014年6月10日　　　　　　　　　　D. 2014年7月20日

【答案】C

【例4】水泥厂在承诺有效期内，对施工单位订购水泥的要约作出了完全同意的答复，则该水泥买卖合同成立的时间为（　　）。（2010年真题）

A. 水泥厂的答复文件到达施工单位时　　B. 施工单位发出订购水泥的要约时

C. 水泥厂发出答复文件时　　　　　　　D. 施工单位订购水泥的要约到达水泥厂时

【答案】A

【例5】诉讼时效的起算是指（　　）。

A. 从权利人能行使请求权之日开始算起

B. 从义务人能行使请求权之日开始算起

C. 从义务人知道或应当知道其权利受到侵害之日起开始计算

D. 以上说法都不正确

【答案】C

【例6】某工程在9月10日发生了地震灾害迫使承包人停止施工。9月15日发包人与承包人共同检查工程的损害程度，并一致认为损害程度严重，需要拆除重建。9月17日发包人将依法单方解除合同的通知送达承包人，9月18日发包人接到承包人同意解除合同的回复。依据《中华人民共和国合同法》的规定，该施工合同解除的时间应为（　　）。

A. 9月10日　　　B. 9月15日　　　C. 9月17日　　　D. 9月18日

【答案】C

【例7】某建设工程发包人经过招标确定了中标人，双方依法签订了施工合同，则该施工合同成立的时间为（　　）之日。（2010年真题）

A. 合同备案　　　　　　　　　　　　　B. 评标委员会提交评标报告

C. 中标通知发出　　　　　　　　　　　D. 发包人确定中标人

【解析】施工合同的生效日期应该是合同签订之日，但本题中无此选项。本题出题人旨在考查"承诺生效，合同成立"。在这道题中，中标通知书发出后，承诺生效，即合同成立之日。

【答案】C

五、承担连带责任的情形汇总归纳

连带责任指债权人可以向承担连带责任的债务人中的任何一个或者多个债务人请求履行任何比例债务，债务人不得以债务人之间对债务分担比例有约定而拒绝履行（债务人应先向债权人履行义务后，再根据债务人之间的约定向其他债务人追偿）。承担连带责任的情形汇总归纳见表10-5。

【口诀】一个巴掌拍不响，拍响的两方责任连。

比如总分包模式下，对于分包工程的质量问题，不管实际责任方是总包商还是分包商，业主都既可以要求总包商承担全部责任（基于合同关系），也可以要求分包商承担全部责任（基于连带责任）。（见本年［例8］）

表10-5　承担连带责任的情形汇总归纳

序号	分类	具体情况
1	共同承包	共同承包的各方对承包合同的履行承担连带责任
2	总承包单位与分包单位	总承包单位与分包单位就分包项目的质量、安全等承担连带责任
3	"挂靠"、"转包"、违反分包的情况（都是违法的）	建筑施工企业与使用本企业名义的单位或者个人承担连带赔偿责任（如本年［例10]）。 承包单位对因转包工程或者违法分包的工程不符合规定的质量标准造成的损失，与接受转包或者分包的单位承担连带赔偿责任
4	监理单位与承包单位串通、与建设单位串通	（1）工程监理单位与承包单位串通，为承包单位谋取非法利益，给建设单位造成损失的，应当与承包单位承担连带赔偿责任； （2）工程监理单位与建设单位或者建筑施工企业串通，造成损失的，承担连带赔偿责任
5	联合体投标	联合体中标的，联合体各方应当共同与招标人签订合同，就中标项目向招标人承担连带责任
6	合同分立（如公司的分立）	当事人订立合同后分立的，除债权人和债务人另有约定的以外，由分立的法人或者其他组织对合同的权利和义务享有连带债权，承担连带债务
7	建设工程代理	建设工程代理制度中代理人或被代理人若有违法行为，可能承担连带责任，详情见考点3、表2-7
8	承揽合同	共同承揽人对定作人承担连带责任，但当事人另有约定的除外
9	保证	当事人对保证方式没有约定或者约定不明确的，按照连带责任保证承担保证责任（注：只在保证范围内承担，而不是按任意比例承担责任）
10	用工方面	（1）用人单位招用与其他用人单位尚未解除或者终止劳动合同的劳动者，给其他用人单位造成损失的，应当承担连带赔偿责任（脚踏两只船的，要被连带）。 （2）承包企业应对劳务分包企业的用工情况和工资支付进行监督，并对本工程发生的劳务纠纷承担连带责任
11	侵权	建筑物、构筑物或者其他设施倒塌造成他人损害的，由建设单位与施工单位承担连带责任

【例8】关于分包工程发生质量、安全、进度等问题给建设单位造成损失的责任承担说法，正确的是（　　）。（2010年真题）

A. 分包单位只对总承包单位负责

B. 建设单位与分包单位无合同关系，无权向分包单位主张权利

C. 建设单位只能向给其造成损失的分包单位主张权利

D. 总承包单位承担的责任超过其应承担份额的，有权向分包单位追偿

【解析】建筑法规定，分包单位和总包单位就分包工程向建设单位承担连带责任，因此，建设单位既有权向分包单位和总包单位中的任何一方主张其权利，也有权同时向两者主张其权利。任何一方向建设单位承担责任后，对超过其应承担份额的，有权向另一方追偿。

【答案】D

【例9】甲公司欠某供应商500万元贷款，现甲公司分立为乙、丙两家公司。关于甲公司分立后500万元债务的清偿问题的说法，正确的是（　　）。（2010年真题）

A. 应当由甲公司承担全部债务　　　　B. 应当由乙、丙公司承担连带债务

C. 乙公司与丙公司均不承担清偿责任　D. 应当由乙公司承担全部债务

【答案】B

【例10】某人挂靠某建筑施工企业并以该企业的名义承揽工程，因工程质量不合格给建设单位造成较大损失，关于责任承担的说法，正确的是（　　）。（2011年真题）

A. 建筑施工企业与挂靠个人承担连带赔偿责任

B. 挂靠的个人承担全部责任

C. 建筑施工企业承担全部责任

D. 建筑施工企业与挂靠个人按比例承担责任

【答案】A

【例11】甲施工单位在承建乙建设单位发包的某工程后，将一分项工程分包给了刘某，刘某又雇用其他人员进行施工。施工过程中，一名雇员李某被钢筋戳伤右眼。根据有关法律规定，李某的损失应由（　　）承担。

A. 甲　　　　　　B. 乙　　　　　　C. 甲和刘某　　　　D. 甲和乙

【解析】施工单位将工程违法分包给不具有相应资质和用人单位资格的"包工头"，后者雇用的雇员在从事施工活动中因安全生产事故遭受人身损害的，施工单位与该"包工头"构成共同侵权，应当承担连带赔偿责任。

【答案】C

六、计时一般应"赶早不赶晚"

此处主要指当出现多个时间点时（如合同签订、工程竣工等），表10-6所示的三种情况均以第一个时间点为准，当然必须保证以这个记时点起算的事件有效（如合同应为有效合同，工程验收应该合格等）。

表10-6　计时应"赶早不赶晚"的归纳

序号	情　况	内容要点
1	建筑工程一切险的保险期	自开工或设备运至工地起，止于验收合格或实际占用，以先发生者为准，最长不超过保险单中的保险期
2	合同订立的时间	采用电子邮件订立合同，未指定特定系统的，以数据电文首次进入时间为准
3	竣工日期	承包人送交竣工验收报告的日期（发包人拖延验收时），发包人擅自使用的日期，验收合格的日期，均可为竣工日期。如果出现多个合理的竣工日期，则以第一个日期为竣工日期

【例12】某扩建工程建发单位因急于参加认证，于11月15日未经验收而使用该工程，11月20承包人提交了竣工验收报告，11月30日建设单位组织验收，12月3日工程

竣工验收合格，则该工程竣工日期为（　　）。

　　A. 11月15日　　　　B. 11月20日　　　　C. 11月30日　　　　D. 12月3日

【答案】A

【例13】某施工单位以电子邮件的方式向某设备供应商发出要约，该供应商公布了三个电子邮箱，并且没有特别指定。则此要约的生效时间是（　　）。

　　A. 该要约进入任一电子邮箱的首次时间　　B. 该要约进入三个电子邮箱的最后时间

　　C. 该供应商获悉该要约收到的时间　　　　D. 该供应商理解该要约内容的时间

【答案】A

七、对"约定不明"的处理原则归纳

"约定不明"的情况归纳见表10-7。

表10-7　"约定不明"的情况归纳

约定不明的类别		约定不明情况下的处理
代理的授权不明		代理授权不明的，被代理人应当向第三人承担民事责任，代理人负连带责任
保证不明	保证方式	双方对保证方式无约定或约定不明确时保证形式为连带保证
	保证的范围	当事人对保证担保的范围没有约定或者约定不明确的，保证人应当对全部债务承担责任
	保证期间	未约定保证期间的，保证期间为主债务履行期届满之日起6个月
合同的变更不明		合同的变更须经当事人双方协商一致，对合同变更内容约定不明确的推定为未变更。任何一方不得要求对方履行约定不明确的变更内容
合同解除时，对异议期限未约定		合同自解除通知到达对方时解除。对方有异议的可以请求法院或者仲裁机构确认合同的效力。没有约定异议期限的，最长为3个月
利息约定不明	借款合同中利息	借款人之间的合同对支付利息没有约定或者约定不明的，视为不支付利息
	垫资的利息	工程垫资中没有约定的利息的，视为不支付利息
	借款合同中利息的期限	借款合同中约定了利息，但约定期限不明的情况下： (1) 借款期间不满1年的，应当在返还借款时一并支付。 (2) 借款期间1年以上的，应当在每届满1年时支付，剩余期间不满1年的，应当在返还借款时一并支付。 **【口诀】约定不明的，按年支付，不满一年的，返还时支付**
	建设工程价款的利息	建设工程价款的利息从应付工程价款之日起计付。当事人对付款时间没有约定或者约定不明的，下列时间视为应付款时间： (1) 建设工程已实际交付的，为交付之日。 (2) 建设工程没有交付的，为提交竣工结算文件之日。 (3) 建设工程未交付，工程价款也未结算的，为当事人起诉之日
租赁合同中租金		对于无约定、无协议补充、无交易习惯的情况下租金的支付方式如下： (1) 租赁不满1年的，应当在租赁期间届满时支付。 (2) 租赁期间1年以上的，应当在每届满1年时支付，剩余不满1年的，在租赁期间届满时支付
仓储合同中储存期限		当事人对储存期间没有约定或者约定不明确的，存货人或者仓单持有人可以随时提取仓储物，保管人也可以随时要求存货人或者仓单持有人提取仓储物，但应当给予必要的准备时间
合同价款、报酬、履行地点约定不明		建设工程合同中合同价款、报酬、履行地点约定不明的解决办法，详见表5-18

八、有关时限的归纳

有关"应至少多长时间一次"的归纳见表10-8，有关资质证书有效期的归纳见表

10-9，向政府备案的时限及要求的归纳见表 10-10，应特别注意的"起始"和"终止"的时限归纳见表 10-11，其他一些常考的时限归纳见表 10-12。

表 10-8　有关"应至少多长时间一次"的归纳

时　　限	具体规定
1 次/半年	每半年至少组织一次现场处置方案
1 次/年	（1）每年至少组织一次综合应急预案演练或专项预案演练。 （2）管理人员和作业人员每年至少进行 1 次安全生产教育培训并考核合格。 （3）对建筑消防设施每年至少一次全面检测，确保完好有效，检测记录应当完整准确，存档备查
1 次/3 年	应急预案应当每 3 年修订一次
1 次/5 年	国家标准、行业标准的复审

表 10-9　有关资质证书有效期的归纳

证　　书	有效期	届满前几日申请延续	延续后有效期
企业资质证书	5 年	60 日	5 年
注册建造师证书	3 年	30 日	3 年
安全生产许可证	3 年	30 日	3 年
施工许可证	有关申领施工许可证后，延期开工的时限，详见图 3-2		

表 10-10　向政府备案的时限及要求的归纳

项　　目	时限、要求
中标备案	依法必须进行施工招标的项目，招标人应当自发出中标通知书之日起 15 日内，向有关行政监督部门提交招标投标情况的书面报告
中标签约备案	投标人与招标人订立书面合同后 7 日内，中标人应当将合同送工程所在地的县级以上地方人民政府建设行政主管部门备案
安全施工措施备案	建设单位应当自开工报告批准之日起 15 日内，将保证安全施工的措施报送建设工程所在地的县级以上地方人民政府建设行政主管部门或者其他有关部门备案
拆除工程备案	建设单位应当在拆除工程施工 15 日前，向建设工程所在地的县级以上地方人民政府建设行政主管部门或者其他有关部门进行备案
竣工验收备案	建设单位应当自建设工程竣工验收合格之日起 15 日内，将建设工程竣工验收报告和规划、公安消防、环保等部门出具的认可文件或者准许使用文件报建设行政主管部门或者其他有关部门备案

【归纳助记】报府备案要十五，签约备案一周喇

表 10-11　应特别注意的"起始"、"终止"的时限归纳

项　　目	起　　始	期　　限	终　　止
建筑工程一切险的保险期限	开工或设备运至工地之日	以工程建设期间为限	验收合格或实际占用时
意外伤害保险期限	开工之日		验收合格或实际占用时
保修期限	竣工验收合格之日	≥最低保修期限（详见图 8-2）	
投标有效期	提交投标文件截止之日		最短应至中标通知书签发日
投标保证金有效期	提交投标文件截止之日	至少为：投标有效期+30 日	

项　目	起　始	期　限	终　止
承包人行使优先权的期限	工程竣工之日或合同约定的竣工之日	6个月	工程竣工日或合同约定的竣工日之后满6个月止
发包人竣工结算的审查期限	收到竣工结算报告和完整的竣工结算资料之日	详见表8-10	

表 10-12　其他一些常考的时限归纳

项　目		时限、要求
撤销权		行使撤销权应当在知道或者应当知道撤销事由之日起1年内行使，并应当向人民法院或者仲裁机构申请
仲裁诉讼中的时限	仲裁	诉讼开庭后即不能再申请仲裁
	管辖权异议	（1）当事人法院对管辖权有异议的，应当在提交答辩状期间提出。 （2）当事人对执行程序中的执行判决、裁决的法院有管辖权异议的，应当自收到执行通知书之日起10日内提出
	证据保全	当事人依法向人民法院申请证据保全，不得迟于举证期限届满前7日
	举证期限	（1）举证时限（期限）≥30日（具体由法院指定），征得双方当事人同意后，指定的举证期限可以少于30日。 （2）当事人申请鉴定，应当在举证期限内提出
	强制执行	申请执行的期限为两年（适用有关中止、中断的规定）
	诉讼时效	诉讼时效期间从知道或应当知道权利被侵害时起计算，详见考点49
	其他	有关开庭前的程序和时限详见图9-7，有关执行中的程序和时限详见图9-8

招投标的时限详见图4-5

建筑市场不良行为的公布时限详见图4-8

2012 年度全国一级建造师执业资格考试建设工程法规与相关知识试题

一、单项选择题（共 70 题，每题 1 分。每题的备选项中，只有 1 个最符合题意）

1. 下列代理行为中，不属于委托代理的是（　　）。

A. 招标代理　　　　B. 采购代理　　　　C. 诉讼代理　　　　D. 指定代理

2. 下列物权中，不属于用益物权的是（　　）。

A. 土地所有权　　　B. 土地承包经营权　C. 建设用地使用权　D. 地役权

3. 某建设单位为方便施工现场运输，借用项目相邻单位道路通行，双方约定建设单位每月支付 20000 元费用，据此，建设单位享有的权利是（　　）。

A. 建设用地使用权　B. 地役权　　　　　C. 相邻权　　　　　D 宅基地使用权

4. 国有建设用地使用者依法对土地享有的权利不包括（　　）。

A. 占有权　　　　　B. 使用权　　　　　C. 收益权　　　　　D. 所有权

5. 按照合同约定或者法律规定，在当事人之间产生特定权利和义务关系的是（　　）。

A. 债　　　　　　　B. 所有权　　　　　C. 知识产权　　　　D. 担保物权

6. 关于知识产权的说法，正确的是（　　）。

A. 知识产权是权利人对其创造的智力成果依法享有的权利

B. 知识产权可以分为两大类，一类是邻接权，一类是著作权

C. 我国法律规定的工业产权范围广于《保护工业产权巴黎公约》所规定的工业产权

D. 构成我国知识产权的主体是发现权、发明权以及科技成果

7. 根据《中华人民共和国商标法》，注册商标有效期限为 10 年，自（　　）之日起计算。

A. 注册商标申请人寄出申请书　　　　　B. 商标局收到申请书

C. 公告发布　　　　　　　　　　　　　D. 核准注册

8. 保证合同是（　　）订立的合同。

A. 债权人与债务人　　　　　　　　　　B. 债务人和保证人

C. 债权人与保证人　　　　　　　　　　D. 债权人与债务人和保证人

9. 关于刑事责任的说法，错误的是（　　）。

A. 拘役是刑罚主刑的一种

B. 罚款是刑罚附加刑的一种

C. 主刑和附加刑既可以合并适用、也可以独立适用

D. 死刑缓期二年执行是死刑的一种

10. 根据《中华人民共和国建筑法》，建筑工程分包企业应当接受（　　）的质量管理。

A. 咨询单位　　　　B. 总承包单位　　　C. 监理单位　　　　D. 建设单位

11. 根据《建设工程质量管理条例》，建设工程保修期自（　　）之日起计算。

A. 竣工验收合格　　　　　　　　　B. 交付使用

C. 发包方支付全部价款　　　　　　D. 竣工验收备案

12. 施工现场所使用的安全警示标志（　　）。

A. 可根据建筑行业特点自行制作

B. 应依据设置的便利性选择设置地点和位置

C. 必须符合国家标准

D. 必须以图形表示

13. 甲公司向乙公司购买 50 吨水泥，后甲通知乙需要更改购买数量，但一直未明确具体数量。交货期届至，乙将 50 吨水泥交付给甲，甲拒绝接受，理由是已告知要变更合同。关于双方合同关系的说法，正确的是（　　）。

A. 乙承担损失

B. 甲可根据实际情况部分接收

C. 双方合同已变更，乙送货构成违约

D. 甲拒绝接收，应承担违约责任

14. 在文物保护单位的建设控制地带内进行建设工程，工程设计方案应当根据（　　）的级别，经相应的文物行政部门同意后，报城乡建设规划部门批准。

A. 文物保护单位　　B. 建设单位　　　　C. 施工单位　　　　D. 设计单位

15. 涉及建筑主体和承重结构变动的装修工程，应当在施工前委托原设计单位或者（　　）提出设计方案。

A. 其他设计单位　　B. 具有相应资质等级的设计单位

C. 监理单位　　　　D. 装修施工单位

16. 依法批准开工报告的建设工程，建设单位应当自开工报告批准之日起（　　）日内，将保证安全施工的措施报送建设工程所在地的县级以上人民政府建设行政主管部门或者其他有关部门备案。

A. 20　　　　　　　B. 30　　　　　　　C. 60　　　　　　　D. 15

17. 根据《建设工程质量管理条例》，下列不属于施工企业进行施工的依据为（　　）。

A. 施工合同中约定采用的推荐性标准　　B. 建筑法律

C. 施工图设计文件　　　　　　　　　　D. 工程监理合同

18. 关于施工企业强令施工人员冒险作业的说法，正确的是（　　）。

A. 施工人员有权拒绝该指令

B. 施工企业有权对不服从指令的施工人员进行处罚

C. 施工企业可以解除不服从管理的施工人员的劳动合同

D. 施工人员必须无条件服从施工企业发出的命令，确保施工生产进度的顺利开展

19. 根据《中华人民共和国水污染防治法》，与建设项目主体工程同时设计、同时施工、同时投入使用的水污染防治设施，应当经过（　　）验收，验收不合格的，该建设项目不得投入生产或者使用。

A. 建设行政主管部门   B. 省级人民政府

C. 县级以上人民政府   D. 环境保护主管部门

20. 发包人和承包人在合同中约定垫资但没有约定垫资利息，后双方因垫资返还发生纠纷诉至法院。关于该垫资的说法，正确的是（ ）。

A. 法律规定禁止垫资，双方约定的垫资条款无效

B. 发包人应返还承包人垫资，但可以不支付利息

C. 双方约定的垫资条款有效，发包人应返还承包人垫资并支付利息

D. 垫资违反相关规定，应予以没收

21. 对于达到一定规模的危险性较大的分部分项工程的专项施工方案，应由（ ）组织专家论证、审查。

A. 安全监督管理机构   B. 建设单位

C. 监理单位   D. 施工企业

22. 建设单位办理工程竣工验收备案应提交的材料不包括（ ）。

A. 规划、招投标、公安消防、环保部门的完整备案文件

B. 工程竣工验收报告

C. 施工企业签署的工程质量保修书

D. 住宅工程的《住宅质量保证书》和《住宅使用说明书》

23. 根据《特种设备安全监察条例》，经核准的特种设备检查检测机构对特种设备进行的检测包括（ ）。

A. 旁站检验   B. 型式检验   C. 平行检验   D. 破损检验

24. 下列情形中，投标人已提交的投标保证金不予返还的是（ ）。

A. 在提交投标文件截止日后撤回投标文件的

B. 提交投标文件后，在投标截止日前表示放弃投标的

C. 开标后被要求对其投标文件进行澄清的

D. 评标期间招标人通知延长投标有效期，投标人拒绝延长的

25. 某总承包单位将工程主体结构施工分包给具有相应资质的分包单位。该工程施工过程中，分包单位发生了安全生产事故。关于双方责任的说法，错误的是（ ）。

A. 分包单位只承担民事赔偿责任

B. 总承包单位应对本工程施工现场的安全生产负总责

C. 总承包与分包单位就该安全事故承担连带责任

D. 如果发生的安全事故情节特别严重，构成犯罪的，应当追究总承包单位主要责任人责任

26. 实行施工总承包的工程项目，应由（ ）统一组织编制建设工程安全事故应急救援预案。

A. 建设单位   B. 施工总承包单位 C. 监理单位   D. 各分包单位

27. 下列情形中，用人单位可以解除劳动合同的是（ ）。

A. 职工患病，在规定的医疗期内   B. 女职工在孕期内

C. 女职工在哺乳期内   D. 在试用期间被证明不符合录用条件

28. 建筑施工企业的特种作业人员不包括（ ）。

A. 架子工   B. 钢筋工   C. 起重信号工   D. 起重机械司机

29. 下列合同条款中，属于劳动合同必备条款的是（   ）。

A. 劳动报酬   B. 试用期   C. 保守商业秘密   D. 福利待遇

30. 甲施工企业与乙施工企业合并，则原来甲的员工与甲签订的劳动合同（   ）。

A. 效力待定   B. 自动解除   C. 失效   D. 继续有效

31. 根据《最高人民法院关于民事诉讼证据的若干规定》，人民法院采取的证据保全措施不包括（   ）。

A. 先予执行   B. 查封   C. 拍照   D. 制作笔录

32. 当事人双方在合同中约定解决争议的方法只能为调解。当纠纷发生后，若一方坚决不同意调解，此时争议解决方式为（   ）。

A. 和解   B. 调解   C. 诉讼   D. 仲裁

33. 关于建设工程见证取样的说法，正确的是（   ）。

A. 施工人员对工程涉及结构安全的试块、试件和材料，应当在建设单位或工程监理单位监督下现场取样

B. 设计结构安全的试块、试件和材料见证取样和送检比例不得低于有关技术标准中规定应取样的 50%

C. 墙体保温材料必须实施见证取样和送检

D. 见证人员应由施工企业中具备施工试验知识的专业技术人员担当

34. 按照各法院的辖区和民事案件的隶属关系，划分同级法院受理第一审民事案件的分工和权限，称为（   ）。

A. 级别管辖   B. 指定管辖   C. 地域管辖   D. 移送管辖

35. 建设节能分部工程验收会议由（   ）主持。

A. 建筑节能工程分包人

B. 总监理工程师

C. 总承包人

D. 建设单位法定代表人

36. 建设工程施工合同应以（   ）为合同履行地。

A. 发包方住所地   B. 合同签证地

C. 施工行为地   D. 承包方住所地

37. 要式合同是指（   ）的合同。

A. 法律上已经确定了一定的名称和规则

B. 当事人双方互相承担义务

C. 根据法律规定必须采用特定形式

D. 当事人双方意思表示一致即告成立

38. 下列不属于发包人义务的情形是（   ）。

A. 提供必要施工条件

B. 及时组织工程竣工验收

C. 向有关部门移交建设项目档案

D. 就审查合格的施工图设计文件向施工企业进行详细说明

39. 对被诉的具体行政行为，人民法院可以变更的情形是（　　）。

A. 行政行为超越职权

B. 行政行为

C. 被告不履行或迟延履行法定职责

D. 行政处罚显失公正

40. 施工企业拒不执行公安消防机构作出的禁止施工处罚决定的，将由（　　）负责强制执行。

A. 作出决定的公安消防机构　　　　　　B. 公安机关

C. 人民法院　　　　　　　　　　　　　D. 建设行政主管部门

41. 某施工企业向某玻璃厂发出购买玻璃的要约。要求玻璃厂5月20日之前确认，玻璃厂于5月25日答复同意。玻璃厂同意的行为应视为（　　）。

A. 要约邀请　　　B. 承诺　　　C. 承诺意向　　　D. 新要约

42. 施工企业在施工中未采取相应防范措施，造成第三人人身伤害的，其应当承担（　　）责任。

A. 合同　　　　B. 不当得利　　　C. 无因管理　　　D. 侵权

43. 施工合同的解决争议条款约定"所有争议提交合同履行地的仲裁委员会或人民法院管辖"。当该合同产生纠纷时，当事人（　　）。

A. 应当向合同履行地的仲裁委员会申请仲裁

B. 既可以向仲裁委员会申请仲裁，也可以向人民法院起诉

C. 只能向合同履行地的人民法院起诉

D. 必须重新确定受诉人民法院

44. 建设单位申请施工许可证时，向发证机关提供的施工图纸及技术资料应当满足（　　）。

A. 施工需要并通过监理单位审查

B. 施工需要并按规定通过了审查

C. 编制招标文件的要求

D. 工程竣工验收备案的要求

45. 物权变更自登记时发生法律效力的是（　　）。

A. 船舶所有权　　　B. 土地抵押权　　　C. 机动车所有权　　　D. 地役权

46. 若施工过程中发现设计文件和图纸差错，施工企业的正确做法是（　　）。

A. 有权进行修改　　　　　　　　　　　B. 可以按照规范施工

C. 有权拒绝施工　　　　　　　　　　　D. 应当及时提出意见和建议

47. 借用其他施工企业的（　　）投标的行为，属于以其他企业名义承揽工程。

A. 营业执照　　　B. 技术方案　　　C. 施工设备　　　D. 施工业绩

48. 工程建设国家标准、行业标准均可分为（　　）和推荐性标准。

A. 一般性标准　　　B. 特殊性标准　　　C. 建议性标准　　　D. 强制性标准

49. 根据《建设工程质量管理条例》，组织有关单位参加建设工程竣工验收的义务主体是（　　）。

A. 施工企业　　　　　　　　　　　　　B. 建设单位

C. 建设行政主管部门　　　　　　　　　　D. 建设工程质量监督机构

50. 在施工现场使用的装配式临时活动房屋,应当具有(　　)。

A. 安全许可证　　　B. 销售许可证　　　C. 产品合格证　　　D. 安装许可证

51. 承包商向水泥厂购买袋装水泥并按合同约定支付全部货款。因运输公司原因导致水泥交货延误2天,承包商收货后要求水泥厂支付违约金,水泥厂予以拒绝。承包商认为水泥厂违约,因而未对堆放水泥采取任何保护措施,次日大雨,水泥受潮全部硬化。此损失应由(　　)承担。

A. 三方共同　　　B. 水泥厂　　　C. 承包商　　　D. 运输公司

52. 关于联合体共同承包的说法,正确的是(　　)。

A. 联合体各方对承包合同履行各自承担相应的责任

B. 不同资质类别和等级的单位组成合体,按照资质等级高的单位的业务许可范围承揽工程

C. 联合体各方对承包合同履行承担连带责任

D. 不同资质类别和等级的单位组成联合体,按照资质等级低的单位的业务许可范围承揽工程

53. 根据《城市建设档案管理规定》,建设单位应当在工程竣工验收后(　　)内,向城建档案馆送一套符合规定的建设工程档案。

A. 6个月　　　B. 3个月　　　C. 9个月　　　D. 1年

54. 施工企业承建的办公大楼没有经过验收,建设单位就提前使用,2年后该办公楼主体结构出现质量问题。关于该大楼质量问题的说法,正确的是(　　)。

A. 主体结构的最低保修期限是设计的合理使用年限,施工企业应当承担保修责任

B. 由于建设单位提前使用,施工企业不需要承担保修责任

C. 施工企业是否承担保修责任,取决于建设单位是否已经全额支付工程款

D. 超过2年保修期后,施工企业不承担保修责任

55. 关于不符合建筑节能标准的建筑工程说法,错误的是(　　)。

A. 不得批准开工建设

B. 已开工建设的,应当责令停止施工

C. 已开工建设的,应当责令限期改正

D. 已经建成的,可以正常使用

56. 纠纷发生后,下列不属于仲裁案件受理条件的是(　　)。

A. 有仲裁协议

B. 有具体的仲裁请求、事实和理由

C. 属于仲裁委员会受理范围

D. 当事人双方口头同意仲裁

57. 总承包单位甲公司经建设单位同意,将幕墙工程分包给乙公司施工。后该分包工程出现了施工质量问题,建设单位要求乙赔偿。下列责任赔偿的说法中,能够成立的是(　　)。

A. 乙与建设单位无直接合同关系,建设单位应要求甲赔偿

B. 若甲已全部赔偿建设单位损失,则建设单位无权再向乙要求赔偿

C. 该质量问题是乙造成的，与甲无关

D. 对该质量问题乙与甲负有同等责任，乙仅承担赔偿的 50%

58. 施工企业与劳动者签订了一份期限为 2 年半的劳动合同，施工企业和劳动者的试用期依法最长不得超过（　　）个月。

A. 1　　　　　　　　B. 2　　　　　　　　C. 3　　　　　　　　D. 6

59. 投标有效期应从（　　）之日起计算。

A. 招标文件规定的提交投标文件截止　　　　B. 提交投标文件

C. 提交投标保证金　　　　　　　　　　　　D. 确定中标结果

60. 下列民事诉讼案件适用专属管辖的是（　　）。

A. 保险合同纠纷　　　　　　　　　　　　　B. 侵权行为纠纷

C. 不动产纠纷　　　　　　　　　　　　　　D. 票据纠纷

61. 行政责任的承担方式包括行政处罚和（　　）。

A. 行政复议　　　　　B. 行政处分　　　　　C. 行政赔偿　　　　　D. 行政许可

62. 甲将闲置不用的工程设备出售给乙，双方约定 3 天后交付设备，次日，甲又将该设备卖给丙，并向丙交付了该设备。经查，丙不知甲与乙之间有合同关系。关于甲、乙、丙之间的合同效力的说法，正确的是（　　）。

A. 甲与乙、丙之间的合同均有效

B. 甲与乙之间的合同无效，甲与丙之间的合同有效

C. 甲与乙、丙之间的合同均无效

D. 甲与乙之间的合同先生效后失效，甲与丙之间的合同有效

63. 关于建设单位质量责任和义务的说法，错误的是（　　）。

A. 不得明示或暗示设计单位或者施工企业违反工程建设强制性标准，降低建设工程质量

B. 应当依法报审施工图设计文件

C. 不得将建设工程肢解发包

D. 在领取施工许可证或开工报告后，按照国家有关规定的办理工程质量监督手续

64. 在正常使用条件下，工程的地基基础、主体结构的最低保修期限为（　　）。

A. 设计文件规定的该工程的合理使用年限

B. 不需要进行大修即可继续使用的年限

C. 安全使用不低于 50 年

D. 工程竣工验收合格之日起 5 年

65. 关于工程质量检测的说法，正确的是（　　）。

A. 由施工企业委托具有相应资质的检测机构进行检测

B. 检测机构有义务监制材料、构配件和设备

C. 质量检测报告经建设单位或工程监理单位确认后，由建设单位负责归档

D. 检测机构应建立档案管理制度，并单独建立检测结果不合格项目台账

66. 根据《建设工程安全生产管理条例》，安装、拆卸施工起重机械作业前，安装单位应当编制（　　）。

A. 技术规范　　　　　　　　　　　　　　　B. 拆装方案

C. 设备运至现场的运输方案　　　　　D. 进度控制横道图

67. 根据《中华人民共和国安全生产法》，不属于生产经营单位主要负责人的主要安全生产职责的是（　　）。

A. 保证本单位安全生产投入的有效实施　B. 及时、如实报告生产安全事故

C. 为从业人员缴纳意外伤害保险费　　　D. 建立、健全本单位安全生产责任制

68. 建设单位将工程发包给不具有相应资质条件的施工企业，或者违反规定将建筑工程肢解发包的，责令改正，处以（　　）行政处罚。

A. 吊销资质证书　　B. 罚款　　　　　C. 停业整顿　　　D. 降低资质等级

69. 根据 2011 年 7 月 1 日起实施的全国人大常委会关于修改《中华人民共和国建筑法》的决定，为保证施工企业的职工在发生工伤时及时得到医治，建筑施工企业应当（　　）。

A. 在投标时为职工办理意外伤害保险

B. 为职工参加工伤保险缴纳工伤保险费

C. 在中标后为职工办理意外伤害保险

D. 为从事危险作业的职工办理意外伤害保险

70. 根据《工程建设项目施工招标投标办法》，对于应当招标的工程建设项目，经批准可以不采用招标发包的情形是（　　）。

A. 拟公开招标的费用与项目价值相比，不值得

B. 当地投标企业较少

C. 施工主要技术采用特定专利或专有技术

D. 军队建设项目

二、多项选择题（共 30 题，每题 2 分。每题的备选项中有 2 个或 2 个以上符合题意，至少有 1 个错项。错选，本题不得分；少选，所选的每个选项得 0.5 分）

71. 施工企业保证工程质量的最基本要求包括（　　）。

A. 不得压缩合同工期

B. 按设计图纸施工

C. 与监理单位建立友好的沟通关系

D. 严格履行企业质量管理认证体系

E. 不擅自修改设计文件

72. 根据《建设工程质量管理条例》，关于总承包单位依法将建设工程分包给其他单位的法律责任的说法，正确的有（　　）。

A. 分包单位应当按照分包合同约定对其分包工程的质量向总承包单位负责

B. 总承包单位有权按照合同约定要求分包单位对分包工程质量承担全部责任

C. 总承包单位与分包单位对分包工程的质量承担连带责任

D. 分包单位对全部工程的质量向总承包单位负责

E. 总承包单位与分包单位对全部工程质量承担连带责任

73. 关于在文物保护单位控制地带内进行建设的说法，错误的有（　　）。

A. 全国重点文物保护单位周围的建设控制地带的划定，应报国务院批准

B. 不得建设污染文物保护单位及其环境的设施

C. 不得破坏文物保护单位的历史风貌

D. 进行爆破作业，需经国务院文物行政部门批准

E. 全国重点文物保护单位不得拆除

74. 房屋建筑工程质量保修书中的内容一般包括（   ）。

A. 工程概况、房屋使用管理要求

B. 保修范围和内容

C. 超过合理使用年限继续使用的条件

D. 保修期限和责任

E. 保修单位名称、详细地址

75. 根据《中华人民共和国民事诉讼法》，下列案件纠纷适用专属管辖的有（   ）。

A. 货物运输

B. 人员伤害

C. 房屋权属

D. 土地使用权出让

E. 建设工程施工合同

76. 当事人在仲裁协议中约定了两个仲裁机构，关于该仲裁协议效力的说法，正确的有（   ）。

A. 该仲裁协议当然无效

B. 当事人不能就仲裁机构选择达成一致的，该仲裁协议无效

C. 一方当事人可任意选择其中一个仲裁机构仲裁

D. 一方当事人应按排列顺序确定仲裁机构

E. 当事人共同选定其中一个仲裁机构的，该仲裁协议有效

77. 根据《中华人民共和国合同法》，下列文件中，不属于要约邀请的有（   ）。

A. 投标文件

B. 中标通知书

C. 符合要约规定的售楼广告

D. 拍卖公告

E. 招标公告

78. 关于建设工程保险的说法，正确的有（   ）。

A. 工程开工前，承包商应为建设工程办理保险，支付保险费用

B. 建筑工程一切险的被保险人可以是业主，也可以是承包商或者分包商

C. 工程开工前，业主应为施工现场从事危险作业的施工人员办理意外伤害保险

D. 建筑工程一切险的保险期限可以超过保险单明细表中列明的保险生效日和终止日15天

E. 安装工程一切险的保险期内，一般应包括一个试车考核期

79. 连带责任保证的法定保证期间属于（   ）。

A. 诉讼时效期间

B. 可变期间

C. 除斥期间

D. 指定期间

E. 不可变期间

80. 下列情形中，用人单位可以随时解除劳动合同的有（　　　）。

A. 在试用期间被证明不符合录用条件的

B. 严重违反劳动纪律或者用人单位规章制度的

C. 被依法追究民事责任的

D. 不能胜任工作，经过培训或者调整工作岗位，仍不能胜任工作的

E. 严重失职，营私舞弊，对用人单位利益造成重大损害的

81. 合同内容约定不明确，不能达成补充协议，按照交易习惯不能解决时，根据我国
《中华人民共和国合同法》的规定，正确的说法有（　　　）。

A. 质量要求不明确，可按照国家标准、行业标准履行

B. 履行期限不明确，债务人可以随时履行，但应当给对方必要的准备时间

C. 价款不明确的，可按照合同签订时履行地的市场价格履行

D. 履行地点不明确，给付货币的，在给付货币一方所在地履行

E. 履行费用负担不明确的，由债权人承担

82. 根据《生产安全事故报告和调查处理条例》，事故分级要素包括（　　　）。

A. 事故发生地点

B. 人员伤亡数量

C. 直接经济损失数额

D. 事故发生时间

E. 社会影响程度

83. 根据《建筑工程施工许可管理办法》，不需要办理施工许可证的建筑工程有
（　　　）。

A. 建筑面积 200 平方米的房屋

B. 城市大型立交桥

C. 抢险救灾工程

D. 实行开工报告审批制度的建筑工程

E. 城市居住小区

84. 根据《中华人民共和国物权法》，当事人之间订立有关设立、变更、转让和消灭
不动产物权的合同，除法律另有规定或合同另有约定外，该合同效力为（　　　）。

A. 合同自办理物权登记时生效

B. 未办理物权登记合同无效

C. 合同生效当然发生物权效力

D. 合同自成立时生效

E. 未办理物权登记不影响合同效力

85. 根据《中华人民共和国民事诉讼法》，合同当事人可以在书面合同中协议选择的
（　　　）人民法院管辖。

A. 双方约定的其他地方

B. 原告住所地

C. 被告住所地

D. 合同履行地

E. 合同签订地

86. 关于民事纠纷解决方式的说法，正确的有（　　　）。

A. 调解只能在民事诉讼阶段进行

B. 和解可以在民事纠纷的任何阶段进行

C. 仲裁机构受理案件的管辖权来自当事人双方的协议

D. 仲裁实行一裁终局制

E. 民事诉讼实行两审终审制

87. 申领施工许可证时，建设单位应当提供的有关安全施工措施的资料包括（　　）。

A. 安全防护设施搭设计划　　　　　　B. 专项安全施工组织设计方案

C. 书面委托监理合同　　　　　　　　D. 安全施工组织计划

E. 安全措施费用计划

88. 建筑业企业申请资质升级、资质增项。在申请之日起的前一年内出现下列情形，资质许可机关对其申请不予批准的有（　　）。

A. 与建设单位或者企业之间相互串通投标的

B. 未取得施工许可证擅自施工的

C. 将承包的工程转包或者违反分包的

D. 发生过安全事故的

E. 恶意拖欠分包企业工程款或者农民工工资的

89. 下列施工项目中，属于经批准可以采用邀请招标方式发包的有（　　）工程项目。

A. 受自然地域环境限制的

B. 涉及国家安全、国家秘密的项目而不适宜招标的

C. 施工主要技术需要使用某项特定专利的

D. 技术复杂，仅有几家投标人满足条件的

E. 公开招标费用与项目的价值相比不值得的

90. 根据代理权获得的方式不同，代理可分为（　　）。

A. 指定代理　　　　　　　　　　　　B. 隐名代理

C. 委托代理　　　　　　　　　　　　D. 居间代理

E. 法定代理

91. 建设单位办理工程质量监督手续时应提供的文件和资料包括（　　）。

A. 工程规划许可证　　　　　　　　　B. 设计单位资质等级证书

C. 工程勘察设计文件　　　　　　　　D. 中标通知书及施工承包合同

E. 用地规划许可证

92. 根据《建设工程质量管理条例》，建设工程竣工验收应具备的工程技术档案和施工管理资料包括（　　）。

A. 分部、分项工程全体施工人员名单　　B. 竣工验收报告

C. 设计变更通知单　　　　　　　　　D. 隐蔽验收记录及施工日志

E. 竣工图

93. 根据《建设工程质量管理条例》，工程监理单位与被监理工程的（　　）有隶属关系或者其他利害关系，不得承担该工程的监理业务。

A. 建筑材料供应商　　　　　　　　　B. 勘察设计单位

C. 施工企业　　　　　　　　　　　　D. 建设单位

E. 设备供应商

94. 关于承包单位将承包的工程转包或违法分包的，正确的行政处罚有（　　）。

A. 责令改正，没收违法所得

B. 对施工企业处工程合同价款 0.5％以上 1％以下的罚款

C. 追究刑事责任

D. 责令停业整顿，降低资质等级

E. 情节严重的，吊销资质证书

95. 施工企业承揽业务不良行为的认定标准有（　　）。

A. 以他人名义投标或以其他方式弄虚作假，骗取中标的

B. 以欺骗手段取得资质证书的

C. 将承包的工程转包或违法分包的

D. 以向评标委员会成员行贿的手段谋取中标的

E. 工程竣工验收后，不向建设单位出具质量保修书的

96. 申请人向仲裁委员会提出仲裁申请后，被申请人拒不提交答辩书但提出仲裁反请求，则仲裁委员会应（　　）。

A. 中止仲裁程序　　　　　　　　　　B. 不予受理反请求

C. 审查反请求是否符合受理条件　　　D. 将案件移送相关人民法院

E. 继续审理原仲裁申请

97. 仲裁协议应当具备的内容有（　　）。

A. 仲裁事项　　　　　　　　　　　　B. 具体的仲裁请求和事实、理由

C. 仲裁委员会的住所地　　　　　　　D. 请求仲裁的意思表示

E. 选定的仲裁委员会

98. 具体行政行为在行政复议期间不停止执行，但（　　）可以停止执行。

A. 被申请人认为需要停止执行的　　　B. 申请人申请停止执行的

C. 申请人提供担保的　　　　　　　　D. 行政复议机关认为需要停止执行的

E. 被申请人被撤销的

99. 根据《中华人民共和国行政处罚法》，地方性法规可以设定的行政处罚有（　　）。

A. 警告　　　　　　　　　　　　　　B. 没收违法所得

C. 责令企业停产停业　　　　　　　　D. 吊销营业执照

E. 行政拘留

100. 施工企业的主要责任人，对于本单位生产安全工作的主要职责包括（　　）。

A. 建立、健全本单位安全生产责任制

B. 组织制定本单位安全生产规章制度和操作规程

C. 保证本单位安全生产投入的有效实施

D. 督促、检查本单位的安全生产工作，及时消除生产安全事故隐患

E. 编制专项工程施工方案

2013年度全国一级建造师执业资格考试 建设工程法规与相关知识试题

一、单项选择题（共70题，每题1分。每题的备选项中，只有1个最符合题意）

1. 下列已经颁布的规范性法律文件中，不属于宪法部门法范畴的是（　　）。

A.《全国人民代表大会组织法》

B.《中华人民共和国国际法》

C.《中华人民共和国反垄断法》

D.《全国人民代表大会和地方各级人民代表大会选举法》

2. 根据《中华人民共和国保险法》，投保人参保建筑工程一切险的建筑工程项目，保险人须负责赔偿因（　　）造成的损失和费用。

A. 设计错误　　　　　　　　　　　B. 原材料缺陷

C. 不可预料的意外事故　　　　　　D. 工艺不完善

3. 下列法律责任中，属于刑事处罚的是（　　）。

A. 处分　　　　B. 暂扣执照　　　　C. 恢复原状　　　　D. 罚金

4. 根据《中华人民共和国建筑法》，在建工程因故中止施工的，建设单位应当自中止施工之日起（　　）内，向施工许可证颁发机关报告，并按照规定做好建筑工程的维护管理工作。

A. 15天　　　　B. 1个月　　　　C. 2个月　　　　D. 3个月

5. 以出让方式取得国有土地使用权的建设项目，建设单位应当持建设项目的批准、核准、备案文件和国有土地使用权出让合同，向建设项目所在城市、县人民政府（　　）领取建设用地规划许可证。

A. 土地主管部门　　　　　　　　　B. 建设行政主管部门

C. 城乡规划主管部门　　　　　　　D. 授权的镇人民政府

6. 关于建筑工程施工许可管理的说法，错误的是（　　）。

A. 申请施工许可证是取得建设用地规划许可证的前置条件

B. 保证工程质量和安全的施工措施须在申请施工许可证前编制完成

C. 只有法律和行政法规才有权设定施工许可证的申领条件

D. 消防设计审核不合格的，不予颁发施工许可证

7. 关于无资质的"实际施工人"利益受到侵害时处理的说法，正确的是（　　）。

A. 无资质承包主体签订的劳务分包合同无效，其合同权益不受法律保护

B. 实际施工人不能向没有合同关系的建设工程项目的发包方主张权利

C. 实际施工人以发包人为被告主张权利时，则与转包人、违法分包人无关

D. 建设工程项目发包人只在欠付工程价款的范围内对实际施工人承担责任

8. 施工企业的施工现场消防安全责任人应是（　　）。

A. 施工企业负责人　　　　　　　　　　　B. 专职安全员

C. 专职消防安全员　　　　　　　　　　　D. 项目负责人

9. 施工企业拒不执行公安机关消防机构作出的停止施工处罚决定的，将由（　　）负责强制执行。

A. 公安机关　　　　　　　　　　　　　　B. 作出决定的公安机关消防机构

C. 人民法院　　　　　　　　　　　　　　D. 建设行政主管部门

10. 某工程事故造成3人死亡，10人重伤，直接经济损失达2000万元。根据《生产安全事故报告和调查处罚案例》，该事故等级为（　　）。

A. 特别重大事故　　　　　　　　　　　　B. 较大事故

C. 重大事故　　　　　　　　　　　　　　D. 一般事故

11. 根据《中华人民共和国民法通则》，关于代理的说法，正确的是（　　）。

A. 代理人在授权范围内实施代理行为的法律后果由被代理人承担

B. 代理人可以超越代理权实施代理行为

C. 被代理人对代理人的一切行为承担民事责任

D. 代理是代理人以自己的名义实施民事法律行为

12. 在施工现场安装、拆卸施工起重机械和整体提升脚手架、模板等自升式架设设备，必须由（　　）承担。

A. 设备使用单位　　　　　　　　　　　　B. 具有相应资质的单位

C. 设备出租单位　　　　　　　　　　　　D. 检验检测机构

13. 关于发包人收到竣工结算文件后，在约定的期限内不予答复，视为认可竣工结算文件的说法，正确的是（　　）。

A. 必须在合同中有此约定，才可作为结算依据

B. 这是法定的视为认可竣工结算文件的情形

C. 即使合同通用条款中有此约定，也不能作为结算依据

D. 此约定即使写入合同中，也属无效合同条款

14. 根据《中华人民共和国仲裁法》，关于仲裁庭组成的说法，正确的是（　　）。

A. 仲裁庭必须由3名及3名以上的单数仲裁员组成

B. 仲裁庭可由当事人双方各选定两名仲裁员组成

C. 首席仲裁员可以由当事人双方共同选定

D. 首席仲裁员由仲裁委员会任命产生

15. 建设项目施工过程中发现地下古墓，立即报告当地文物行政部门，文物行政部门接到报告后，一般应在不超过（　　）小时赶赴工地现场。

A. 12　　　　　　　B. 36　　　　　　　C. 45　　　　　　　D. 24

16. 下列人员中，不属于建筑施工企业特种作业人员的是（　　）。

A. 电工　　　　　B. 架子工　　　　　C. 钢筋工　　　　　D. 起重信号工

17. 根据《建设工程质量管理条例》，下列分包情形中，不属于违法分包的是（　　）。

A. 施工总承包合同中未有约定，承包单位又未经建设单位认可，就将其全部劳务作业交由劳务单位完成

B. 总承包单位将工程分包给不具备相应资质条件的单位

C. 施工总承包单位将工程主体结构的施工分包给其他单位

D. 分包单位将其承包的专业工程进行专业分包

18. 关于用单位加强能源计量管理的说法，错误的是（　　）。

A. 按照规定配备和使用经依法检定合格的能源计量器具

B. 建立能源消费统计和能源利用状况分析制度

C. 对各类能源消耗实行分类计量和统计

D. 对能源消费应实行包费制

19. 下列从事生产活动的企业中，不属于必须取得安全生产许可证的是（　　）。

A. 食品加工生产企业　　　　　　　B. 建筑施工企业

C. 烟花爆竹生产企业　　　　　　　D. 矿业企业

20. 施工人员对设计结构安全的试块、试件以及有关材料，应当在（　　）监督下现场取样，并送具有相应资质等级的质量检测单位进行检测。

A. 施工企业质量管理部门　　　　　B. 设计单位或监理单位

C. 工程质量监督机构　　　　　　　D. 建设单位或监理单位

21. 关于工程质量检测机构的说法，错误的是（　　）。

A. 可以转包检测业务

B. 具有独立的法人资格

C. 是中介机构

D. 分为专项检测机构资质和见证取样检测机构资质

22. 出卖人将标的物的权利凭证交给买受人，以替代标的物的现实交付，该种交付方式称为（　　）。

A. 简易交付　　　　B. 占有决定　　　　C. 指示交付　　　　D. 拟制交付

23. 根据《中华人民共和国专利法》，对产品的形状、架构或者其结合所提出的适于实用的新的技术方案称为（　　）。

A. 发明　　　　　　B. 实用新型　　　　C. 外观设计　　　　D. 设计方案

24. 关于人民法院对民事上诉案件的二审裁判的说法，正确的是（　　）。

A. 原判决认定事实清楚，适用法律正确的，裁定驳回上诉，维持原判决

B. 原判决适用法律错误的，裁定撤销原判决，发回原审人民法院重审

C. 原判决认定事实不清的，裁定撤销原判决，发回原审人民法院重审，或者查清事实后改判

D. 原判决违反法定程序的，依法改判

25. 根据《建设工程质量管理条例》，工程质量必须实行（　　）监督管理。

A. 企业　　　　　B. 政府　　　　　C. 社会　　　　　D. 行业

26. 项目负责人的安全生产责任不包括（　　）。

A. 对建设工程项目的安全施工负责

B. 确保安全生产费用的有效使用

C. 落实安全生产责任制度、安全生产规章和操作规程

D. 签署危险性较大的工程安全专项施工方案

27. 招标投标违法行为的行政处理决定在被行政复议或行政诉讼期间，关于公告的说法，正确的是（　　）。

A. 原则上不停止公告，但行政处理决定依法停止执行的除外

B. 公告部门一律不停止对违法行为记录的公告

C. 依照当事人申请可停止公告

D. 公告部门可自行决定是否停止公告

28. 建造师初始注册者，自资格证书签发之日起提出注册申请的最长期限为（　　），逾期未申请者，须符合本专业继续教育的要求后方可申请初始注册。

A. 3 年　　　　　　　B. 6 个月　　　　　　　C. 1 年　　　　　　　D. 2 年

29. 根据《建设工程质量管理条例》，关于工程监理职责和权限的说法，错误的是（　　）。

A. 未经监理工程师签字，建筑材料不得在工程上使用

B. 未经监理工程师签字，建设单位不得拨付工程款

C. 隐蔽工程验收未经监理工程师签字，不得进入下一道工序

D. 未经总监理工程师签字，建设单位不进行竣工验收

30. 某施工项目在施工过程中，施工单位与甲材料供应商签订了建材买卖合同，但施工单位误将货款支付给乙供应商，针对该笔款项的说法正确的是（　　）。

A. 乙供应商因无过错，无须返还

B. 乙供应商有权拒绝甲供应商的给付请求

C. 施工单位因乙供应商拒绝返还，故可暂不向甲供应商支付货款

D. 甲供应商有权直接要求乙供应商给付该笔款项

31. 根据《中华人民共和国劳动合同法》，劳动者的下列情形中，用人单位不得解除劳动合同的是（　　）。

A. 在试用期间被证明不符合录用条件的

B. 严重违反用人单位的规章制度的

C. 患病或非因工负伤，在规定的医疗期内的

D. 被依法追究刑事责任的

32. 根据《中华人民共和国合同法》，关于定作人权利和义务的说法，正确的是（　　）。

A. 定作人有权随时解除承揽合同，造成损失的应当赔偿

B. 没有约定报酬支付期限的，定作人应当先行预付

C. 报酬约定不清的，定作人有权拒付

D. 因定作人提供的图纸不合理导致损失的，定作人与承揽人承担连带责任

33. 安装、拆卸施工起重机械，应当编制拆装方案、制定安全施工措施，并由（　　）现场实施全过程监督。

A. 施工单位负责项目管理的技术负责人

B. 装、拆卸单位的专业技术人员

C. 监理单位负责安全的工程师

D. 出租单位生产管理人员

34. 某施工总承包单位与分包单位在分包合同中约定：分包施工中出现任何安全事故，均由分包单位承担，该约定（　　）。

A. 因显失公平而无效

B. 由于分包单位自愿签署而有效

C. 仅对总承包单位和分包单位有效

D. 因违反法律、法规强制性规定而无效

35. 根据《建设工程质量管理条例》，注册建造师因过错造成重大质量事故，情节特别恶劣的，其将受到的行政处罚为（　　）。

A. 终身不予注册

B. 吊销执业资格证书，5 年内不予注册

C. 责令停止执业 3 年

D. 责令停止执业 1 年

36. 根据《中华人民共和国招标投标法》，投标人补充、修改或者撤回已提交的投标文件，并书面通知招标人的时间期限应在（　　）。

A. 评标截止时间前

B. 评标开始前

C. 提交投标文件的截止时间前

D. 投标有效期内

37. 对于达到一定规模的危险性较大的分部分项工程的专项施工方案，应由（　　）组织专家论证。

A. 安全监督管理机构

B. 建设单位

C. 施工单位

D. 监理单位

38. 借用其他施工单位（　　）的行为，属于以其他企业名义承担工程。

A. 营业执照　　　　B. 技术人员　　　　C. 资金　　　　　　D. 高层管理人员

39. 公民、法人或者其他组织认为行政机关的行政行为侵犯其合法权益，可以单独申请行政复议的情形是（　　）。

A. 不服行政机关作出的行政处分

B. 不服行政机关作出的行政处罚决定

C. 不服行政机关对民事纠纷作出的调解

D. 部分地方人民政府颁布的规章

40. 根据《建设工程质量管理条例》，建设工程竣工验收应当具备的条件不包括（　　）。

A. 完成建设工程设计和合同约定的各项内容

B. 已签署的工程结算文件

C. 完整的技术档案和施工管理资料

D. 勘察、设计、施工、工程监理等单位已分别签署质量合格文件

41. 关于行政行为特征的说法，错误的是（　　）。

A. 行政行为的主体是法定的

B. 实施行政行为具有单方意志性

C. 行政行为多属于无偿行为

D. 行政行为具有不可裁量性

42. 关于工程监理的说法，正确的是（　　）。

A. 监理单位与建设单位之间是法定代理关系

B. 工程监理单位可以分包监理业务

C. 监理单位经建设单位同意可以转让监理业务

D. 监理单位不得与被监理工程的设备供应商有隶属关系

43. 甲公司与乙公司的院落相邻，甲为方便自己车辆进出，遂与乙约定：甲借用乙院内道路通行，期限 20 年，甲一次性支付给乙 50 万元补偿费。双方签订合同并办理了地役权登记。2 年后，甲拟定了下列方案，其中符合《中华人民共和国物权法》规定的是（　　）。

A. 甲拟将全部房产所有权及土地使用权转让给丙，自由保留地役权

B. 甲拟单独将地役权转让给了丁物业公司

C. 甲拟将房产所有权及土地使用权和地役权一并转让给丙

D. 甲拟将房产所有权及土地使用权转让给丙，而将地役权转让给丁

44. 根据《中华人民共和国合同法》，允许单方解除合同的情形是（　　）。

A. 由于不可抗力致使合同不能履行

B. 法定代表人变更

C. 当事人一方发生合并、分立

D. 当事人一方违约

45. 依法实施强制监理的工程项目，对施工组织设计中的安全技术措施或者专项施工方案是否符合工程建设强制性标准负有审查责任的是（　　）。

A. 发包人驻工地代表　　　　　　　　B. 工程监理单位

C. 设计单位　　　　　　　　　　　　D. 项目技术负责人

46. 下列保险中，属于强制性保险的是（　　）。

A. 意外伤害保险　　　　　　　　　　B. 建筑工程一切险

C. 安装工程一切险　　　　　　　　　D. 工伤保险

47. 根据《中华人民共和国公司法》，公司法人成立日期是（　　）之日。

A. 公司营业执照签发　　　　　　　　B. 申请公司设立

C. 工商管理机关批准　　　　　　　　D. 组织机构代码证签发

48. 不良行为记录是指建筑市场各方主体在工程建设中违反有关工程建设的法律、法规、规章或强制性标准和执业行业规范，经（　　）级以上建设行政主管部门或者其委托的执法监督机构查实和行政处罚所形成的记录。

A. 乡（镇）　　　　　B. 县　　　　　C. 市　　　　　D. 省

49. 根据《建设工程质量管理条例》，关于勘察设计单位质量责任和义务的说法，错误的是（　　）。

A. 从事勘察、设计业务的单位应当依法取得相应等级的资质证书

B. 勘察单位提供的地质、测量、水文等勘察成果必须真实、准确

C. 设计单位应当根据勘察成果文件进行建设工程设计

D. 勘察、设计单位不得分包所承揽的工程

50. 根据《中华人民共和国环境噪声污染防治法》，在城市市区噪声敏感建筑物集中区域内，不能在夜间进行产生环境噪声污染的建筑施工作业的是（　　）。

A. 抢修　　　　　　　　　　　　　　B. 抢险

C. 抢工期　　　　　　　　　　　　　D. 生产工艺要求必须连续

51. 建设工程质量保修书的提交时间是（   ）。

A. 自提交工程竣工验收报告之日起 15 日内

B. 工程竣工验收合格之日

C. 自工程竣工验收合格之日起 15 日内

D. 提交工程竣工验收报告时

52. 特种设备使用单位应当按照安全技术规范的定期检验要求，最迟应在安全检验合格有效届满前（   ）内向特种设备检验检测机构提出定期检验要求。

A. 1 个月　　　　　　B. 10 天　　　　　　C. 15 天　　　　　　D. 2 个月

53. 根据《招标投标实施条例》，非国有资金占控股或主导地位的依法必须进行招标的项目，关于确定中标人的说法，正确的是（   ）。

A. 评标委员会应当确定投标价格最低的投标人为中标人

B. 评标委员会应当以最接近标的价格的投标人确定为中标人

C. 招标人应该确定排名第一的中标候选人为中标人

D. 招标人可以从评标委员会推荐的前三名中标候选人确定为中标人

54. 根据《中华人民共和国合同法》，分期付款的买受人未支付到期价款的最低金额达到全部价款的（   ），出卖人即有权要求买受人支付全部价款或者解除合同。

A. 1/3　　　　　　B. 1/2　　　　　　C. 1/5　　　　　　D. 2/3

55. 关于投标联合体资格条件的说法，正确的是（   ）。

A. 联合体牵头单位具备招标文件规定的相应资格条件即可

B. 联合体一方具备招标文件规定的相应资格条件即可

C. 联合体各方均当具备招标文件规定的相应资格条件

D. 由不同专业的单位组成联合体，按照资质等级，较低的单位确定其资质等级

56. 分包工程发生质量、安全、进度等问题给建设单位造成损失的，关于承担方的说法，正确的是（   ）。

A. 分包单位只对总承包单位负责

B. 建设单位只能向给其造成损失的分包单位主张权利

C. 总承包单位赔偿金额超过其应承担份额的，有权向有责任的分包单位追偿

D. 建设单位与分包单位无合同关系，无权向分包单位主张权利

57. 建设工程在超过合理使用年限后需要继续使用的，产权所有人应当委托（   ）鉴定，并根据鉴定结果采取加固、维修等措施，重新界定使用期。

A. 勘察、设计单位　　　　　　　　　　B. 监理单位

C. 建筑安全监督管理机构　　　　　　　D. 工程质量监督机构

58. 下列法律文书中，不具有强制执行效力的是（   ）。

A. 在仲裁程序中形成的仲裁调解书

B. 由行政主管部门主持达成的调解书

C. 人民法院在民事案件审理中制作的调解书

D. 司法确认的人民调解委员会主持达成的调解协议

59. 在建设单位要求赶工的情形下，隐蔽工程未通过监理单位验收，施工单位继续施工，由此发生质量问题所产生的费用由（   ）承担。

A. 施工单位　　　　　　B. 建设单位　　　　　　C. 监理单位　　　　　　D. 建设主管部门

60. 根据《生产安全事故报告和调查处理条例》的有关规定，除交通事故、火灾事故外，自事故发生之日起（　　）日内，事故造成的伤亡人数发生变化的，应当及时补报。

A. 15　　　　　　　　B. 20　　　　　　　　C. 30　　　　　　　　D. 40

61. 负责全国实施工程建设强制性标准监督管理工作的国家机关是（　　）。

A. 国务院质量监督行政主管部门

B. 国务院安全监督行政主管部门

C. 国务院建设行政主管部门

D. 国务院工商行政管理部门

62. 建筑施工企业隐瞒或者提供虚假材料申请安全生产许可证的，应给予警告，并在（　　）年内不得申请安全生产许可证。

A. 2　　　　　　　　B. 1　　　　　　　　C. 3　　　　　　　　D. 5

63. 甲公司与乙公司组成联合体共同承包了某大型建筑工程的施工。关于该联合体承包行为的说法，正确的是（　　）。

A. 乙按照承担施工内容及工程量的比例对建设单位负责

B. 建设单位应当与甲、乙分别签订承包合同

C. 甲和乙就工程质量和安全对建设单位承担连带责任

D. 该行为属于肢解工程发包的违法行为

64. 关于建设工程未经竣工验收，发包人擅自使用后又以使用部分质量不符合约定为由主张权利的说法，正确的是（　　）。

A. 发包人以装饰工程质量不符合约定主张索赔的，应予支持

B. 承包人应当在工程的合理使用寿命内对地基基础和主体结构质量承担责任

C. 凡不符合合同约定或者验收规范的工程质量问题，承包人应当承担责任

D. 承包人的保修责任可以免除

65. 监理单位的主要安全责任之一是（　　）。

A. 组织专家论证、审查深基坑专项施工方案

B. 申领施工许可证时，提供建设工程有关安全施工措施的资料

C. 在设计方案中提出保障施工作业人员安全和预防生产事故的措施建议

D. 发现存在严重安全事故隐患时，要求施工单位停工并及时报告建设单位

66. 建筑市场不良行为信息公布期限一般是（　　）。

A. 1 个月至 2 年　　　　　　　　　　B. 2 个月至 1 年

C. 3 个月至 2 年　　　　　　　　　　D. 6 个月至 3 年

67. 劳动者可以立即解除劳动合同且无须事先告知用人单位的情形是（　　）。

A. 用人单位未按照劳动合同约定提供劳动保护或者劳动条件

B. 用人单位以暴力、威胁或者非法限制人身自由的手段强迫劳动者劳动

C. 用人单位未及时足额支付劳动报酬

D. 用人单位制定的规章制度违反法律、法规的规定，损害劳动者的权益

68.《工程建设项目招标范围和规模标准规定》所属法的形式是（　　）。

A. 法律　　　　　　B. 行政法规　　　　　　C. 部门规章　　　　　　D. 地方性法规

69. 乙施工单位通过招标程序中标了甲开发公司的一个施工项目。签约前，甲要求让利5%，否则不签施工合同。后双方按中标文件订立了备案合同，同时签订了让利5%的补充协议。竣工结算时，甲按让利协议扣减结算总价5%，乙以自己亏损为由不同意让利并向法院提起诉讼，要求按中标价结算。下列说法正确的是（   ）。

A. 应以备案合同作为结算工程价款依据

B. 该补充协议属于可撤销合同

C. 应以补充协议作为结算工程价款依据

D. 乙方行为构成合同违约

70. 根据我国担保法律制度，关于抵押权实现的说法，错误的是（   ）。

A. 债务履行期届满抵押权人未受清偿的，可以与抵押人协议以拍卖该抵押物所得价款受偿

B. 同一财产向两个以上债权人抵押，抵押合同已登记生效的，按抵押登记的先后顺序清偿

C. 同一财产向两个以上债权人抵押，抵押合同自签订之日起生效的，若抵押物未登记的，按照合同生效的先后顺序清偿

D. 抵押物价后，其价款超过债权数额的部分归债务人所有，不足部分由债务人清偿

二、多项选择题（共30题，每题2分，每题的备选项中有2个或2个以上符合题意，至少有1个错项。错选，本题不得分；少选，所选的每个选项得0.5分）

71. 建设工程竣工前，当事人对工程质量发生争议，经鉴定工程质量合格，关于竣工日期的话说法，正确的有（   ）。

A. 应当以合同约定的竣工日期作为竣工日期

B. 应当以鉴定合格日期为竣工日期

C. 鉴定日期为顺延工期的期间

D. 应当以申请鉴定日期作为竣工日期

E. 应当以提交竣工验收报告的日期为竣工日期

72. 关于借款合同权利和义务的说法，正确的有（   ）。

A. 贷款人不得预先在本金中扣除利息

B. 借款人应当按照约定的用途使用借款

C. 对于未定期限且无法确定期限的借款合同，借款人可以随时偿还

D. 订立借款合同，贷款人可以要求借款人提供担保

E. 贷款人有权处置拒不还款的借款人的其他财产

73. 下列责任形式中，当事人承担违约责任的形式有（   ）。

A. 赔礼道歉   B. 支付违约金

C. 赔偿损失   D. 采取补救措施

E. 罚金

74. 施工单位项目责任人的安全生产责任主要包括（   ）。

A. 组织制定安全施工措施

B. 消除安全事故隐患

C. 及时、如实上报安全事故

D. 编制安全生产规章制度和操作规程

E. 确保安全生产费用的投入

75. 根据事故具体情况，事故调查组成员由人民政府、安全生产监督管理部门和负有安全生产监督管理职责的有关部门以及（　　　）派人参加。

A. 监察机关　　　　　B. 人民法院　　　　　C. 公安机关

D. 人民检察院　　　　E. 工会

76. 下列情形导致要约失效的有（　　　）。

A. 拒绝要约的通知到达要约人

B. 要约人依法撤销要约

C. 要约人依法撤回要约

D. 承诺期限届满，受要约人未作出承诺

E. 受要约人对要约的内容作出实质性变更

77. 根据《建设工程质量管理条例》，关于勘察、设计单位质量责任和义务的说法，正确的有（　　　）。

A. 勘察、设计单位应当在其资质等级许可的范围内承揽工程

B. 勘察文件应注明工程使用年限

C. 勘察、设计单位必须按照工程建设强制性标准进行勘察、设计

D. 注册建筑师、注册结构工程师等注册执业人员应当在设计文件上签字并对设计文件负责

E. 有特殊要求的建筑材料、专用设备、工艺生产线等可由设计单位指定

78. 甲乙双方签订买卖合同，丙为乙的债务提供保证，但担保合同未约定担保方式及保证期间。关于该保证合同的说法，正确的有（　　　）。

A. 保证期间与买卖合同的诉讼时效相同

B. 丙的保证方式为连带责任保证

C. 保证期间为主债务履行期届满之日起12个月内

D. 甲在保证期内未经丙书面同意将主债务转让给丁，丙不再承担保证责任

E. 甲在保证期间未要求丙承担保证责任，则丙免除保证责任

79. 根据民用建筑节能管理规定，关于各单位执行建筑节能强制性标准说法正确的有（　　　）。

A. 经审查不符合民用建筑节能强制性标准的，不得颁发施工许可证

B. 对不符合民用建筑节能强制性标准的，不得出具竣工验收合格报告

C. 建设单位不得以任何理由要求施工单位修改经审查合格的节能设计文件

D. 施工单位进行施工时，不得违反审查合格的设计文件和建筑节能施工标准

E. 民用建筑在改建、扩建时，设计单位不得对原建筑物进行节能改造

80. 根据《工程建设项目施工招标投标办法》，下列情形应按废标处理的有（　　　）。

A. 投标人未按照招标文件要求提交投标保证金

B. 投标文件逾期送达或者未送达指定地点

C. 投标文件未按招标文件要求密封

D. 投标文件无单位盖章并无单位负责人签字

E. 联合体投标未附联合体各方共同投标协议

81. 建设工程以赔偿损失方式承担违约责任的构成要件包括（　　）。

A. 违反职业道德规范 B. 造成损失后果

C. 具有违约行为 D. 违反建筑企业内部文件

E. 违约行为与财产等损失之间有因果关系

82. 根据《中华人民共和国建筑法》，关于建筑工程分包的说法，正确的有（　　）。

A. 建筑工程的分包单位必须在其资质等级许可的业务范围内承揽工程

B. 资质等级较低的分包单位可以超越一个等级承接分包工程

C. 建设单位指定的分包单位，总承包单位必须采用

D. 严禁个人承揽分包工程业务

E. 劳务作业分包可不经建设单位认可

83. 注册建造师依法享有的权利包括（　　）。

A. 获得相应劳动报酬

B. 保管和使用本人注册证书、执业印章

C. 接受继续教育

D. 在本人执业活动中形成的文件签字并加盖执业印章

E. 保守在执业中知悉的国家秘密和他人的商业、技术等秘密

84. 施工企业必须在变更 10 日内到原安全生产许可证颁发管理机关办理安全生产许可证变更手续的情形有（　　）。

A. 企业股东变更 B. 企业名称变更

C. 企业法人变更 D. 企业设立分公司

E. 企业注册地址变更

85. 下列情形能够引发合同之债的有（　　）。

A. 建设单位拖欠工程进度款

B. 施工中偷工减料造成的损失

C. 监理单位与施工单位串通损害建设单位利益

D. 噪声污染使周边居民无法正常休息

E. 建材供应商供应的建筑材料不合格

86. 下列标准属于强制性国家标准的有（　　）。

A. 行业专用的质量标准

B. 工程建设通用的安全标准

C. 工程建设行业专用的制图方法标准

D. 工程建设通用的试验标准

E. 工程建设行业专用的评定方法标准

87. 某县人民法院审理其管辖范围内的行政诉讼案件，应当依据和参照的规范性法律文件包括（　　）。

A. 各地的地方法规

B. 法律、行政法规

C. 案件所在县人民政府公开发布的规定

D. 案件所在地的省、自治区、直辖市人民政府规章

E. 案件所在地的省、自治区、直辖市所在地的市人民政府规章

88. 根据《中华人民共和国劳动合同法》，用人单位有权实施经济性裁员的情形有（   ）。

A. 依照《中华人民共和国企业破产法》规定进行重整的

B. 生产经营发生严重困难的

C. 股东会意见严重分歧导致董事会主要成员交换的

D. 企业转产、重大技术革新或者经营方式调整，经变更劳动合同后，仍需裁减人员的

E. 因劳动合同订立时所依据的客观经济情况发生重大变化，致使劳动合同无法履行的

89. 建设单位办理大型公共建筑工程竣工验收备案应提交的材料有（   ）。

A. 工程竣工验收备案表

B. 住宅使用说明书

C. 工程竣工验收报告

D. 施工单位签署的工程质量保修书

E. 公安机关消防机构出具的消防验收合格证明文件

90. 关于施工许可证的法定批准条件说法，正确的有（   ）。

A. 已经确定施工企业

B. 有满足施工需要的施工图纸及技术资料，施工图设计文件已按规定进行审查

C. 建设资金已经落实

D. 按照规定需要委托监理的工程已经委托监理

E. 按照国务院规定的权限和程序已批准开工报告

91. 必须实施鉴证取样和送检的试块、试件和材料有（   ）。

A. 用于承重结构的混凝土试块

B. 用于承重墙体的砌筑砂浆试块

C. 用于承重机构的钢筋及连接头试件

D. 所有的水泥材料

E. 地下、屋面、厕所间使用的防水材料

92. 施工作业人员享有的安全生产权有（   ）。

A. 纠正和处理违章作业　　　　　　　B. 拒绝连续加班作业

C. 拒绝冒险作业　　　　　　　　　　D. 紧急避险

E. 对施工安全生产提出建议

93. 在施工过程中施工技术人员发现设计图纸不符合技术标准，施工技术人员应（   ）。

A. 继续按照工程图纸施工　　　　　　B. 按照技术标准修改图纸

C. 按照标准图集施工　　　　　　　　D. 及时提出意见和建议

E. 通过建设单位要求设计单位予以修改

94. 施工单位的下列行为符合工程安全不良行为认定标准的有（   ）。

A. 在施工起重机械和整体提升脚手架、模板等自升式架设设施验收合格后未按照规定登记的

B. 在尚未竣工的建筑物内设置员工集体宿舍的

C. 未对因建设工程施工可能造成损害的毗邻建筑物、构筑物和地下管线等采取专项预防措施

D. 使用未经验收或验收不合格的施工起重机械和整体提升脚手架、模板等自升式架设设施的

E. 未按照节能设计进行施工的

95. 根据《安全生产许可证条例》，国家对（　　）实行安全生产许可制度。

A. 矿山企业

B. 建筑施工企业

C. 日用化学品生产、经营、储存单位

D. 危险化学品生产、经营、储存单位

E. 烟花爆竹、民用爆破器材生产企业

96. 根据《中华人民共和国民事诉讼法》，起诉必须符合的条件有（　　）。

A. 原告是与本案有直接利害关系的公民、法人和其他组织

B. 有明确的被告

C. 有具体的诉讼请求和理由

D. 事实清楚，证据确实充分

E. 属于人民法院受理民事诉讼的范围和受诉人民法院管辖

97. 根据《中华人民共和国仲裁法》，当事人有证据证明仲裁裁决存在（　　）情形的，可以向人民法院申请撤销该仲裁裁决。

A. 双方当事人均不满意仲裁结果

B. 没有仲裁协议

C. 仲裁员隐瞒了应该回避的事由

D. 没有对另一方当事人形成强制作用

E. 裁决事项超出仲裁委员会权限

98. 根据《建设工程质量管理条例》，关于施工单位质量责任和义务的说法，正确的有（　　）。

A. 对施工质量负责

B. 按照工程设计图纸和施工技术标准施工

C. 对建筑材料、设备等进行检验检测

D. 建立健全施工质量检验制度

E. 审查批准高大模板工程的专项施工方案

99. 在下列情形中，代理人应当向被代理人承担民事责任的有（　　）。

A. 在第三人知道行为人没有代理权仍与其实施民事行为给被代理人造成损害的

B. 经追认的越权代理行为

C. 委托书授权不明的代理行为

D. 代理人因事务繁忙未经被代理人同意将代理事务转托他人

E. 被代理人知道代理人的代理行为违法不表示反对的

100. 根据《建设工程安全生产管理条例》，在施工合同中，不属于建设单位安全责任的有（   ）。

A. 编制施工安全生产规章制度和操作资料

B. 向施工单位提供准确的地下管线资料

C. 对拆除工程进行备案

D. 保证设计文件符合工程建设强制性标准

E. 为从事特种作业的施工人员办理意外伤害保险

2014 年度全国一级建造师执业资格考试 建设工程法规与相关知识试题

一、单项选择题（共 70 题，每题 1 分。每题的备选项中，只有 1 个最符合题意）

1. 关于城市、镇规划许可证的说法，正确的是（　　）。

A. 以划拨方式提供国有土地使用权的建设项目，建设单位在取得划拨土地之后，方可向城市、县人民政府城乡规划主管部门提出建设用地规划许可申请

B. 以出让方式取得国有土地使用权的建设项目，建设单位在取得建设用地规划许可证之后，才能取得国有土地使用权

C. 以划拨方式提供国有土地使用权的建设项目，建设单位在取得建设用地规划许可证后，方可向县级以上地方人民政府土地主管部门申请用地

D. 以出让方式取得国有土地使用权的建设项目，在签订国有土地使用权出让合同后，建设单位应当向城市、县人民政府建设行政主管部门领取建设用地规划许可证

2. 关于建筑市场诚信行为信息公告变更的说法，正确的是（　　）。

A. 对发布有误的信息，由发布该信息的省、自治区和直辖市建设行政主管部门提出修改意见，并报国务院建设行政主管部门批准

B. 被公告的招标投标当事人认为公告记录与行政处理决定的相关内容不符合，可向公告部门提出书面复核申请

C. 行政处理决定在被行政复议或者行政诉讼期间，公告部门依法不停止对违法行为的记录的公告，但行政处理决定被依法停止执行的除外

D. 原行政处理决定被依法变更或撤销的，公告部门应当及时对公告记录予以变更或撤销，无须在公告平台上予以声明

3. 某施工单位为降低造价，在施工中偷工减料，故意使用不合格的建筑材料、构配件和设备，降低工程质量，导致建筑工程坍塌，致使多人重伤、死亡。该施工单位的行为已经构成（　　）。

A. 重大劳动安全事故罪　　　　　　　　B. 强令违章冒险作业罪

C. 重大责任事故罪　　　　　　　　　　D. 工程重大安全事故罪

4. 建设工程合理使用年限是指从（　　）之日起，工程的地基基础、主体结构能保证在正常情况下安全使用的年限。

A. 施工许可证办理　　　　　　　　　　B. 预验收合格

C. 工程竣工验收合格　　　　　　　　　D. 质保期结束

5. 关于法人的说法，正确的是（　　）。

A. 法人以其登记注册地为住所

B. 企业法人自取得营业执照时取得法人资格

C. 非企业法人是指行政法人和事业法人

D. 建设单位可以是没有法人资格的其他组织

6. 关于建设工程分包的说法，正确的有（   ）。

A. 总承包单位可以按照合同约定将建设工程部分非主体、非关键性工作分包给其他企业

B. 总承包单位可以将全部建设工程拆分成若干部分后全部分包给其他施工企业

C. 总承包单位可以将建设工程主体结构中技术较为复杂的部分分包给其他企业

D. 总承包单位经建设单位同意后，可以将建设工程的关键性工作分包给其他企业

7. 除双方当事人意思表示一致以外，尚须交付标的物才能成立的合同，称为（   ）。

A. 要式合同　　　　　B. 实践合同　　　　　C. 有偿合同　　　　　D. 双务合同

8. 根据《中华人民共和国民事诉讼法》，当事人申请司法确认调解协议，由双方当事人依法共同向（   ）基层人民法院提出。

A. 当事人住所地　　　B. 调解协议履行地　　C. 调解组织所在地　　D. 调解协议签订地

9. 某总承包单位与分包单位在分包合同中约定，由分包单位自行负责分包工程的安全生产，工程施工中，分包工程发生了安全事故，则该事故（   ）。

A. 按约定由分包单位自行承担全部责任

B. 分包单位承担主要责任，总承包单位承担次要责任

C. 总承包单位承担全部责任

D. 总承包单位与分包单位承担连带责任

10. 劳动争议仲裁委员会由劳动行政部门代表、同级工会代表、用人单位方面的代表组成。劳动争议仲裁委员会主任由（   ）担任。

A. 同级工会代表　　　　　　　　　　B. 劳动行政部门代表

C. 用人单位代表　　　　　　　　　　D. 人民法院指定的人员

11. 下列安全生产条件中，属于取得建筑施工企业安全生产许可证条件的是（   ）。

A. 制定完备的安全生产规章制度和操作流程

B. 配备兼职安全生产管理人员

C. 各分部分项工程有应急预案

D. 管理人员每年至少进行 2 次安全生产教育培训

12. 关于专利申请的说法，正确的是（   ）。

A. 两个以上的申请人分别就同样的发明创造申请专利的，专利权授予最先申请的人

B. 职务发明创造申请专利的权利属于发明人或设计人，申请被批准后，单位为专利权人

C. 在中国没有经常居所的外国人，在中国可以自行申请专利和办理其他专利事务的

D. 国务院专利行政部门收到专利申请文件之日为申请日，如果申请文件是邮寄的，以收到的邮戳日为申请日

13. 根据《安全生产许可证条例》，必须持特种作业操作证书上岗的人员是（   ）。

A. 项目经理　　　　　B. 兼职安全员　　　　C. 建筑架子工　　　　D. BIM 系统操作员

14. 某工程项目工期为 12 个月，其中合同价款中安全防护、文明施工措施费用为 100 万元。在合同没有约定或约定不明的情况下，建设单位预付该部分费用最低应为（   ）万元。

A. 10　　　　　　　B. 20　　　　　　　C. 30　　　　　　　D. 50

15. 下列仲裁协议约定的内容中，属于有效条款的是（　　）。

A. 仲裁协议约定的两个仲裁机构，且当事人不能就仲裁机构选择达成一致

B. 当事人约定争议可以向仲裁机构申请仲裁也可以向人民法院起诉

C. 劳动合同约定发生劳动争议向北京仲裁委员会申请仲裁

D. 双方因履行合同发生纠纷向北京仲裁委员会申请仲裁

16. 施工企业购买材料设备之后由保管人进行储存，存货人未按合同约定向保管人支付仓储费时，保管人有权扣留足以清偿其所欠仓储费的货物。保管人行驶的权利是（　　）。

A. 抵押权　　　　　B. 质权　　　　　C. 留置权　　　　　D. 用益物权

17. 关于建设工程质重保修违法行为应承担的法律责任的说法，正确的是（　　）。

A. 施工单位不履行保修义务或者拖延履行保修义务的，责令改正，处 10 万元以上 30 万元以下的罚款

B. 缺陷责任期内，由承包人原因造成的缺陷，承包人负责维修并承担相应费用后，可免除对工程的一般损失赔偿责任

C. 缺陷责任期内，由承包人原因造成的缺陷，承包人应负责维修，并承担鉴定及维修费用

D. 建筑业企业申请资质升级、资质增项，在申请之日起半年内，未依法履行保修义务或拖延履行的并造成严重后果的，资质许可机关不予批准其申请

18. 关于办理施工许可证违法行为法律责任的说法，正确的是（　　）。

A. 对于为规避办理施工许可证将工程项目分解后擅自施工的，由有管辖权的发证机关责令改正，对于不符合开工条件的，责令停止施工，并对建设单位和施工单位分别处以罚款

B. 对于未取得施工许可证擅自施工的，由发证机关责令停止施工，并对建设单位和施工单位分别进行处罚

C. 对于采用虚假证明，发证机关对责任单位处以罚款

D. 对于采用虚假证明文件骗取施工许可证的，由原发证机关收回施工许可证，责令改正，并对责任单位处以罚款

19. 关于地方性法规、自治条例、单行条例制定的说法，正确的是（　　）。

A. 省、自治区、直辖市的人民代表大会制定的地方性法规由其常务委员会发布公告予以公布

B. 省、自治区、直辖市的人民代表大会常务委员会制定的地方性法规由人大主席团批准后予以公告

C. 较大市的人民代表大会及其常务委员会制定的地方性法规由其常务委员会直接公布

D. 自治条例和单行条例报批后，分别由自治区、自治州、自治县的人大常委会予以公布

20. 关于物权特征的说法，正确的是（　　）。

A. 物权是一种支配权，需要义务人的行为配合

B. 物权是一种财产权，直接体现为财产利益的权利

C. 物权是一种相对权，用以对抗特定的相对人

D. 物权是不具有排他性的权利，同一物上可以存在几个物权

21. 关于我国仲裁基本制度，正确的是（   ）。

A. 当事人对仲裁不服的，可以提起公诉

B. 当事人有仲裁协议，一方向法院起诉的，人民法院不予受理

C. 当事人没有仲裁协议而申请仲裁的，仲裁委员会应当受理

D. 仲裁协议不能排除法院对案件的司法管辖权

22. 关于建筑市场诚信行为公布的说法，正确的是（   ）。

A. 不良行为记录应当在当地发布，社会影响恶劣的，还应当在全国发布

B. 诚信行为信息包括良好行为记录和不良行为记录，两种信息记录都应当公布

C. 省、自治区和直辖市建设行政主管部门负责审查整改结果，对整改确有实效的，可取消不良行为记录信息的公布

D. 不良行为记录在地方的公布期限应当长于全国公布期限

23. 根据《中华人民共和国招标投标法》，正确的是（   ）。

A. 建设行政主管部门　　　　　　　B. 招标代理机构

C. 招标人　　　　　　　　　　　　D. 投标人推选的代表

24. 关于保险索赔的说法，正确的是（   ）。

A. 保险事故发生后，投保人、被保险人或者受益人仅需向保险人提供与确认保险事故的原因和损失程度有关的证明和资料

B. 保险人认为有关的证明和资料不完整的，可以多次通知投保人、被保险人或者受益人补充提供

C. 对其赔偿或者给付保险金的数额不能确定的，保险人应在最终确定赔偿或者给付保险金的数额后一次性支付保险金

D. 投保人重复保险的，除合同另有约定外，各保险人按照其保险金额与保险金额总和的比例承担赔偿保险金的责任

25. 根据《中华人民共和国节约能源法》，房地产开发企业在销售房屋时，应当向购买人明示所售房屋的节能信息有（   ）。

A. 能效标识　　　B. 节能措施　　　C. 质量保修书　　　D. 建筑节能标准

26. 关于人身保险合同的说法，正确的是（   ）。

A. 人身保险的投保人在保险事故发生时，对被保险人应当具有保险利益

B. 保险人对人寿保险的险费，不得用诉讼方式要求投保人支付

C. 人身保险合同的投保人不可以为受益人

D. 人身保险合同的投保人应当一次性支付全部保险费

27. 关于仲裁开庭和审理的说法，正确的是（   ）。

A. 仲裁开庭审理必须经当事人达成一致

B. 仲裁审理案件应当公开进行

C. 当事人可以协议仲裁不开庭审理

D. 仲裁庭不能做出缺席裁决

28. 关于建筑活动中发生的债的说法，正确的是（　　）。

A. 对于施工任务，建设单位是债权人，施工企业是债务人

B. 对于建筑采购买卖合同中建筑材料的交付，材料供应商是债权人

C. 在施工中产生噪声，扰乱居民，不会有债的发生

D. 材料供应商为施工企业自愿保管财物不会产生债

29. 关于建设工程分包的说法，正确的是（　　）。

A. 分包单位没有资质要求

B. 分包单位不得再次分包

C. 分包单位由总包单位自有确定

D. 分包的工作内容没有限制

30. 根据国家有关消防法规和建设工程安全生产法规，施工单位应当建立施工现场消防组织并且至少每（　　）组织一次演练。

A. 一季度　　　　　B. 半年　　　　　C. 一年　　　　　D. 两年

31. 签署并公布由全国人大和全国人大常委会通过的法律的是（　　）。

A. 人大主席团　　　　　　　　　B. 国务院总理

C. 最高人民法院院长　　　　　　D. 国家主席

32. 可撤销的建设工程施工合同，有权撤销的机构是（　　）。

A. 人民法院　　　　　　　　　　B. 建设行政主管部门

C. 工商行政主管部门　　　　　　D. 监理单位

33. 关于一级建造师执业范围的说法，正确的是（　　）。

A. 注册建造师不得同时担任两人以上建设工程项目负责人，所有项目均为小型工程施工项目的除外

B. 注册建造师担任施工项目负责人，在其承建的建设工程项目竣工验收或移交项目手续办结前，经受聘企业同意的，可以再变更注册至另一家企业

C. 注册建造师担任施工项目负责人期间，若发包方与注册建造师受聘企业已解除承包合同的，可以更换施工项目负责人

D. 工程所在地省级建设主管部门和有关部门可以根据本地的实际情况设置跨地区承揽工程项目执业准入条件

34. 根据《中华人民共和国行政复议法》，下列事项中，属于不可申请行政复议的情形是（　　）。

A. 对建设主管部门责令施工企业停止施工的决定不服的

B. 对建设主管部门撤销施工企业资质证书的决定不服的

C. 对规划行政主管部门撤销建设工程规划许可证的决定不服的

D. 对建设行政主管部门就建设工程合同争议进行的调解结果不服的

35. 下列国家标准中，属于强制性国家标准的是（　　）。

A. 工程建设重要的通用的信息技术标准

B. 工程建设行业专用的实验方法

C. 工程建设行业专用的术语、符号

D. 工程建设勘察行业专用的质重要求

36. 关于人民调解委员会的说法，正确的是（   ）。

A. 人民调解委员会是依法设立的调解民间纠纷的群众性自治组织

B. 人民调解委员会经调解达成的调解书与仲裁调解书具有相同的法律效力

C. 人民调解委员会经调解达成的调解协议具有法律约束力

D. 当事人对人民调解委员会经调解达成的调解协议有争议的，不得起诉

37. 根据《中华人民共和国物权法》，不能设定权利质权的是（   ）。

A. 专利中的财产权   B. 应收账款债权

C. 可以转让的股权   D. 房屋所有权

38. 关于施工企业承揽工程的说法，正确的是（   ）。

A. 施工企业可以允许其他企业使用自己的资质证书和营业执照

B. 施工企业应当拒绝其他企业转让资质证书

C. 施工企业在施工现场所设项目管理机构的项目负责人可以不是本单位人员

D. 施工企业由于不具备相应资质等级只能以其他企业名义承揽工程

39. 关于仓储合同法律特征的说法，正确的是（   ）。

A. 因仓储物包装不符合约定造成仓库变质、损坏的，不免除保管人的损害赔偿责任

B. 仓储合同自仓储物交付时成立

C. 第三人对仓储物主张权利的，保管人不得自行向存货人交付

D. 仓储合同自成立时生效

40. 对于非施工单位原因造成的质量问题，施工单位也应负责返修，造成的损失及返修费用最终由（   ）负责。

A. 监理单位   B. 责任方   C. 建设单位   D. 施工单位

41. 关于一级建造师注册的说法，正确的是（   ）。

A. 取得资格证书的人员，经过注册才能以建造师名义执业

B. 取得一级建造师职业资格证书后即可申请注册

C. 初始注册者，可自资格证书签发之日起三年内提出申请，未按期申请的，不予注册

D. 注册者应向省、自治区、直辖市人民政府的人事部提出

42. 某商品房开发工程因故停建，承包人及时起诉要求结算工程款并胜诉。法院在对该项目进行拍卖执行中，有许多债权人主张权利。个债权人的清偿顺序依法应为（   ）。

A. 承包人、抵押债权人、普通债权人、全款购房人

B. 抵押债权人、普通债权人、全款购房人、承包人

C. 普通债权人、全款购房人、承包人、抵押债权人

D. 全款购房人、承包人、抵押债权人、普通债权人

43. 根据《中华人民共和国劳动合同法》，用人单位与劳动者已建立劳动关系，未同时订立书面劳动合同的，应当自用工之日起（   ）内订立书面劳动合同。

A. 1 个月   B. 2 个月   C. 3 个月   D. 半年

44. 关于建设工程质量保修的说法，正确的是（   ）。

A. 全部或者部分使用政府投资的建设项目，按工程价款结算总额 3% 的比例预留保证金

B. 由他人原因造成的缺陷，发包人负责组织维修，并从保证金中扣除维修费用

C. 建设工程在超过合理使用年限后需要继续使用的，产权所有人应当委托鉴定，并根据鉴定结果采取加固、维修等措施，重新界定试用期

D. 发包人在接到承包人返还保证金申请后，应于 7 日内会同承包人按合同约定的内容进行核实

45. 根据《建设工程安全生产管理条例》，出租的机械设备应当有产品合格证、自检合格证明和（　　）。

A. 生产企业资质证明　　　　　　　B. 生产企业执业执照

C. 生产许可证　　　　　　　　　　D. 第三方检测合格证明

46. 根据《中华人民共和国文物保护法》，关于保护文物的说法，正确的是（　　）。

A. 拆除文物所需的费用应当列入建设工程预算

B. 建设工程选址应当是尽可能避开一切文物

C. 建设单位对于实施原址保护的文物应当到行政部门备案

D. 在文物保护单位的保护范围内不得进行建筑活动

47. 定作合同对于支付报酬的期限没有约定或者约定不明，又不能达成补充协议，按照合同有关条款或者交易习惯也不能确定的，定作人应当在（　　）支付报酬。

A. 合同生效后　　　　　　　　　　B. 交付工作成果时

C. 完成工作成果 50%　　　　　　　D. 完成全部工作成果前

48. 关于投标保证金的说法，正确的是（　　）。

A. 投标保证金有效期应当与投标有效期一致

B. 投标保证金不得超过招标项目估算价的 10%

C. 实行两阶段招标的，招标人要求投标人提交投标保证金的，应当在第一阶段提出

D. 投标截止后投标人撤销投标文件的，招标人应当退还投标保证金，但无须支付银行同期存款利息

49. 国家标准、行业标准的制定一般分为（　　）四个程序。

A. 准备、征求意见、修正、送审

B. 征求意见、修正、送审、报批

C. 准备、专家会审、征求意见、报批

D. 准备、征求意见、送审、报批

50. 根据《中华人民共和国节约能源法》，用能产品的生产者、销售者，按照国家有关节能产品认证的规定，向经国务院认可的监督管理部门认可的从事节能产品认证的机构提出节能产品认证申请，所依据的原则是（　　）。

A. 自愿原则　　　B. 强制原则　　　C. 限制原则　　　D. 申请原则

51. 工程建设单位组织验收合格后投入使用，2 年后外墙出现裂缝，经查是由于设计缺陷造成的，则下列说法正确的是（　　）。

A. 施工单位维修，建设单位直接承担费用

B. 建设单位维修并承担费用

C. 施工单位维修并承担费用

D. 施工单位维修，设计单位直接承担费用

52. 关于建设工程共同承包的说法，正确的是（   ）。

A. 中小型工程但技术复杂的，可以采取联合共同承包

B. 两个不同资质等级的单位实施联合共同承包的，应当按照资质等级高的单位的业务许可范围承揽工程

C. 联合体各方应当与建设单位分别签订合同，就承包工程中各自负责的部分承担责任

D. 共同承担的各方就承包合同的履行对建设单位承担连带责任

53. 承包人已经提交竣工验收报告，发包人拖延验收的，竣工日期（   ）。

A. 以合同约定的竣工日期为准

B. 相应顺延

C. 以承包人提交竣工报告之日为准

D. 以实际通过的竣工验收之日为准

54. 根据《中华人民共和国大气污染防治法》，我国颁发主要大气污染物排放许可证的机构是（   ）。

A. 国务院环保部门

B. 各级地方政府环保部门

C. 酸雨控制区内的人民政府环保部门

D. 大气污染排放总量控制区内的人民政府

55. 根据《招标投标法实施条例》，国有资金占控股地位的依法必须进行招标的项目，关于如何确定中标人的说法，正确的是（   ）。

A. 招标人可以确定任何一名中标候选人为中标人

B. 招标人可以授权评标委员会直接确定中标人

C. 排名第一的中标候选人放弃中标，必须重新招标

D. 排名第一的中标候选人被查实不符合条件的，应当重新招标

56. 关于施工企业资质序列的说法，正确的是（   ）。

A. 专业承包企业可以将所承接的专业工程再次分包给其他专业承包企业

B. 专业承包企业可以将所承接的劳务作业依法分包给劳务分包企业

C. 劳务分包企业只能承接施工总承包企业分包的劳务作业

D. 劳务分包企业可以承接施工总承包企业或专业承包企业或其他劳务分包企业分包的劳务作业

57. 关于环境保护设施竣工验收的说法，正确的是（   ）。

A. 环境保护设施未经竣工验收，主体工程投入使用的，由环境保护行政主管部门责令停止使用

B. 需要进行试生产的建设项目，环境保护设施应当在投入试生产前申请竣工验收

C. 分期建设、分期投入生产或者使用的建设项目，其相应的环境保护设施应当同时验收

D. 建设项目投入试生产超过三个月，建设单位为申请环境保护设施竣工验收的，应当处 10 万元以下的罚款

58. 关于不可移动文物保护的说法，正确的是（   ）。

A. 尚未核定公布为文物保护单位的由省级人民政府予以登记

B. 文物保护单位的周围不得设立建设控制地带

C. 历史文化名城的保护办法由国务院制定

D. 在历史文化名城范围内可以进行采石活动

59. 关于评标的说法，正确的是（　　）。

A. 招标委员会可以向招标人征询确定中标人的意向

B. 招标项目设有标的的，可以投标报价是否接近标的作为中标条件

C. 评标委员会成员拒绝在评标报告上签字的，视为不同意评标结果

D. 投标文件中有含义不明确的内容、明显文字或计算错误的，评标委员会可以要求投标人作出必要澄清、说明

60. 根据《中华人民共和国担保法》，除担保合同另有约定之外，主合同无效的，担保合同（　　）。

A. 效力待定　　　　　B. 可变更　　　　　C. 无效　　　　　D. 可撤销

61. 关于施工现场大气污染防治的说法，正确的是（　　）。

A. 重点是防治排放污染物

B. 爆破作业选择风力小的天气进行，做好计划

C. 结构施工阶段，作业区的目测扬尘高度小于1米

D. 施工现场非作业区达到目测扬尘高度0.5米

62. 生产安全事故综合应急预案应当包括的内容是（　　）。

A. 应急组织机构及其职责、预案体系及相应程序、危险性分析、应急培训及预案演练

B. 应急组织机构及其职责、预案体系及相应程序、可能发生的事故特征、应急培训及预案演练

C. 应急组织机构及其职责、预案体系及相应程序、事故预防及应急保障、应急培训及预案演练

D. 应急组织机构及其职责、危险性分析、可能发生的事故特征、应急培训及预案演练

63. 关于民事诉讼正确的说法，正确的是（　　）。

A. 在民事诉讼中，书证可以只提交复印件

B. 凡是知道案件情况的单位和个人，都有义务出庭作证

C. 未经过当事人同意私自录制的谈话资料不能作为证据使用

D. 当事人对鉴定结论有异议，鉴定人可以书面答复而不必出庭作证

64. 延付或者拒付租金的诉讼时效期为（　　）年。

A. 1　　　　　　　B. 2　　　　　　　C. 4　　　　　　　D. 20

65. 根据《建设工程安全生产管理条例》，工程监理单位在实施监理过程中，发现存在安全隐患且情况严重的，应当（　　）。

A. 要求施工单位整改，并及时报告有关主管部门

B. 要求施工单位整改，并及时报告建设单位

C. 要求施工单位暂时停止施工，并及时报告有关主管部门

D. 要求施工单位暂时停止施工，并及时报告建设单位

66. 甲公司业务员王某被开除后，为报复甲公司，用盖有甲公司公章的空白合同书与乙公司订立一份购销合同。乙公司并不知情，并按时将货送至甲公司所在地。甲公司拒绝接收，引起纠纷。关于该案代理与合同效力的说法，正确的是（　　）。

A. 王某的行为为无权代理，合同无效

B. 王某的行为为表见代理，合同无效

C. 王某的行为为表见代理，合同有效

D. 王某的行为为委托代理，合同有效

67. 根据《中华人民共和国著作权法》，著作权是（　　）。

A. 随作品的发表而自动产生

B. 随作品的创作完成而自动产生

C. 在作品上加注版权后自动产生

D. 在作品以一定的物质形态固定后产生

68. 在正常使用条件下，基础设施工程、房屋建筑的地基基础工程和主体结构工程的最低保修期限为（　　）。

A. 设计文件规定的该工程的合理使用年限

B. 5 年

C. 2 年

D. 2 个采暖期、供冷期

69. 甲、乙、丙、丁四个公司分别出资 500 万元、200 万元、200 万元、100 万元建造一栋楼房，约定建成后按投资比例使用，但对楼房所有权和管理未做约定。关于该楼所有权和管理的说法，正确的是（　　）。

A. 丁公司对其享有的份额有权转让

B. 该楼发生的管理费用平均承担

C. 该楼所有权为共同共有

D. 甲公司投资占 50%，有权决定该楼的重大修缮事宜

70. 关于项目经理的说法，正确的是（　　）。

A. 项目经理的权利来自于企业法人的授权

B. 施工项目可以设有项目经理

C. 项目经理具有相对独立的法人资格

D. 由项目经理签字的材料款项未及时支付，材料供应商应以项目经理为被告进行起诉

二、多项选择题（共 30 题，每题 2 分。每题的备选项中有 2 个或 2 个以上符合题意，至少有 1 个错项。错选，本题不得分；少选，所选每个选项得 0.5 分）

71. 某工程已具备竣工条件，承包人在提交竣工验收报告的同时，向发包人递交竣工结算报告及完整的结算资料。关于该工程竣工验收的质量责任等的说法，正确的有（　　）。

A. 工程质量保证金应在保修期满后返还

B. 发包人要求承包人完成合同以外零星项目，承包人未在规定时间内向发包人提出

施工签证的，施工后可向发包人申请费用赔偿

C. 建设工程竣工时发现的质量问题或者质量缺陷，无论是建设单位的责任还是施工单位的责任，施工单位都有义务进行修复或返修

D. 当事人对工程造价发生合同纠纷时，应当向仲裁机构申请仲裁或向人民法院起诉

E. 承包人应当在建设工程的合理使用寿命内对地基基础工程和主体结构质量承担民事责任

72. 下列情形中，属于我国法律规定的行政诉讼受案范围的是（   ）。

A. 对拘役不服的

B. 行政机关工作人员对奖惩决定不服的

C. 认为行政机关侵犯其财产权的

D. 认为行政机关侵犯法律规定的经营自主权的

E. 认为行政机关制定发布的具有普遍约束力的决定违法的

73. 根据《中华人民共和国专利法》，下列属于专利法保护对象的有（   ）。

A. 发明　　　　　　B. 计算机软件　　　　C. 实用新型

D. 商品商标　　　　E. 外观设计

74. 关于申请领取施工许可证的说法，正确的有（   ）。

A. 应当委托监理的工程已委托监理后才能申请领取施工许可证

B. 领取施工许可证是确定建筑施工企业的前提条件

C. 法律、行政法规和省、自治区、直辖市人民政府规章可以规定申请施工许可证的其他条件

D. 在申请领取施工许可证之前需要楼市建设资金

E. 在城市、镇规划区的建筑工程，需要同时取得建设用地规划许可证和建设工程规划许可证后，才能申请办理施工许可

75. 关于总承包单位与分包单位对建设工程承担质量责任的说法，正确的有（   ）。

A. 分包单位按照分包合同的约定对其分包工程的质量向总承包单位及建设单位负责

B. 分包单位对分包工程的质量负责，总承包单位未尽到相应监管义务的，承担相应的补充责任

C. 建设工程实行总承包的，总承包单位应当对全部建设工程质量负责

D. 当分包工程发生质量责任或者违约责任，建设单位可以向总承包单位或分包单位请求赔偿；总承包单位或分包单位赔偿后，有权就不属于自己责任的赔偿向另一方追偿

E. 当分包工程发生质量责任或者违约责任，建设单位应当向总承包单位请求赔偿，总承包单位赔偿后，有权要求分包单位赔偿

76. 甲从自己承包的土地上出入不便，遂与乙书面约定在乙承包的土地上开辟一条道路供甲通行，但没有进行登记。关于该约定性质和效力的说法，正确的有（   ）。

A. 该约定属于有关相邻关系的约定

B. 该约定属于土地承包合同

C. 该约定属于地役权合同

D. 没有进行登记不影响该约定的合同效力

E. 如果甲将其承包的土地转移给他人，受让人有权在乙承包的土地上通行

77. 根据《中华人民共和国建筑法》，实施建设工程监理前，建设单位应当将委托的（　　）书面通知被监理的建筑施工企业。

A. 工程监理单位　　　　　　　　　　B. 工程监理人员的名单

C. 工程监理权限　　　　　　　　　　D. 工程监理的内容

E. 工程监理入场时间

78. 关于建筑施工企业负责人带班检查的说法，正确的有（　　）。

A. 超过一定规模的危险性较大的分部分项工程施工时，施工企业负责人应到工程现场进行带班值班

B. 工程出现险情时发现重大隐患时，施工企业负责人应到施工现场带班检查

C. 应认真做好检查记录，并分别在企业和工程项目所在地建设行政主管部门留档备案

D. 建筑施工企业负责人要定期带班检查，每月检查时间不少于其工作日的20％

E. 对于有分公司的企业集团，集团负责人因故不能到现场的，可口头通知工程所在地的分公司负责人带班检查

79. 关于施工现场环境噪声污染防治的说法，正确的有（　　）。

A. 在城市市区噪声敏感建筑物集中区域内，禁止夜间进行产生环境噪声污染的建筑施工作业

B. 科研单位的建筑物属于噪声敏感建筑物

C. 建筑施工场界环境噪声排放限值与时间段无关

D. 环保行政管理部门有权对排放环境噪声的施工单位进行现场检查

E. "夜间"是指22：00至次日8：00之间的时段

80. 下列法律责任中，属于行政处罚的有（　　）。

A. 减低资质等级　　　　　　　　　　B. 罚金

C. 记过　　　　　　　　　　　　　　D. 没收财产

E. 罚款

81. 甲家旁边有一建筑工地正在施工。某日，一货车经过甲家门前，由于颠簸掉落货物一件，被甲拾得据为已有。其后，甲发现有利可图，遂在门前洒落许多砖石。次日，果然又拾得两袋车上颠落的货包。关于甲行为性质的说法，正确的有（　　）。

A. 侵权　　　　　　　　　　　　　　B. 无因管理

C. 合同行为　　　　　　　　　　　　D. 不当得利

E. 法律行为

82. 关于仲裁调解的说法，正确的有（　　）。

A. 仲裁调解不成的，当事人应当及时起诉

B. 仲裁调解必须在裁决作出前进行

C. 仲裁调解书与裁决书的执行效力是相同的

D. 仲裁调解书一经作出即发生法律效力

E. 仲裁与调解相结合是中国仲裁制度的特点

83. 下列纠纷解决途径中，可以获得具有强制执行效力的法律文书是（　　）。

A. 诉讼　　　　B. 法院调解　　　　C. 和解　　　　D. 行政调解　　　　E. 仲裁

84. 下列劳动合同条款中，属于选择条款的有（　　　）。

A. 社会保险　　　　　B. 试用期　　　　　C. 保守商业秘密　　　D. 补充保险

E. 休息休假

85. 根据《工商保险条例》，建筑施工企业职工有下列情况可以认定为工伤的有（　　）。

A. 出差途中，由于工作原因遭遇车祸受伤

B. 在施工现场斗殴受伤

C. 在施工现场因工作原因受到事故伤害

D. 施工期间醉酒坠落致残

E. 在办公场所内因劳资纠纷自杀

86. 下列情形之中，视为投标人相互串通投标的有（　　　）。

A. 不同投标人的投标文件相互混装

B. 属于同一集团、协会、商会等组织成员的投标人按照该组织要求协同投标

C. 招标人授意投标人撤换、修改投标文件

D. 不同投标人委托同一单位办理投标

E. 单位负责人为同一人或者存在控股、管理关系的不同单位参加同一招标项目不同阶段的投标

87. 安全生产许可证颁发管理机关或者其上级行政机关可以撤销已经颁发的安全生产许可证的情形有（　　　）。

A. 取得安全生产许可证的建筑施工企业发生较大安全事故的

B. 安全生产许可证颁发管理机关工作人员滥用职权颁发安全生产许可证的

C. 超越法定职权颁发安全生产许可证的

D. 违反法定程序颁发安全生产许可证的

E. 对不具备安全生产条件的建筑施工企业颁发安全生产许可证的

88. 根据《中华人民共和国民法通则》，法定代理或指定代理终止的情形有（　　　）。

A. 代理期间届满或者代理事务完成

B. 被代理人取得或者恢复行为能力

C. 被代理人或者代理人死亡

D. 代理人丧失民事行为能力

E. 指定代理的人民法院或者指定单位取消指定

89. 根据《中华人民共和国担保法》，除双方认为需要约记的其他事项外，下列条款中，属于保证合同应当包含的内容有（　　　）。

A. 被保证的主债权种类　　　　　　　　　B. 保证人的资产状况

C. 保证的期间　　　　　　　　　　　　　D. 保证的方式

E. 保证担保的范围

90. 设计单位的安全责任包括（　　　）。

A. 按照法律、法规和工程建设强制性标准进行设计

B. 提出防范安全生产事故的指导意见和措施建议

C. 对安全技术措施或专项施工方案进行审查

D. 依法对施工安全事故隐患进行处理

E. 对设计成果承担责任

91. 关于工程质量检测机构职责的说法，正确的有（　　）。

A. 检测机构出具的检测报告应由检测机构法定代表人或授权的签字人签署

B. 检测机构对涉及结构安全的所有检测结果应及时报告建设主管部门

C. 检测机构对发现的违反强制性标准的情况应及时报告建设主管部门

D. 检测机构应当对检测结果不合格的项目建立单独的项目台账

E. 检测机构对发现的项目参与方的违规行为应及时报告建设单位

92. 关于外商投资建筑企业承揽工程的说法，正确的有（　　）。

A. 项目投资中外资少于50％，但因技术困难而不能由中国建筑企业独立实施，经国务院建设行政主管部门批准可以由外资建筑业企业承包

B. 全部由外国投资、外国赠款、外国投资及赠款建设的工程可以由外资建筑业企业承包

C. 由中国投资、但因技术困难而不能由中国建筑企业独立实施的建设项目，经省级人民政府建设行政主管部门批准，可以由外资建筑业企业独立承揽

D. 承揽施工总承包工程的外商投资建筑业企业，建筑工程主体的施工必须由其自行完成

E. 外商投资建筑业企业与其他建筑业企业联合承包，应当按照资质等级高的企业的业务许可范围承包工程

93. 关于勘察、设计单位的质量责任和义务的说法，正确的有（　　）。

A. 依法对设计文件进行技术交底

B. 依法保证使用的建筑材料等符合要求

C. 依法审查施工图纸设计文件

D. 依法办理工程质量监督手续

E. 依法承揽工程的勘察、设计业务

94. 当事人另有约定的除外，承揽合同的承揽人应当以自己的（　　）完成主要工作。

A. 设备　　　　B. 技术　　　　C. 材料　　　　D. 资金　　　　E. 劳力

95. 根据《中华人民共和国合同法》，撤回要约的通知应当（　　）。

A. 在要约到达受要约人之后到达受要约人

B. 在受要约人发出承诺之前到达受要约人

C. 在要约人发出承诺同时到达受要约人

D. 在要约到达受要约人之前到达受要约人

E. 与要约同时到达受要约人

96. 生产经营单位应当制订本单位的应急预案演练计划，并根据本单位的生产安全事故预防重点，进行（　　）。

A. 每年至少组织两次综合应急预案演练或者专项应急预案演练

B. 每半年至少组织一次现场处置方案演练

C. 每半年至少组织一次综合应急预案演练或者专项应急预案演练

D. 每年至少组织两次综合应急预案演练或者专项应急预案演练

E. 每年至少组织一次现场处置方案演练

97. 关于工程建设缺陷责任期确定的说法，正确的有（　　）。

A. 发包人导致竣工迟延的，在承包人提交竣工验收报告后进入缺陷责任期

B. 缺陷责任期一般为 6 个月、12 个月或 24 个月

C. 发包人导致竣工迟延的，在承包人提交竣工验收报告后 60 天后，自动进入缺陷责任期

D. 缺陷责任期一般从工程通过竣（交）工验收之日起计

E. 承包人导致竣工迟延的，缺陷责任期从实际通过竣工验收之日起计

98. 有效的仲裁协议必须同时具有下列内容（　　）。

A. 选定的仲裁委员会　　　　　　　　B. 仲裁事项

C. 仲裁地点　　　　　　　　　　　　D. 选定的仲裁员

E. 请求仲裁的意思表示

99. 当事人对法院管辖权有异议，应当在（　　）提出。

A. 第一次开庭时

B. 提交答辩状期间

C. 被告收到起诉状副本之日起 15 日内

D. 法庭辩论终结前

E. 第一审判决作出前

100. 根据《绿色施工导则》，水源利用中，应当优先采用（　　）。

A. 地下水作为混凝土搅拌用水

B. 市政自来水作为混凝土冲洗用水

C. 中水搅拌

D. 中水饮用

E. 收集雨水养护

2015 年度全国一级建造师执业资格考试
建设工程法规与相关知识试题

一、单项选择题（共 70 题，每题 1 分。每题的备选项中，只有 1 个最符合题意。错选，本题不得分）

1. 根据《绿色施工导则》，处于基坑降水阶段的工地，宜优先采用（　　）作为混凝土搅拌用水、养护用水、冲洗用水和部分生活用水。

A. 地下水　　　　　　B. 市政自来水　　　　C. 雨水　　　　　　D. 中水

2. 根据《建设工程安全生产管理条例》，注册执业人员未执行工程建设强制性标准的，可责令其停止执业（　　）。

A.1 个月以上 3 个月以下　　　　　　B.3 个月以上 1 年以下

C.3 个月以上 2 年以下　　　　　　　D.6 个月以上 1 年以下

3. 某施工企业承揽拆除旧体育馆工程，作业过程中，体育馆屋顶突然坍塌，压死 2 人，重伤 11 人，根据《生产安全事故报告和调查处理条例》，该事故属于（　　）。

A. 特别重大事故　　B. 重大事故　　　　C. 一般事故　　　　D. 较大事故

4. 根据《建筑施工企业负责人及项目负责人施工现场带班暂行办法》，项目负责人每月带班生产时间不得少于本月施工时间的（　　）。

A.80%　　　　　　B.70%　　　　　　C.60%　　　　　　D.50%

5. 根据《建设工程安全生产管理条例》，出租单位在签订机械设备租赁合同时，应当出具（　　）。

A. 购货发票　　　　B. 检测合格证明　　　C. 产品使用说明书　　D. 相应的图片

6. 关于在文物保护单位保护范围和建设控制地带内从事建设活动的说法，正确的是（　　）。

A. 文物保护单位的保护范围内及其周边的一定区域不得进行爆破作业

B. 在全国重点文物保护单位的保护范围内进行爆破作业，必须经国务院批准

C. 因特殊情况需要在文物保护单位的保护范围内进行爆破作业的，应经核定公布该文物保护单位的人民政府批准

D. 在省、自治区、直辖市重点文物保护单位的保护范围内进行爆破作业的，必须经国务院文物行政部门批准

7. 某高速公路项目进行招标，开标后允许（　　）。

A. 评标委员会要求投标人以书面形式澄清含义不明确的内容

B. 投标人再增加优惠条件

C. 投标人撤销投标文件

D. 招标人更改招标文件中说明的评标定标办法

8. 根据《中华人民共和国水污染防治法》，企业事业单位发生事故或者其他突发性事

件、造成或者可能造成水污染事故的，应当立即启动本单位的应急预案，采取应急措施，并向（　　）的县级以上地方人民政府或者环境保护主管部门报告。

A. 单位所在地　　　　B. 污染影响地　　　　C. 单位等级地　　　　D. 事故发生地

9. 根据《中华人民共和国合同法》，债权人将合同中的权利转让给第三人的（　　）。

A. 需经债务人同意，且需办理公证手续

B. 无需经债务人同意，也不必通知债务人

C. 无需债务人同意，但需办理公证手续

D. 无需债务人同意，但需通知债务人

10. 下列知识产权法保护对象中，属于专利法保护对象的是（　　）。

A. 施工企业研发的新技术　　　　　　　B. 施工企业研发的计价软件

C. 施工企业编制的投标文件　　　　　　D. 监理企业编制的监理大纲

11. 某建设工程施工合同约定工程开工、竣工日期分别为 2013 年 3 月 1 日和 2014 年 10 月 1 日，2014 年 10 月 20 日工程实际竣工。由于发包人未按约定支付工程款，承包人欲行使工程价款优先受偿权，其最迟必须在（　　）前行使。

A. 2013 年 9 月 1 日　　　　　　　　　B. 2015 年 4 月 1 日

C. 2015 年 4 月 20 日　　　　　　　　 D. 2015 年 10 月 20 日

12. 根据《安全生产事故报告和调查处理条例》，建筑工地事故发生后，事故现场有关人员应当立即向（　　）报告。

A. 业主单位负责人

B. 事故发生地县级以上人民政府安全生产监督管理部门

C. 事故发生地省级以上人民政府安全生产监督管理部门

D. 本单位负责人

13. 甲公司将施工机械借给乙公司使用，乙公司在甲公司不知情的情况下将该施工机械卖给知悉上述情况的丙公司，关于乙、丙公司之间施工机械买卖合同效力的说法，正确的是（　　）。

A. 有效　　　　　　B. 可变更或撤销　　　　C. 无效　　　　　　D. 效力待定

14. 关于租赁合同的说法，正确的是（　　）。

A. 租赁期限超过 20 年的，超过部分无效

B. 租赁期限超过 6 个月的，可以采用书面形式

C. 租赁合同应当采用书面形式，当事人未采用的，视为租赁合同未生效

D. 租赁物在租赁期间发生所有权变动的，租赁合同解除

15. 关于物权保护的说法，正确的是（　　）。

A. 物权受到侵害的，权利人不能通过和解方式解决

B. 侵害物权造成权利人损害的，权利人既可以请求损害赔偿，也可请求承担其他民事责任

C. 侵害物权的，承担民事责任后，不再承担行政责任

D. 物权的归属、内容发生争议的，利害关系人应当请求返还原物

16. 依法必须招标的建设项目，招标人应当自确定中标人之日起（　　）日内，向有关行政监督部门提交招标投标情况的书面报考。

A. 15 　　　　　　　B. 20 　　　　　　　C. 30 　　　　　　　D. 60

17. 某建设单位于2014年2月1日领取施工许可证，由于某种原因工程未能按期开工，该建设单位按照《中华人民共和国建筑法》规定向发证机关申请延期，该工程最迟应当在（　　）开工。

A. 2014年3月1日　　B. 2014年5月1日　　C. 2014年8月1日　　D. 2014年11月1日

18. 有关物权保护的说法，正确的是（　　）。

A. 物权受到侵害的，权利人不能通过和解方式解决

B. 侵害物权造成权利人损害的，权利人既可以请求赔偿，也可请求承担其他民事责任

C. 侵害物权的，承担民事责任后，不再承担行政责任

D. 物权归属、内容发生争议的，利害关系人应当请求返还原物

19. 在买卖合同中，出卖人出卖交由承运人运输的在途标的物，除当事人另有约定的以外，毁损、灭失的风险自（　　）时起由买受人承担。

A. 标的物交付　　　B. 合同成立　　　C. 合同生效　　　D. 支付贷款

20. 某开发商在一大型商场项目的开发建设中，违反国家规定，擅自降低工程质量标准，因而造成重大安全事故。该事故的直接责任人员应当承担的刑事责任是（　　）。

A. 重大责任事故罪　　　　　　　　B. 重大劳动安全事故罪

C. 危害公共安全罪　　　　　　　　D. 工程重大安全事故罪

21. 对于超过一定规模的危险性较大的分部分项工程专项方案，应由（　　）组织召开专家论证会。

A. 安全监督管理机构　B. 建设单位　　　C. 监理单位　　　D. 施工单位

22. 关于禁止无资质或超资质承揽工程的说法，正确的是（　　）。

A. 施工总承包单位可以将房屋建筑工程的钢结构工程分包给其他有资质的单位

B. 总承包单位可以将建设工程分包给包工头

C. 联合体承包中，可以以高资质等级的承包方为联合体承包方的业务许可范围

D. 劳务分包公司可以将其承包的劳务再分包

23. 根据《建设工程质量管理条例》，建设工程竣工验收应由（　　）组织。

A. 施工单位　　　　B. 监理单位　　　C. 设计单位　　　D. 建设单位

24. 根据《建设工程质量管理条例》，建设工程承包单位应当向建设单位出具质量保修书的时间是（　　）。

A. 竣工验收时　　B. 竣工验收合格后　　C. 提交竣工验收报告时　　D. 交付使用时

25. 关于劳务派遣的说法，正确的是（　　）。

A. 所有被派遣的劳动者应当实行相同的劳动报酬

B. 劳务派遣单位应当取得相应的行政许可

C. 劳务派遣用工是建筑行业的主要用工模式

D. 用工单位的主要工作都可以由被派遣的劳动者承担

26. 人民法院审理行政案件，不适用（　　）。

A. 调解　　　　　　B. 开庭审理　　　C. 公开审理　　　D. 两审终审制

27. 根据《中华人民共和国行政诉讼法》，因不动产提起的行政诉讼，由（　　）人民法院管辖。

A. 原告住所地   B. 被告住所地

C. 由原告选择被告住所地或不动产所在地   D. 不动产所在地

28. 关于建设工程代理行为的说法，正确的是（   ）。

A. 建设工程承包活动属于法定代理   B. 建筑材料设备的采购不得委托代理

C. 建设工程诉讼只能委托律师代理   D. 建设工程招标活动可以委托代理

29. 在代理关系中，第三人知道行为人超越代理权，还与行为人实施民事行为，给他人造成损害的，由（   ）。

A. 第三人与行为人承担连带责任   B. 行为人自行承担

C. 第三人自行承担   D. 被代理人与第三人承担连带责任

30. 甲公司连续与乙公司签订了三份钢筋买卖合同，并按照合同的约定分别向乙公司的三个子公司发送了货物，但乙公司及其三个子公司一直未支付货款。关于本案支付货款主体的说法，正确的是（   ）。

A. 甲公司只能要求乙公司的三个子公司付款，无权要求乙公司付款

B. 甲公司只能要求乙公司付款，无权要求乙公司的三个子公司付款

C. 甲公司有权要求乙公司及其三个子公司对所欠货款承担连带责任

D. 甲公司有权要求乙公司付款，并要求其三个子公司承担补充付款责任

31. 特种设备使用单位应当按照安全技术规范要求，在检验合格有效期届满前（   ）向特种设备检测机构提出定期检验要求。

A. 5 天   B. 15 天   C. 20 天   D. 一个月

32. 某开发商在一大型商场项目的开发建设中，违反国家规定，擅自降低工程质量标准，因而造成重大安全事故。该事故的直接责任人员应当承担的刑事责任是（   ）。

A. 重大责任事故罪   B. 工程重大安全事故罪   C. 重大劳动安全事故罪   D. 危害公共安全罪

33. 某施工企业职工在工程施工中受伤，职工认为应属于工伤，用人单位不认为是工伤的，则应由（   ）承担举证责任。

A. 职工本人   B. 工商治疗机构

C. 用人单位   D. 社会保险行政部门

34. 关于建设用地使用权流转、续期和消灭的说法，正确的是（   ）。

A. 建设用地使用权流转时附着于该土地上的建筑物、构筑物及附属设施应一并处分

B. 建设用地使用权流转时使用期限的约定不得超过50年

C. 建设用地使用权期间届满的，自动续期

D. 建设用地使用权消灭的，建设用地使用权人应当及时办理注销登记

35. 对于超过一定规模的危险性较大的分部分项工程专项方案，应由（   ）组织召开专家论证会。

A. 安全监督管理机构   B. 施工单位   C. 建设单位   D. 监理单位

36. 根据《中华人民共和国行政许可法》，下列法律法规中，不得设定任何行政许可的是（   ）。

A. 法律   B. 行政法规   C. 地主性法规   D. 部门规章

37. 下列法律中，属于宪法相关法的是（   ）。

A.《中华人民共和国行政法》   B.《中华人民共和国民法通则》

C.《中华人民共和国全国人民代表大会组织法》　　D.《中华人民共和国政府采购法》

38. 当事人对人民法院委托鉴定部门所作的鉴定结论有异议申请重新鉴定时，其所提出的证据证明（　　），人民法院应与准许重新鉴定。

A. 当事人对鉴定人员不满意的　　　　　　B. 鉴定程序有轻微瑕疵的

C. 鉴定结论有缺陷的　　　　　　　　　　D. 鉴定结论明显依据不足的

39. 下列某建筑公司的工作人员中，有权要求公司签订无固定期限劳动合同的是（　　）。

A. 在公司连续工作满 8 年的张某

B. 到公司工作 2 年，并被董事会任命为总经理的王某

C. 在公司累计工作了 10 年，但期间曾离开过公司的王某

D. 在公司已经连续订立两次固定期限劳动合同，但因公负伤不能从事原工作的李某

40. 某建筑公司与某开发公司签订了一份建设工程施工合同，合同约定由建筑公司预先垫付 20％的工程款，但没有约定利息的计算方法。后两公司就工程款支付发生争议，建筑公司诉至人民法院，要求开发公司支付工程款并偿还垫付工程款的利息，人民法院应（　　）。

A. 对该诉讼请求全部予以支持

B. 对工程款诉讼请求予以支持，对利息诉讼请求不予支持

C. 对该诉讼请求全部不予支持

D. 对工程款诉讼请求不予支持，对利息诉讼请求予以支持

41. 施工过程中，建设单位违反规定提出降低工程质量要求时，施工企业应当（　　）。

A. 予以拒绝　　　　　　　　　　　　　　B. 征得设计单位同意

C. 征得监理单位同意　　　　　　　　　　D. 与相关各方协商一致

42. 根据《全国建筑市场各方主体不良行为记录认定标准》，属于承揽业务不良行为的是（　　）。

A. 允许其他单位或个人以本单位名义承揽工程的

B. 不履行保修义务或者拖延履行保修义务的

C. 将承包的工程转包或者违法分包的

D. 未按照节能设计进行施工的

43. 下列安全生产职责中，不属于建筑施工企业安全生产管理机构职责的是（　　）。

A. 编制并适时更新安全生产管理制度并监督实施

B. 编制项目生产安全事故应急救援预案并组织演练

C. 参加生产安全施工的调查和处理工作

D. 协调配备项目专职安全生产管理人员

44. 根据《中华人民共和国仲裁法》，合议仲裁庭作出仲裁裁决应当（　　）。

A. 按照首席仲裁员的意见作出

B. 按照多数仲裁员的意见作出

C. 按照仲裁委员会主任的意见作出

D. 按照首席仲裁员和仲裁委员会主任的共同意见作出

45. 关于工程建设项目是否必须招标的说法，正确的是（   ）。

A. 使用国有企业事业单位自有资金的工程建设项目必须进行招标

B. 施工单项合同估算价为人民币 100 万元，但项目总投资额为人民币 2000 万元的工程建设项目必须进行招标

C. 利用扶贫资金实行以工代赈、需要使用农民工的建设工程项目可以不进行招标

D. 需要采用专利或者专有技术的建设工程项目可以不进行招标

46. 包工头张某借用某施工企业的资质与甲公司签订一建设工程施工合同。施工结束后，工程竣工验收质量合格，张某要求按照合同约定支付工程款遭到对方拒绝，遂诉至法院。关于该案处理的说法，正确的是（   ）。

A. 合同无效，不应支付工程款

B. 合同无效，应参照合同约定支付工程款

C. 合同有效，应按照合同约定支付工程款

D. 合同有效，应参照合同约定支付工程款

47. 甲施工企业与乙水泥厂签订水泥供应合同，在约定的履行日期届满时，水泥厂未能按时供应水泥。由于甲施工企业没有采取适当措施寻找货源，致使损失扩大。对于扩大的损失应该由（   ）。

A. 乙水泥厂承担　　　B. 双方连带责任　　　C. 双方按比例承担　　D. 甲施工企业承担

48. 甲施工企业与乙水泥厂签订了水泥采购合同，并由丙公司作为该合同的保证人，担保该施工企业按照合同约定支付货款，但是担保合同中并未约定担保方式。水泥厂供货后，甲施工企业迟迟不付款。那么，丙公司承担保证责任的方式应为（   ）。

A. 一般保证　　　　B. 效力待定保证　　　C. 连带责任保证　　　D. 无效保证

49. 下列安全生产条件中，属于建筑施工企业取得安全生产许可证应当具备的条件是（   ）。

A. 有职业危害应急救援预案，并配备必要的应急救援器材和设备

B. 管理人员和作业人员每年至少进行 2 次安全生产教育培训并考核合格

C. 特种作业人员经有关业务主管部门考核合格，取得特种作业操作资格证书

D. 设置安全生产管理机构，按照国家有关规定配备兼职安全生产管理人员

50. 根据《中华人民共和国劳动合同法》，劳动者不能胜任工作，经过培训或者调整工作岗位，仍不能胜任工作，用人单位决定解除劳动合同的，需要提前（   ）以书面形式通知劳动者本人。

A. 10 日　　　　　　B. 15 日　　　　　　C. 20 日　　　　　　D. 30 日

51. 仲裁协议应当具备的内容是（   ）。

A. 仲裁事项、仲裁员、选定的仲裁委员会

B. 请求仲裁的意思表示、选定的仲裁委员会、仲裁事项

C. 仲裁事项、仲裁规则、选定的仲裁委员会

D. 仲裁事项、仲裁地点、仲裁规则

52. 关于施工发现文物报告和保护的说法，正确的是（   ）。

A. 在进行建设工程中发现的文物属于国家所有，在农业生产中发现的文物属于集体所有

B. 确因建设工期紧迫或者有自然破坏危险，对古文化遗址、古墓葬急需进行抢救发掘的，由县级人民政府文物行政部门组织发掘，并同时补办审批手续

C. 在集体组织所有的土地下发现埋藏的文物，集体组织可以自行挖掘

D. 特别重要的建设工程范围内的考古调查、勘探、发掘，由国务院文物行政主管部门组织实施

53. 关于夜间施工的说法，下列正确的是（　　）。

A. 禁止夜间进行建筑施工作业

B. 因特殊需要必须连续作业的，必须有县级以上地方人民政府建设行政主管部门的证明

C. 因特殊需要必须连续作业的，必须事先告知附近居民并获得其同意

D. 禁止夜间进行产生环境噪声污染的建筑施工作业，但因特殊需要必须连续作业的除外

54. 下列法规中，属于部门规章的是（　　）。

A.《建设工程质量管理条例》　　　　　B.《北京市建筑市场管理条例》

C.《重庆市建设工程造价管理规定》　　D.《招标公告发布暂行办法》

55. 关于注册商标有效期的说法，正确的是（　　）。

A. 10 年，自申请之日起计算　　　　　B. 10 年，自核准注册之日起计算

C. 20 年，自申请之日起计算　　　　　D. 20 年，自核准注册之日起计算

56. 根据《国务院关于加强和改进消防工作的意见》，施工企业消防安全第一责任人是其（　　）。

A. 专职安全员　　　B. 法定代表人　　　C. 专职消防安全员　　D. 施工项目负责人

57. 根据《建设工程质量管理条例》，施工单位在隐蔽工程实施隐蔽前，应通知参加的单位和机构有（　　）。

A. 监理单位和检测机构　　　　　　　B. 建设单位和检测机构

C. 建设单位和建设工程质量监督机构　D. 监理单位和建设工程质量鉴定机构

58. 乙施工企业和丙施工企业联合共同承包甲公司的建筑工程项目，由于联合体管理不善，造成该建筑项目损失。关于共同承包责任的说法，正确的是（　　）。

A. 甲公司有权请求乙施工企业与丙施工企业承担连带责任

B. 乙施工企业和丙施工企业对甲公司各承担一半责任

C. 甲公司应该向过错较大的一方请求赔偿

D. 对于超过自己应赔偿的那部分份额，乙施工企业和丙施工企业都不能进行追偿

59. 甲公司向乙公司购买了一批钢材，双方约定采用合同书的方式订立合同，由于施工进度紧张，在甲公司的催促之下，双方在未签字盖章之前，乙公司将钢材送到了甲公司，甲公司接受并投入工程使用。甲、乙公司之间的买卖合同（　　）。

A. 无效　　　　　　B. 成立　　　　　　C. 可变更　　　　　D. 可撤销

60. 建设工程施工合同纠纷的合同履行地是指（　　）。

A. 施工行为地　　　B. 施工合同签订地　C. 施工单位所在地　D. 施工项目业主住所地

61. 根据《中华人民共和国固体废物污染环境防治法》，下列处置危险废物的方式中，

不符合国务院环境保护行政主管部门规定，应当缴纳危险废物排污费的方式是（　　）。

　　A. 填埋　　　　　　　B. 热解　　　　　　　C. 堆肥　　　　　　　D. 焚烧

62. 根据《中华人民共和国民法通则》及相关司法解释，当事人对债权请求权提出的诉讼时效抗辩，法院予以支持的是（　　）。

　　A. 兑付国债本息请求权　　　　　　　　B. 支付存款本金及利息请求权

　　C. 基于合同的违约金请求权　　　　　　D. 基于投资关系产生的缴付出资请求权

63. 甲与乙订立了一份施工项目的材料采购合同，货款为 40 万元，乙向甲支付定金 4 万元，如任何一方不履行合同应支付违约金 6 万元。甲因将施工材料另卖他人而无法向乙完成交付，在乙提出的如下诉讼请求中，既能最大限度保护自己的利益，又能获得法院支持的诉讼请求是（　　）。

　　A. 请求甲支付违约金 6 万元

　　B. 请求甲双倍返还定金 8 万元

　　C. 请求甲支付违约金 6 万元，同时请求返还支付的定金 4 万元

　　D. 请求甲双倍返还定金 8 万元，同时请求甲支付违约金 6 万元

64. 承揽合同中，关于承揽人义务的说法，正确的是（　　）。

　　A. 承揽人发现定作人提供的材料不符合约定的，可以自行更换

　　B. 共同承揽人对定作人承担按份责任

　　C. 未经定作人许可，承揽人不得留存复制品或技术资料

　　D. 承揽人在工作期间，不必接受定作人必要的监督检验

65. 关于建设工程监理的说法，正确的是（　　）。

　　A. 我国的工程监理主要是对工程的施工结果进行监督

　　B. 监理单位与承包该工程的施工单位应为行政隶属关系

　　C. 建设单位有权决定是否委托工程监理单位进行监理

　　D. 建设单位须将工程委托给具有相应资质等级的监理单位

66. 下列合同中，债务人不履行债务，债权人有留置权的是（　　）。

　　A. 买卖合同　　　　B. 运输合同　　　　C. 借款合同　　　　D. 租赁合同

67. 根据《建筑市场诚信行为信息管理办法》，良好行为记录信息的公布期限一般为（　　）。

　　A. 6 个月　　　　　　B. 1 年　　　　　　C. 2 年　　　　　　D. 3 年

68. 关于建筑施工企业安全生产许可证的说法，正确的是（　　）。

　　A. 申请补办安全生产许可证应当在公众媒体上声明原许可证作废

　　B. 未取得安全生产许可证从事施工活动不会产生民事责任

　　C. 只有经过再次审查，安全生产许可证有效期才可能延期

　　D. 施工企业是否具有安全生产许可证不影响施工许可证的核发

69. 根据《建设工程质量保证金管理暂行办法》，全部或部分使用政府投资的建设项目，按工程价款结算总额（　　）左右的比例预留保证金。

　　A. 3％　　　　　　　B. 5％　　　　　　　C. 10％　　　　　　D. 15％

70. 甲总承包单位与乙分包单位依法签订了专业工程分包合同，在建设单位组织竣工验收时，发现该专业工程质量不合格。关于该专业工程质量责任的说法，正确的是

（　　　）。

    A. 乙就分包工程对建设单位承担全部法律责任

    B. 甲就分包工程对建设单位承担全部法律责任

    C. 甲和乙就分包工程对建设单位承担连带责任

    D. 甲对建设单位承担主要责任，乙承担补充责任

    二、多项选择题（共 30 题，每题 2 分，每题的备选项中，有 2 个或 2 个以上符合题意，至少 1 个错项。选错，本题不得分；少选，所选的每个选项得 0.5 分）

71. 根据《中华人民共和国招标投标法》和相关法律法规，下列评标委员会的做法中，正确的有（　　　）。

    A. 以所有投标都不符合招标文件的要求为由，否决所有投标

    B. 拒绝招标人在评标时提出新的评标要求

    C. 按照招标人的要求倾向特定投标人

    D. 在评标报告中注明评标委员会成员对评标结果的不同意见

    E. 以投标报价超过标底上下浮动范围为由否决投标

72. 根据《建筑业企业资质管理规定》，在申请之日起前 1 年至资质许可决定作出前，出现下列情况的，资质许可机关不予批准其建筑业企业资质升级申请的有（　　　）。

    A. 与建设单位之间相互串通投标　　　　B. 将承包的合同转包或违法分包

    C. 发生过一起一般质量安全事故　　　　D. 非法转让建筑业企业资质证书

    E. 恶意拖欠分包企业工程款

73. 关于项目经理部及其行为法律后果的说法，正确的有（　　　）。

    A. 其行为的法律后果由项目经理承担

    B. 不具备法人资格

    C. 是施工企业为完成某项工程建设任务而设立的组织

    D. 其行为的法律后果由项目经理部承担

    E. 其行为的法律后果由企业法人承担

74. 根据《工伤保险条例》，可以认定为工伤或者视同工伤的有（　　　）。

    A. 李某取得革命伤残军人证后到企业工作，旧伤复发

    B. 张某患病后，精神抑郁，酗酒过度需要进行治疗

    C. 杨某在开车下班途中，发生交通事故受伤，该事故责任认定书中认定杨某对此负次要责任

    D. 陈某在工作场所与上司产生摩擦，一怒之下，拿剪刀将自己的胸脯刺伤

    E. 牛某因失恋，上班时间爬到公司楼顶跳楼自杀

75. 关于计算机软件著作权的说法，正确的有（　　　）。

    A. 自然人的软件著作权保护期为自然人终生

    B. 软件著作权属于软件开发者

    C. 两个以上法人合作开发的软件，其著作权的归属由合作各方书面合同约定

    D. 开发的软件是从事本职工作的自然结果的，单位必须对开发软件的自然人进行奖励

    E. 软件著作权也有合理使用的规定

76. 根据《历史文化名城名镇名村保护条例》，属于申报历史文化名城、名镇、名村条件的有（　　）。

A. 保存文物特别丰富　　　　　　　　B. 历史建筑集中成片

C. 保留着传统自然格局和地理风貌

D. 集中反映本地区建筑的文化特色、民族特色

E. 历史上曾经作为政治、经济、文化、交通中心或者军事要地

77. 下列当事人提出的证据中，可以单独作为认定案件事实的有（　　）。

A. 与一方当事人或者其代理人有利害关系的证人出具的证言

B. 与书证原件核对无误的复印件

C. 无法与原件、原物核对的复印件、复制品

D. 有其他证据佐证并以合法手段取得的、无疑点的视听资料

E. 无正当理由未出庭作证的证人证言

78. 根据事故的具体情况，事故调查组由（　　）派人组成，并应当邀请人民检察院派人参加。

A. 公安机关　　　　　　　　　　　　B. 有关人民政府

C. 人民法院　　　　　　　　　　　　D. 安全生产监督管理部门

E. 负有安全生产监督管理职责的有关部门

79. 关于债权相对性的说法，正确的有（　　）。

A. 债权客体的相对性　　　　　　　　B. 债权期限的相对性

C. 债权主体的相对性　　　　　　　　D. 债权内容的相对性

E. 债权责任的相对性

80. 根据《建设工程质量管理条例》，下列分包的情形中，属于违法分包的有（　　）。

A. 总承包单位将部分工程分包给不具有相应资质的单位

B. 未经建设单位认可，施工总承包单位将劳务作业分包给有相应资质的劳务分包企业

C. 未经建设单位认可，承包单位将部分工程交由他人完成

D. 分包单位将其承包的工程再分包

E. 施工总承包单位将承包工程的主体结构分包给了具有先进技术的其他单位

81. 根据《注册建造师管理规定》，下列情形中，不予注册的有（　　）。

A. 钱某取得资格证书 3 年后申请注册

B. 赵某因工伤丧失了民事行为能力

C. 孙某与原单位解除劳动关系后申请变更注册

D. 周某申请在两个单位分包注册

E. 李某已满 60 岁但仍担任单位的咨询顾问

82. 下列建设工程保险中，属于自愿投保的险种有（　　）。

A. 机器损坏险　　　B. 建筑工程一切险　　　C. 安装工程一切险

D. 工伤保险　　　　E. 勘察设计责任险

83. 在施工检测的见证取样中，取样人员应在试样或其包装上作出标识、封志，其中应标明（　　）。

A. 工程名称　　　　　B. 取样部位　　　　C. 工程地点　　　　D. 样品名称

E. 取样日期

84. 根据《建设工程质量管理条例》，下列行为中属于建设单位应当被责令改正，处20万元以上50万元以下罚款的有（　　）。

A. 迫使承包方以低于成本的价格竞标的

B. 任意压缩合理工期的

C. 未按照国家规定办理工程质量监督手续的

D. 施工图设计文件未经审查或者审查不合格，擅自施工的

E. 欠付工程款数额较大的

85. 根据《全国建筑市场各方主体不良行为记录认定标准》，属于施工单位不良行为的有（　　）。

A. 未履行注册建造师职责造成环境事故的

B. 以欺骗手段取得资质证书承揽工程的

C. 未在规定期限内办理资质变更手续的

D. 不按照与招标人订立的合同履行义务，情节严重的

E. 对建筑安全事故隐患不采取措施予以消除的

86. 根据《建筑市场诚信行为信息管理办法》，建筑市场诚信行为公告可修正或变更的情形有（　　）。

A. 行政处罚决定在被行政复议期间的

B. 行政处罚决定被依法停止执行的

C. 行政处罚决定经行政诉讼被撤销的

D. 行政处罚决定经行政复议被撤销的

E. 行政处罚决定因行政行政执法监督被变更的

87. 下列工程建设国家标准中，属于强制性标准的有（　　）。

A. 勘察、规划、设计等通用的综合标准

B. 施工、验收等重要的通用的质量标准

C. 重要的通用的实验和评定方法等标准

D. 通用的有关安全、卫生和环境保护的标准

E. 重要的通用的信息管理标准

88. 关于建设单位、设计单位、施工单位在建筑活动中节能义务的说法，正确的有（　　）。

A. 设计单位应当按照民用建筑节能强制性标准进行设计

B. 建设单位不得明示或者暗示设计单位、施工单位违反民用建筑节能强制性标准进行设计、施工

C. 建设单位组织竣工验收，对不符合民用建筑节能强制性标准的民用建筑，不得出具竣工验收合格报告

D. 建设单位应当负责采购墙体材料、保温材料、门窗、采暖制冷系统和照明设备，并保证其符合施工图设计文件要求

E. 施工单位可以对进入施工现场的墙体材料、保温材料、门窗、采暖制冷系统和照

明设备进行查验；不符合施工图设计文件要求的，不得使用

89. 施工作业人员应当享有的安全生产权利有（　　　）。

A. 获得防护用品权　　　B. 获得保险赔偿权　　　C. 拒绝违章指挥权

D. 安全生产决策权　　　E. 紧急避险权

90. 根据《中华人民共和国合同法》，关于融资租赁合同的说法，正确的是（　　　）。

A. 出租人把租赁物的所有权转让给第三人时，融资租赁合同对第三人不发生效力

B. 融资租赁合同属于涉及三方当事人的合同

C. 出卖人和出租人可以变更买卖合同中与承租人有关的内容，无须经过承租人的同意

D. 承租人破产的，租赁物不属于破产财产

E. 承租人占有租赁物期间，因租赁物造成第三人的人身伤害或者财产损害的，出租人不承担责任

91. 根据《建筑施工企业安全生产管理机构设置专职安全生产管理人员配备办法》，建筑施工企业安全生产管理机构专职安全生产管理人员应当履行的职责有（　　　）。

A. 检查危险性较大工程安全专项施工方案落实情况

B. 参与危险性较大工程安全专项施工方案专家论证会

C. 监督作业人员安全防护用品的配备及使用情况

D. 对发现的安全生产违章违规行为或安全隐患，有权当场予以纠正或作出处理决定

E. 对不符合安全生产条件的设施、设备、器材，有权当场作出查封的处理决定

92. 下列承担法律责任的方式中，属于民事责任承担方式的有（　　　）。

A. 停止侵害　　　　　　　　　　B. 没收非法财物

C. 排除妨碍　　　　　　　　　　D. 修理、重作，更换

E. 消除影响、恢复名誉

93. 根据《中华人民共和国劳动合同法》，关于妇女、未成年人劳动保护的说法，正确的有（　　　）。

A. 企业应当为未成年工定期进行健康检查

B. 企业不得聘用未满 18 周岁的未成年人

C. 企业不得安排未成年人从事有毒有害的劳动

D. 企业不得安排妇女从事高处、低温、冷水作业

E. 企业不得安排妇女从事国家规定的第 4 级体力劳动强度的劳动

94. 下列建设工程合同中，属于无效合同的有（　　　）。

A. 施工企业超越资质等级订立的合同

B. 发包人胁迫施工企业订立的合同

C. 没有资质的实际施工人借用有资质的建筑施工企业名义订立的合同

D. 供应商欺诈施工单位订立的采购合同

E. 施工企业与发包人订立的重大误解合同

95. 建设单位因急于投产，擅自使用了未经竣工验收的工程。使用过程中，建设单位发现该工程主体结构出现质量缺陷，遂以质量不符合约定为由将施工单位诉至人民法院。关于该合同纠纷的说法，正确的有（　　　）。

A. 由于建设单位擅自提前使用，施工单位不需要承担保修责任

B. 施工单位是否承担保修责任，取决于建设单位是否已经足额支付工程款

C. 承包人应当在建设工程的合理使用寿命内对地基基础和主体结构质量承担民事责任

D. 主体结构的最低保修期限应是50年，施工单位需要承担保修责任

E. 主体结构的最低保修期限是设计文件规定的合理使用年限，施工单位应当承担保修责任

96. 根据《中华人民共和国合同法》，发包人应当承担赔偿损失责任的情形有（　　）。

A. 未及时检查隐蔽工程造成的损失

B. 偷工减料造成的损失

C. 验收违法行为造成的损失

D. 中途变更承包工作要求造成的损失

E. 提供图纸或者技术要求不合理且怠于答复造成的损失

97. 根据《中华人民共和国民事诉讼法》，下列人员中，属于民事诉讼当事人的有（　　）。

A. 原告　　　　　　　　B. 被告　　　　　　　　C. 鉴定人　　　　　　　D. 第三人

E. 审判员

98. 根据《建设工程质量管理条例》，必须实行监理的建设工程有（　　）。

A. 国家重点建设工程　　　　　　　　B. 大中型公用事业工程

C. 成片开发建设的住宅小区工程　　　　D. 限额以下的小型住宅工程

E. 利用国际组织贷款的工程

99. 根据《建设工程安全生产管理条例》，施工单位应在施工现场（　　）设置明显的安全警示标志。

A. 楼梯口　　　　　　　B. 配电箱　　　　　　　C. 塔吊　　　　　　　　D. 基坑底部

E. 施工现场出口处

100. 下列情形中，发包人可以请求人民法院解除建设工程施工合同的有（　　）。

A. 承包人明确表示不履行合同主要义务的

B. 承包人已经完成的建设工程质量不合格，并拒绝修复的

C. 承包人在合同约定的期限内没有完工的

D. 承包人将承包的建设工程非法转包的

E. 承包人将承包的建设工程违法分包的

练习题（历年真题）答案与解析

第二章

【练习题答案】

1. A	2. D	3. D	4. C	5. ABCD	6. A
7. B	8. A	9. D	10. D	11. B	12. B
13. AD	14. A	15. BC	16. BC	17. CDE	18. ACDE
19. ABC	20. B	21. B	22. C	23. C	24. B
25. B	26. C	27. A	28. D	29. ABE	30. ABDE
31. ABDE	32. C	33. D	34. B	35. C	36. D
37. C	38. A	39. BCD	40. AD	41. BDE	42. BC
43. B	44. C	45. C	46. D	47. D	48. ABCD
49. ABDE	50. D	51. C	52. ABE	53. A	54. B

【解析】

12. 答案：B

本题中需要注意的是，甲签订的两个买卖合同都是有效的（这也是债具有相容性的体现）。甲与丙办理了过户手续，则该房屋的物权此时发生了转移，应注意合同已生效并不意味着所有权已转移，详见图2-7，丙取得了房屋所有权。

13. 答案：AD

合同的成立和生效是有区别的，见图2-7。

15. 答案：BC

A不应选，因存在委托关系；E属于不当得利之债；D项不形成债的关系，因此不属无因管理。

16. 答案：BC

题中并未体现丙对设备的照看管理，反而因丙擅自使用而导致设备磨损，故甲丙之间不存在无因管理之债，而应是侵权之债，选项A错误；而甲乙之间是甲违反合同约定，属于合同之债，选项D错误。丙擅自使用了设备，但这设备的所有权属甲（动产买卖合同中以动产转移、交付之时为所有权转移之时，本题中乙尚未获得设备，故所有权仍属甲），因此丙应对甲而非乙承担侵权之债，E项错误。

19. 答案：ABC

选项E是人身权。

26. 答案：C

本题考查一般保证，一般保证的特点：应首先由债务人履行债务。

27. 答案：A

选项 D 的说法有问题，债务人转让债务，只需征得债权人同意就成立，但若需保证人继续承担保证责任，则还需取得保证人书面同意。

29. 答案：ABE

学校的教育设施不得抵押，但学校的非教育设施则可以抵押，如本题中的 C 选项。

42. 答案：BC

虽然按新的《中华人民共和国建筑法》，意外伤害保险已经不是强制保险了，但教材以及《建设工程安全生产管理条例》原文均有"应当为施工现场从事危险作业的人员办理意外伤害保险"之表述，故稳妥起见，建议不选 A 项；保险费由总承包单位承担，D 项错误；意外伤害险保险期限法定为开工日至竣工验收合格，E 项错误。如果受益人必须是被保险人，若被保险人遭意外伤害身亡，岂不是连家属都不能获得赔付了？显然选项 C 正确。

48. 答案：ABCD

选项 E 不属于行政处罚。

49. 答案：ABDE

劳动教养是针对尚不构成刑事责任年龄的犯罪儿童的处罚，因为责任人尚未达到刑事责任年龄，所以不具备"犯罪主体"的要件，所以劳动教养不是刑事处罚方式。

第三章

【练习题答案】

1. A	2. D	3. BCDE	4. A	5. ABCE	6. A
7. D	8. D	9. D	10. A	11. C	12. C
13. D	14. B	15. A	16. B	17. B	18. A
19. B	20. ACDE				

【解析】

20. 答案：ACDE

选项 B 是注册建造师应履行的义务。

第四章

【练习题答案】

1. C	2. A	3. D	4. B	5. D	6. C
7. D	8. ABD	9. D	10. A	11. CE	12. B
13. C	14. C	15. A	16. C	17. ACDE	18. BD
19. D	20. D	21. D	22. ABDE	23. ABE	24. D
25. C	26. ABCE	27. A	28. A	29. BCE	30. B
31. ABCD	32. A	33. D	34. A	35. C	36. B
37. D	38. AD	39. B	40. ABCD	41. D	42. D

43. C	44. ACE	45. C	46. C	47. C	48. C
49. BCDE	50. A	51. C	52. ACDE	53. ABC	54. ACD
55. D	56. ABDE	57. B	58. C	59. ACD	60. A
61. AE	62. C	63. B	64. DE		

【解析】

21. 答案：D

选项 D 所述是评标委员会成员的权力，而非义务。

22. 答案：ABDE

请注意，C 选项是"按照招标文件的要求"提交了两个报价方案，因此不能作废标处理。

25. 答案：C

A、B、D 三项都是中标无效的情况，在此情况下，都应重新组织招标。《房屋建筑和市政基础设施工程施工招标投标管理办法》第 50 条规定，在招标投标活动中有《中华人民共和国招标投标法》规定中标无效情形的，应重新组织招标，并依法追究有关责任人责任。

28. 答案：A

由于教材对评标价法未作详细的说明，只需了解：评标价法应以评标价排序，应以投标价签订合同。再根据**"实质内容不得改"**的原则，可选出 A 答案。

29. 答案：BCE

联合体中标的，联合体各方应就中标项目向招标人承担连带责任。债务人承担连带责任的情况下，债权人可以向任何一个或多个债务人请求履行任何比例债务（连带责任的承担问题详见本书第 10 章），所以选项 D 错在"应当"二字。若 D 选项"应当"改为"可以"，方为正确。

31. 答案：ABCD

《中华人民共和国招标投标法》规定，联合体各方均应当具备承担招标项目的相应能力，均应具备相应的资格条件。由同一专业的单位组成的联合体，按照资质等级较低的单位确定资质等级（**就严不就宽原则**）。因此选项 E 错误。

39. 答案：B

"企业定额测算的成本"可认为是投标人的"成本"，故投标报价最低不能低于此价，即 800 万元。

41. 答案：D

勘察设计合同的保证金最高不得超过 10 万元。

61. 答案：AE

丙和甲之间有劳动合同关系，甲和乙之间有分包合同关系，根据合同关系，丙可以依据劳动合同关系向甲索赔，甲可依据分包合同关系向乙索赔，此处丙还可以依据民事侵权关系向乙索赔。丙与乙之间没有合同关系，所以不存在违约责任，选项 CD 错得很明显。选项 B 是业界争议很大的问题，从答题技巧的角度考虑，建议不选。

第五章

【练习题答案】

1. ACD	2. ADE	3. C	4. C	5. ADE	6. BCDE
7. ABCE	8. B	9. BE	10. A	11. ABE	12. D
13. A	14. D	15. ABCE	16. ABDE	17. A	18. B
19. B	20. A	21. CD	22. D	23. AD	24. B
25. A	26. ABCE	27. BCDE	28. A	29. B	30. C
31. DE	32. BCD	33. A	34. A	35. A	36. B
37. A	38. CDE	39. C	40. CE	41. ABD	42. BCD
43. AE	44. D	45. D	46. C	47. C	48. D
49. C	50. ABC	51. B	52. B	53. C	54. A
55. C	56. D	57. A	58. BCE	59. DE	60. C
61. D	62. D	63. BE	64. AD	65. B	66. A
67. C	68. C	69. D	70. ABCE	71. A	72. A
73. AE	74. ABC	75. D	76. ADE	77. B	78. A
79. BCE	80. BC	81. B			

【解析】

5. 答案：ADE

建设工程合同的标的为在建工程，C项错误。根据司法解释，建设工程的履行地点为"施工行为地"，而非"项目所在地"，如青藏铁路的修建，很难确定项目所在地是西藏还是青海，故选项B不建议选。

10. 答案：A

承诺生效时合同成立。

18. 答案：B

选项A的情况，要约生效；要约撤销应在作出承诺前，选项C错误；要约的撤回应在达到受要约人之前，选项D错误。

19. 答案：B

租赁公司追认前为效力待定合同，追认后为有效合同。

20. 答案：A

根据有关司法解释，"当事人超越经营范围订立的合同，人民法院不因此认定合同无效。但违反国家限制经营、特许经营以及法律、行政法规禁止经营规定的除外"。

39. 答案：C

本题中D选项的错误在于"只有"二字。

49. 答案：C

违约金方式：违约金4万元＋返还的定金6万元＝10万元；定金方式：双倍返还，共计12万元。违约金与定金不能同时适用，只能二选一。

64. 答案：AD

详见本书考点 24 中有关优先受偿权的说明。

65. 答案：B

新修订的《中华人民共和国建筑法》规定：建筑施工企业应当依法为职工参加工伤保险缴纳工伤保险费。鼓励企业为从事危险作业的职工办理意外伤害保险，支付保险费。据此选项 B 错在两点：①不是为劳动者办理，而是为从事危险作业的劳动者；②不是严格要求，而是鼓励企业办理。

74. 答案：ABC

选项 E 是雇用童工的情况，显然不合法；选项 D 是雇用未成年工，但《中华人民共和国劳动法》规定不得安排未成年工从事矿山井下工作，故也不正确。童工和未成年工相关问题见图 5-4。

第六章

【练习题答案】

1. CDE	2. BDE	3. D	4. B	5. B	6. A
7. C	8. D	9. C	10. CE	11. C	12. ABCD
13. A	14. AC	15. ABDE	16. B		

【解析】

3. 答案：D

根据建设程序"勘察→设计→施工"，选项 A 错误；根据"三同时"制度，污水处理实施与造纸厂必须同时投产，选项 B、C 错误。

10. 答案：CE

选项 C 和选项 E 都属于抢险工程，故不需办证明也可以夜间施工，详见表 6-2。

13. 答案：A

选项 B 的情况还应经废物运往地的省环境部门许可。

14. 答案：AC

应特别注意 E 选项：负有建筑节能标准培训义务的单位中不包含施工单位。

第七章

【练习题答案】

1. ABCD	2. C	3. C	4. C	5. B	6. D
7. B	8. BCE	9. C	10. B	11. B	12. ACE
13. B	14. AB	15. A	16. ABCD	17. B	18. BD
19. C	20. A	21. C	22. A	23. A	24. C
25. D	26. ACDE	27. A	28. D	29. ABE	30. ABCD
31. C	32. D	33. CDE	34. D	35. C	36. C
37. ABCD	38. B	39. D	40. B	41. A	

【解析】

5. 答案：B

3 年内未发生死亡事故的，经原安全生产许可证颁发管理机关同意，可不再审查，故选项 A 错误；遗失安全生产许可证后，应先在公众媒体上声明作废后，方可补办，选项 C 错误；有安全生产许可证是申办施工许可证的前提，选项 D 的叙述正好反了。

8. 答案：BCE

项目经理属项目负责人，其安全责任应为项目层面的工作。本题可对比选择，通过选项 AB 对比，可排除 A；对比选项 CD，可排除 D。选项 AD 应为施工单位主要负责人的安全生产责任。

9. 答案：C

施工单位主要负责人并不局限于法定代表人，选项 A 错误；项目负责人对项目安全施工负责，选项 B 错误；装修工程应按照面积配备相应数量的专职安全生产管理人员，选项 D 错误。

12. 答案：ACE

选项 BD 都是单位的责任，而非人员的责任。

15. 答案：A

在本题中，只有选项 A 属于现场安全生产管理人员。

18. 答案：BD

特种作业人员应经有关业务主管部门考核；一般管理人员和作业人员应经企业内部考核。

36. 答案：C

旧版教材中提到的"三不放过"原则被新教材中的"四不放过"原则所替代，根据"四不放过"原则，本题优选 C。

38. 答案：B

选项 A 是施工单位的安全责任；选项 C 是建设单位的安全责任；选项 D 是设计单位的安全责任。

第八章

【练习题答案】

1. BCDE	2. C	3. A	4. D	5. ABC	6. B
7. ABDE	8. ACE	9. C	10. ACDE	11. A	12. ADE
13. C	14. A	15. D	16. D	17. C	18. D
19. B	20. C	21. A	22. DE	23. C	24. B
25. CDE	26. D	27. A	28. ABCE	29. ABD	30. C
31. B	32. A	33. A	34. D	35. C	36. AC
37. B	38. A	39. B	40. D	41. B	42. ABDE
43. C	44. B	45. CDE	46. BE	47. C	48. D

49. C   50. B   51. ACE

【解析】

4. 答案：D

推荐标准一经约定采用，即在当事人之间产生法律约束力，所以选项A错误；概算定额是工程建设标准，但不是强制标准，选项B错误；违反工程建设强制性标准即为违法，不论其后果是否严重。

5. 答案：ABC

DE两个选项少了"重要的"三个字，见表8-1。

12. 答案：ADE

在现实生活中，有的工程质量检测机构是营利性的，有的是非营利性的，故B项不应选。检测机构与建设单位之间是否有隶属关系，在《建设工程质量检测管理办法》中并未明确提及，只是有的地方性规章规定，检测机构不得与建设单位有隶属关系。因此作为多选题，建议不选C项。

17. 答案：C

装修需要变动建筑主体或承重结构的，须经原设计单位或有资质的设计单位同意并提出设计方案，然后还应按设计方案实施。因此C项符合题意。

18. 答案：D

选项A并不意味着"低于成本价"；《建设工程施工合同（示范文本）》不要求强制性使用，而是推荐使用，因此C项不符题意。

36. 答案：AC

选项D错在不应"共同签署"，而应分别签署，详见表8-7。

43. 答案：C

法律规定的是最低保修期限，具体工程的实际保修期限由承发包双方约定，但不得低于法定的最低保修期限。本题中，仅C选项较为完整地概括了上述含义，因此只能选C项。

第九章

【练习题答案】

1. A	2. D	3. C	4. ABCE	5. D	6. C
7. C	8. B	9. C	10. A	11. ACD	12. C
13. D	14. AC	15. D	16. ABCE	17. C	18. A
19. ACE	20. ABCD	21. D	22. C	23. B	24. C
25. B	26. D	27. A	28. D	29. ABE	30. D
31. B	32. A	33. BCDE	34. B	35. C	36. A
37. C	38. A	39. AD	40. B	41. CE	42. A
43. A	44. C	45. A	46. D	47. C	48. D
49. B	50. CE	51. B	52. C	53. A	54. AE

55. A 56. B 57. D 58. AE 59. A 60. BC
61. C 62. B 63. D

【解析】

1. 答案：A

在执行中和解后，一方当事人不履行和解协议的，人民法院可以根据对方当事人的申请，恢复对原生效法律文书的执行。选项 D 也不属于执行终结的情况，详见表 9-14。故选项 D 错误。

5. 答案：D

根据"一裁终局制度"，选项 AB 错误；根据"或裁或审制度"，选项 C 错误。

8. 答案：B

如图 9-3 所示，本题为不动产纠纷，应为专属管辖的情况，故该诉讼应由不动产所在地的人民法院管辖。

11. 答案：ACD

详见考点 48。B 项有争议，作为多选题，建议不选。

13. 答案：D

另外应注意，选项 A 不属于鉴定结论而属于书证；B 也不属于证人证言而属于书证；C 为书证。

24. 答案：C

选项 A 不符合"不可抗力发生在诉讼时效期间的最后 6 个月内"的条件，选项 D 不符合诉讼时效中断的条件（详见表 9-8）。

25. 答案：B

诉讼时效中止须同时满足两个条件：①因不可抗力或者其他障碍，导致不能行使请求权；②条件①的情形发生在诉讼时效期间的最后 6 个月内。本题合同约定两个月内支付工程款，故应以 2005 年 11 月 1 日为诉讼时效起算点，至 2007 年 11 月 1 日止，则诉讼时效期间的最后 6 个月为 2007 年 5 月 1 日到 2007 年 11 月 1 日，因此选项 A 错误；生病住院并不妨碍法定代表人行使请求权，故选项 C 不正确；选项 D 不符合诉讼时效中止的条件。

27. 答案：A

选项 B 应为：因原告起诉，诉讼时效中断。

29. 答案：ABE

超过诉讼时效期间，在法律上发生的效力是权利人的胜诉权消灭，即丧失请求法院保护的权利。超过诉讼时效期间权利人起诉，如果符合民事诉讼法规定的起诉条件，法院仍然应当受理（详见本章 [例 4]）。因此选项 D 错误（注意：此项的干扰性强）。

30. 答案：D

原告为施工单位，被告为建设单位，被告缺席可缺席审判。

41. 答案：CE

选项 A 应为"查封"，而非"封存"。详见表 9-13。

43. 答案：A

由于双方未能就仲裁机构的选择达成统一意见，故仲裁协议无效。

44. 答案：C

由于乙公司是在一审判决后才提出仲裁协议，而不是在一审开庭前，乙公司不能以此为理由提起上诉。

48. 答案：D

仲裁协议的效力不受合同变更、解除、终止、无效的影响。

49. 答案：B

仲裁协议的出示应在开庭前，而本题是在法庭调查时，此时已经开庭（法庭调查是开庭的第一步），故法院应继续审理。详见本书图 9-10 口诀 **"如已开庭就不能再裁"**。

2012 年度全国一级建造师执业资格考试建设工程法规与相关知识试题答案

【参考答案】

1. D	2. A	3. B	4. D	5. A	6. A
7. D	8. C	9. B	10. B	11. A	12. C
13. D	14. A	15. B	16. D	17. D	18. A
19. D	20. B	21. D	22. A	23. B	24. A
25. A	26. B	27. D	28. B	29. A	30. D
31. A	32. C	33. A	34. C	35. B	36. C
37. C	38. D	39. D	40. A	41. D	42. D
43. C	44. B	45. B	46. D	47. A	48. D
49. B	50. C	51. C	52. C	53. B	54. A
55. D	56. D	57. B	58. B	59. A	60. C
61. B	62. A	63. D	64. A	65. D	66. B
67. C	68. B	69. B	70. C	71. BE	72. AC
73. AD	74. BD	75. CD	76. BE	77. ABC	78. BE
79. CE	80. ABE	81. ABC	82. BCE	83. ACD	84. DE
85. BCDE	86. BCDE	87. ABE	88. ABCE	89. ADE	90. ACE
91. ABCD	92. BCDE	93. ACE	94. ABDE	95. ACD	96. CE
97. ADE	98. AD	99. ABC	100. ABCD		

【解析】

10. 参考答案：B

85. 参考答案：BCDE

参见《中华人民共和国民事诉讼法》第 25 条，协议管辖。

94. 参考答案：ABDE

2013 年度全国一级建造师执业资格考试建设工程法规与相关知识试题答案

【参考答案】

1. C	2. C	3. D	4. B	5. C	6. A
7. D	8. D	9. B	10. B	11. A	12. B
13. B	14. C	15. D	16. C	17. A	18. D
19. A	20. D	21. A	22. D	23. B	24. C
25. B	26. D	27. B	28. A	29. B	30. B
31. C	32. A	33. B	34. D	35. A	36. C
37. C	38. A	39. B	40. B	41. D	42. D
43. C	44. A	45. B	46. D	47. A	48. B
49. D	50. C	51. B	52. A	53. C	54. C
55. C	56. C	57. A	58. B	59. A	60. C
61. C	62. B	63. C	64. B	65. D	66. D
67. B	68. C	69. A	70. D	71. BC	72. ABD
73. BCD	74. BCE	75. ACDE	76. ABDE	77. ACD	78. BE
79. ABCD	80. BE	81. BCE	82. AE	83. ABCD	84. BCE
85. AE	86. BD	87. ABE	88. ABDE	89. ACDE	90. ABCD
91. ABCE	92. BCDE	93. DE	94. BCD	95. ABDE	96. ABCE
97. BCE	98. ABD	99. AC	100. AE		

2014 年度全国一级建造师执业资格考试建设工程法规与相关知识试题答案

【参考答案】

1. C	2. C	3. D	4. C	5. D	6. A
7. B	8. C	9. D	10. B	11. A	12. A
13. C	14. C	15. D	16. C	17. C	18. A
19. D	20. B	21. A	22. B	23. C	24. B
25. B	26. A	27. C	28. B	29. B	30. B
31. D	32. A	33. C	34. D	35. A	36. C
37. D	38. B	39. D	40. B	41. A	42. A
43. A	44. C	45. C	46. A	47. B	48. A
49. D	50. A	51. A	52. C	53. C	54. D
55. B	56. B	57. A	58. C	59. D	60. C
61. B	62. C	63. B	64. A	65. D	66. D
67. B	68. A	69. A	70. A	71. CE	72. CD
73. ACE	74. ADE	75. ACD	76. CDE	77. ACD	78. BC
79. BD	80. AE	81. AD	82. BCE	83. ABE	84. BCD
85. AC	86. ABD	87. BCDE	88. BCDE	89. ACDE	90. ABE

| 91. ACD | 92. BD | 93. AE | 94. ABE | 95. DE | 96. AB |
| 97. BDE | 98. ABE | 99. BC | 100. ACE | | |

【解析】

8. 参考答案：C

经人民调解委员会调解达成调解协议后，双方当事人认为有必要的，可以按照《中华人民共和国民事诉讼法》的规定，自调解协议生效之日起 30 日内共同向调解组织所在地基层人民法院申请司法确认调解协议。

19. 参考答案：D

自治条例和单行条例报经批准后，分别由自治区、自治州、自治县的人民代表大会常务委员会发布公告予以公布。

22. 参考答案：B

有关建筑市场诚信信息的公布。

23. 参考答案：C

开标由招标人主持。

26. 参考答案：A

选项 B 保险人对人身保险的保险费，不得用诉讼方式要求投保人支付。选项 C 投保人、被保险人可以为受益人。选项 D 投保人于合同成立后，可以向保险人一次支付全部保险费，也可以按照合同规定分期支付保险费。

27. 参考答案：C

选项 B 仲裁以不公开审理为原则。选项 C 仲裁应当开庭进行。当事人协议不开庭的，仲裁庭可以根据仲裁申请书、答辩书以及其他材料作出裁决。选项 D 仲裁庭可以依法缺席审理并做出裁决。

28. 参考答案：B

本题考查的是建设工程债的发生依据。

29. 参考答案：B

本题考查的是建设工程分包的规定。

30. 参考答案：B

施工单位应当根据国家有关消防法规和建设工程安全生产法规的规定，建立施工现场消防组织，制定灭火和应急疏散预案，并至少每半年组织一次演练，提高施工人员及时报警、扑灭初期火灾和自救逃生能力。

32. 参考答案：A

本题考查的是可撤销合同。

33. 参考答案：C

本题考查的是一级建造师的执业范围。选项 A 注册建造师不得同时担任两个及以上建设工程施工项目负责人。发生下列情形之一的除外：①同一工程相邻分段发包或分期施工的；②合同约定的工程验收合格的；③因非承包方原因致使工程项目停工超过 120 天（含），经建设单位同意的。选项 B 注册建造师担任施工项目负责人期间原则上不得更换。

如发生下列情形之一的，应当办理书面交接手续后更换施工项目负责人：①发包方与注册建造师受聘企业已解除承包合同的；②发包方同意更换项目负责人的；③因不可抗力等特殊情况必须更换项目负责人的。选项D工程所在地各级建设主管部门和有关部门不得增设或者变相设置跨地区承揽工程项目执业准入条件。

34. 参考答案：D

下列事项应按规定的纠纷处理方式解决，不能提起行政复议：①不服行政机关作出的行政处分或者其他人事处理决定的，应当依照有关法律、行政法规的规定提起申诉；②不服行政机关对民事纠纷作出的调解或者其他处理，应当依法申请仲裁或者向法院提起诉讼。

35. 参考答案：A

本题考查的是强制性标准的范围。

36. 参考答案：C

经人民调解委员会调解达成的调解协议具有法律约束力，当事人应当按照约定履行。

37. 参考答案：D

权利质押一般是将权利凭证交付质押人的担保。可以质押的权利包括：①汇票、支票、本票、债券、存款单、仓单、提单；②依法可以转让的股份、股票；③依法可以转让的商标专用权、专利权、著作权中的财产权；④依法可以质押的其他权利。

38. 参考答案：B

《中华人民共和国建筑法》规定，建筑施工企业转让、出借资质证书或者以其他方式允许他人以本企业的名义承揽工程的，责令改正，没收违法所得，并处罚款，可以责令停业整顿，降低资质等级；情节严重的，吊销资质证书。

40. 参考答案：B

对于非施工单位原因出现的质量问题或质量缺陷，其返修的费用和造成的损失是应由责任方承担的。

43. 参考答案：A

用人单位自用工之日起即与劳动者建立劳动关系。《中华人民共和国劳动合同法》规定，建立劳动关系，应当订立书面劳动合同。已建立劳动关系，未同时订立书面劳动合同的，应当自用工之日起1个月内订立书面劳动合同。

57. 参考答案：A

建设项目需要配套建设的环境保护设施未建成、未经验收或者经验收不合格，主体工程正式投入生产或者使用的，由审批该建设项目环境影响报告书、环境影响报告表或者环境影响登记表的环境保护行政主管部门责令停止生产或者使用，可以处10万元以下的罚款。

2015年度全国一级建造师执业资格考试建设工程法规与相关知识试题答案

【参考答案】

（一）单项选择题

1. A	2. B	3. D	4. A	5. B	6. C
7. A	8. D	9. D	10. A	11. C	12. D
13. C	14. A	15. B	16. A	17. D	18. B
19. B	20. D	21. D	22. A	23. D	24. C
25. B	26. A	27. D	28. D	29. A	30. B
31. D	32. B	33. C	34. A	35. B	36. D
37. C	38. D	39. D	40. B	41. A	42. C
43. B	44. B	45. C	46. B	47. D	48. C
49. C	50. D	51. B	52. D	53. D	54. D
55. B	56. B	57. C	58. A	59. B	60. A
61. A	62. C	63. C	64. C	65. D	66. B
67. D	68. A	69. B	70. C		

（二）多项选择题

71. ABD	72. ABDE	73. BCE	74. AC	75. BCE	76. ABDE
77. BD	78. ABDE	79. CDE	80. ACDE	81. BD	82. ABCE
83. ABDE	84. ABCD	85. BCDE	86. BCDE	87. ABCD	88. ABC
89. ABCE	90. BDE	91. ACDE	92. ACDE	93. ACE	94. AC
95. CE	96. ACDE	97. ABD	98. ABCE	99. ABC	100. ABDE

广结善缘　　不忘初心　　方得始终

当 50 后还习惯动笔看书，当 70 后还留恋上网学习，君不见，90 后新生代已然在利用手机新媒体像聊天、像游戏通关一样玩中学，如果把书本、网络、新媒体互动及线下活动结合起来，大家一起玩、一起学，如此岂不乐哉？《全国一级建造师执业资格考试轻松过关》这一套考试丛书，正是应时而生。作为一家全国知名的优秀出版单位，对于丛书的修订工作，我们不敢有丝毫怠慢。新媒体和 O2O，我们不炒概念，只搞实战。作为传统出版向数字化复合出版转型的示范项目，本套丛书除在出版传播形式上革新以外，始终坚持内容为王、以质取胜，用实力和口碑说话！如果您认为我们的产品、服务和平台真的不错，请点赞、转发哦，如果您认为还有哪些不足，请@（联系）各位编辑。我们对建造师的考试辅导教材每年都会进行优化和更新，如果大家都敞开心怀将自己的需求、心得和建议与我们分享，甚至参与新版教材的修订、微课程的讲授，相信通过此书结缘，各方可以持续互动、不断获益，给予参与者什么奖励，也想征求您的意见，如果这样算众筹，那我们试一试又何妨？

据说，世界上两人相遇的概率为 0.00487，而相识的概率为 0.000049，谢谢您看见我。考试报名还没开始，就有读者来电催促出版。为了不负读者期望，段红梅编审团队决定在非常有限的时间里，对原版图书依据最新考纲进行修订，并尝试利用新媒体进行数字化复合出版。编书易，著书难，马铭一个人融会贯通编著四部考试辅导教材更难，把考纲和教材吃透，把薄书读厚再把厚书读薄，编著一套思维导图加应试口诀笔记体的考试辅导书更是可遇不可求。我们尝试以众筹的方式运作新媒体复合出版，祝元志副编审的微信和公众号发布众筹令被建造师培训的知名机构鲁班培训（龙本教育公司）总裁李转良先生看到后甚为惊喜，微课、慕课、大赛、平台、社群、O2O、APP 正是鲁班培训向移动互联网教育转型的方向。知识产权出版社、鲁班培训机构、创作人三方会师，大家一拍即合，微课程由鲁班网校和鲁班培训微信平台提供，教材的内容修订由马铭多年的搭档田丽副教授担纲，纸版＋微信 APP 复合出版由知识产权出版社集成运作。

本丛书的出版是以互联网思维革新教育业和出版业的一次实战，这些具体的尝试和实践也为知识产权出版社与全国土木工程教学指导委员会合作的《土木工程教育创新论坛》（书刊＋微信 APP＋大赛＋沙龙＋创客平台）项目推进，积累了资源和经验。在此，要感谢丛书的初版执行编辑石陇辉和本版的编辑祝元志、刘爽、张冰、高鹏，特别感谢鲁班培训机构的李转良总裁、苗晋艳老师、曾献诗老师，也要感谢中国建设报社、城乡建设全国理事会、筑龙网等机构以及同济大学沈祖炎院士、李国强教授和中国建筑设计院崔愷院士等对我社数字化复合出版活动的大力支持。

从做产品，到做服务，到做平台，到做生态，我们不为读者提供大数据，只提供有用的小数据，微信扫码、手机听课，百分之百免费，羊毛出在狗身上熊不用埋单，服务送到您的手上是大家合作的开始。帮助他人成功，自己一定更加成功，不忘初心，方得始终，与同行者共勉！

2016年全国一级建造师执业资格考试轻松过关

① 建筑工程管理与实务（第三版）　　　定价：68.00元

② 建设工程项目管理（第三版）　　　　定价：42.00元

③ 建设工程经济（第三版）　　　　　　定价：42.00元

④ 建设工程法规与相关知识（第三版）　定价：38.00元